Klartext

Jayin T. Gehrmann/
Thomas Schneider

Fußballrandale

Hooligans in Deutschland

mit Beiträgen von
Peter Bode
Daniel Reith
Werner Steigemann

Otto Felix
[illegible]
WS '99/2000
24. 2. 2000

Die Deutsche Bibliothek – CIP-Einheitsaufnahme
Jayin T. Gehrmann / Thomas Schneider:
Fußballrandale: Hooligans in Deutschland
/ Jayin T. Gehrmann. –
3. erweiterte Aufl. – Essen: Klartext Verl., 1998
ISBN 3-88474-702-9

3. erweiterte Auflage, September 1998
Ausstattung und Satz: Klartext, Essen
Druck: Koninklijke Wöhrmann B.V., Zutphen (NL)

ISBN 3-88474-702-9

Inhalt

Fußball und Politik

„Männer wie wir“

Polizei und /oder Sozialpädagogik

Vorwort

Vor Jahren, als ich selbst noch Fan des Braunschweiger TSV Eintracht war und mit blau-gelber Mütze und blau-gelben Pulswärmern ins Stadion an der Hamburger Straße zog, wäre es mir nie eingefallen, mich dort in den Fan-Block zu stellen. Zwar ging auch ich gern ins Stadion, weil ich dort nach Herzenslust schreien und krakeelen konnte. Daß es aber, wie in jedem anderen Stadion zumindest der Bundesliga, einen fest definierten Fanblock gab, war mir nicht klar.

Natürlich bemerkt jeder Zuschauer, daß es eine Ecke im Stadion gibt, wo es lauter zugeht als an anderen Stellen. Von dort weht eine besondere, aggressive Stimmung herüber, von dort kommen Gesänge, die auf Distanz nur bruchstückhaft verständlich sind und deshalb etwas geheimnisvoll wirken. Dort kennt man die Parolen und den richtigen Moment, wann welche Sprechchöre einsetzen. Es scheint dort eine geheimnisvolle und auch etwas unheimliche geschlossene Gesellschaft zu existieren, wo sich besser fernhält, wer nicht dazu gehört.

Selbst dem engagierteren Fußballzuschauer und Vereinsanhänger ist die eigentliche Fanszene fremd. Um wieviel mehr muß sie Leuten fremd sein, die mit Fußball garnichts am Hut haben? Den Anwohnern der Stadiongegend sind die besoffenen Schreihälse, die jeden zweiten Samstag alle Wege der näheren Umgegend mit ihren Autos zuparken, die mit ihren albernen Kappen, Schals und Fähnchen und in erregter Stimmung den Stadiontoren zustreben, eine unterschiedslose Masse. Sie haben sich daran gewöhnt, daß jeden zweiten Samstagnachmittag eine Invasion von Menschen durch ihr Viertel zieht, denen es nichts auszumachen scheint, daß sie sich jenseits von Vernunft und Zivilisation bewegen.

Wer von der anderen Straßenseite einem Trupp verbeiziehender Fans nachschaut oder eine mit Fans vollgestopfte Straßenbahn vorbeifahren sieht, kann den irritierenden Eindruck mit einem mißbilligenden oder amüsierten Kopfschütteln von sich weisen. Es braucht ihn nicht weiter zu interessieren: Das da, das geht (bzw. fährt) vorbei.

Überrascht und verschreckt ist der (oder die) Bahnreisende, deren Abteil, ja der ganze Waggon, von solchen „Jenseitigen" besetzt wird. Plötzlich sind die Verhältnisse umgedreht: Ihre Normen bestimmen jetzt die Situation. Sie lärmen, machen sich breit, Bierdunst und Fußball-Parolen füllen den Raum. Ihre Ordnung gilt, sie sind die Macht. Wer nicht seinen Koffer nimmt und in einen anderen Wagen flüchtet, muß sich anpassen. Muß sich von angetrunkenen Jugendlichen ein Gespräch aufdrängen lassen, Qualm im Nichtraucherabteil übergehen, muß eine Atmosfäre annehmen, die er freiwillig nicht gewählt hätte.

In manchen Gesichtern will dann ein gequältes Lächeln mitteilen, man fände diese zweifellos fremdartige Situation interessant und amüsant, bis diese Horde endlich mit Gejohle an ihrem Zielbahnhof aussteigt und die übrigen Reisenden aufatmen läßt. Für die, die nicht dazugehören, ist die Szene der Fußballfans fremd, unheimlich, bedrohlich. Was man gelegentlich in der Zeitung liest von schweren Ausschreitungen der Fans, Verletzungen, ja sogar Todesfällen, das scheint dazu zu passen.

Die öffentliche Diskussion über die „Ausschreitungen" der Fußballfans setzt voraus, daß ein an sich legitimer Rahmen vorgegeben wäre, der von Fans illegitimerweise überschritten würde. Ein Normalzustand, der geschützt bzw. wiederhergestellt werden müßte, und zwar durch das Einschreiten der Polizei, hilfsweise der Sozialpädagogik.

Der vermeintliche Normalzustand ergibt sich aus den je eigenen Lebensumständen und -erfahrungen. Lang ist die Kette derer, die sich – einer vom anderen – mit der Formel abgrenzen: „Diese Randalierer haben mit Fußball gar nichts zu tun". Manches Mal sind es die Randalierer von gestern, die sich nicht wiedererkennen mögen in den jungen Randalierern von heute. Sie können es oft auch nicht, weil der Fußball von heute nicht mehr der Fußball ihrer Jugend ist, wie sie sich an ihn erinnern.

Die linke politische Diskussion verdächtigt die Fußball-Randalisten von vornherein (und nicht immer zu Unrecht) der Nähe zum politischen Rechtsradikalismus. Ihre Folgerungen sind strukturell die gleichen wie die der bürgerlichen Öffentlichkeit. Beiden Perspektiven auf die Fans ist eigen, daß man die Ähnlichkeiten mit sich selbst gerne übersieht. Wahrscheinlich sind es gerade diese Ähnlichkeiten und Verbindungen, welche die Randale-Szene so fremdartig und unverständlich erscheinen lassen, so entsetzlich und bedrohlich, so abscheulich und strafwürdig.

Das vorliegende Buch läßt es nicht mit dem vorschnellen Urteil bewenden. Wenn die Hooligans keine grünen Männchen von einem anderen Stern sind (und schließlich ist Alf auch einer wie du und ich), dann liegt die Schwierigkeit, sie zu verstehen, wenigstens teilweise in uns selbst. Die eigenen Widerstände, wegen denen „die Hooligans" oder gar die „Neonazis" die ganz anderen sein müssen, von uns/mir unterschieden wie Tag und Nacht, kann man nicht hinwegdiskutieren. Sie sind da, und wir lassen sie zunächst einmal da sein.

Meine Erfahrungen und Kenntnisse der Szene basieren auf zweijähriger sozialpädagogischer Arbeit im Fußballfan-Projekt der Hessischen Sportjugend, Frankfurt. Von daher liegt ein inhaltlicher Schwerpunkt bei der Frankfurter Rabauken-Szene, auch wenn das Interesse dieser Arbeit beim Allgemeinen liegt, bei dem, was für die Fußball-Randalisten anderswo genauso gilt. Deshalb bin ich besonders dankbar für die Beiträge von Freunden und Kollegen aus anderen Städten (München, Leverkusen und Hamburg) sowie für Peter Beckers Aufsatz „Alkohol und Action".

Vorwort zur aktualisierten Neuauflage 1998

Dieses Buch ist 1990, vor fast zehn Jahren, zum ersten Mal erschienen. In der Zwischenzeit war Fußballrandale lange kein Thema für die breitere Öffentlichkeit.

Spektakuläre Gewaltaktionen von Gruppen junger Männer gab es auch in den ersten Jahren der deutschen Vereinigung, und zwar mehr als genug, aber weniger beim Fußball.

Inzwischen ist Fußballrandale wieder ein Thema. Und nicht erst „seit Lens“, sondern spätestens „seit Rotterdam '96“. Deshalb haben wir uns entschieden, diesen „Klassiker“ neu herauszugeben, aber aktualisiert: drei Kapitel aus der alten Fassung haben wir herausgenommen, sieben neue Kapitel haben wir angefügt. Manches aus der 90er Ausgabe mag heute schon „historisch“ wirken, aber im wesentlichen stimmt es immer noch. Es ist nur ergänzungsbedürftig.

Neu an dieser Ausgabe ist nicht nur die Entwicklung der Fan- und Randaleszene in den letzten Jahren. Auch die Autoren selbst haben sich in dieser Zeit entwickelt. So werden mit den neuen Informationen auch ein paar neue eigene Sichtweisen vorgetragen, die zur Diskussion anregen sollen. Schneiders Berichte und Gehrmanns Analysen beziehen sich stellenweise direkt aufeinander, etwa zu den Ereignissen im französischen Lens bei der Fußballweltmeisterschaft 1998. (Zum Länderspiel Holland-Deutschland in Rotterdam am 24. April 1996 gibt es begleitend einen Bericht von Schneider: „Haß, Haß, Haß!“, in KOSMOS 2, erhältlich bei: KOS Fanprojekte, Otto-Fleck-Schneise 12, 60528 Frankfurt a.M. Zusammen bieten sie Tatsachen und Thesen, die der Information dienen und zur Diskussion provozieren.

Die Aktualisierung verdankt sich besonders den Berichten von Thomas Schneider, weshalb er bei dieser dritten Auflage als Mitautor aufgeführt ist. Der Struktur der alten Ausgaben folgend sind auch diesmal alle Beiträge, die nicht extra namentlich gekennzeichnet sind, von Jayin Thomas Gehrmann.

Das Randale-Feeling

„Warum prügelt ihr euch?"

Daß Hooligans und Außenstehende miteinander über den Hooliganismus ins Gespräch kommen, ist nicht so häufig der Fall. Der Bremer Fankongress 1988 war eine Gelegenheit dazu, nicht nur die eigenen Ansichten und Vorurteile bestätigen zu lassen, sondern Fragen zu stellen an die, um die es geht. Eine ganz offene und direkte Frage war nur scheinbar auch ganz einfach: „Warum macht ihr das, warum prügelt ihr euch?"

Darauf gab es auch eine offene und direkte Antwort: „Weil es uns Spaß macht!" Die Fragerin und alle, die mit zugehört und auch auf die Antwort gespannt waren, waren etwas enttäuscht. Für jemanden, der es nicht kennt, ist das kaum vorzustellen. Aber nehmen wir es mal so hin, dieses „Es macht Spaß!" Warum macht es Spaß? Warum macht es einigen wenigen Spaß, und so viele andere können es sich gar nicht richtig vorstellen? Sind die einen so abartig veranlagt oder durch schwere Kindheit entgleist? Oder ist einfach die Vorstellungskraft der anderen so blockiert? Eine Antwort, die noch mehr Fragen gebärt.

Dieses Buch soll einige Fragen aus diesem Bündel beantworten oder wenigstens Richtungen weisen, in die zu denken sich lohnt. Vor allem will es eng an der Frage bleiben, was genau das heißt, dieses „Es macht Spaß".

Dabei ist Spaß nicht ganz der treffende Ausdruck, denn zu einer Fußballrandale gehören viele verschiedene Elemente: Die Kumpels viele Stunden vor dem Spiel treffen, rumstehen und trinken und schwätzen, die Gegner erwarten, durch die Stadt ziehen und die Gegner suchen, die Gegner finden, dann werden plötzlich die Sekunden lang, aufeinander zugehen, zurennen, zuschlagen, treten, Steine fliegen und Leuchtkugeln, die Polizei kommt angestürmt, abhauen, es nochmal versuchen, und so weiter und so fort. So viele Elemente, so viele Gefühle – Spaß ist eines davon.

Die Beschreibungen und Gespräche, die in diesem Buch gesammelt sind, sollen zusammen ein Mosaik aus vielen Bestandteilen bilden, um das „feeling" der Fußballrandalisten zu erschließen. Den Anfang macht Uli im folgenden Interview; mit über zehn Jahren Randale-Erfahrung ist er wirklich im Wortsinn Experte.

Frage: Ein normaler Kuttenfan, der pflegt gegenüber feindlichen Fans, hier zum Beispiel den Kölnern, einen Haß. Und das leben die auch, so richtig vom Herzen her. Wie ist das für einen Fußball-Gewalttäter – lebt der das auch solche Haßgefühle?

Uli: Ja, ich mein, es gibt schon ein paar Sachen, wo du einen gewissen Haß hast. Du hast es grad angeprochen, die Kölner, stimmt schon. Ich hab keinen Kontakt zu Kölnern und will auch gar keinen Kontakt zu Kölnern haben. Also, die sind mir eigentlich im Grund genommen egal, weißt du.

F: Aber daß einem jemand egal ist, das heißt doch nicht, daß man einen Haß auf ihn hat?

Uli: Na ja, ich mein, richtig Haß kannst du das eigentlich nicht nennen. Wie willst du das erklären? Du mußt jetzt differenzieren zwischen den ganz normalen Fußballfans und denen, die sich dann irgendwann mal der Gewalt verschrieben haben. Die auch bereit sind, Gewalt auszuüben gegen irgendwelche Personen oder Gegenstände.

F: Früher haben sich auch die Kuttenfans gehauen.

Uli: Das werden sie jetzt aber nicht mehr machen.

F: Weil es wegen der Überwachung im Stadion nicht mehr geht?

Uli: Nein, auch so nicht mehr. Es hat sich halt herauskristallisiert, daß es jetzt nur noch eine gewisse Gruppe gibt, gewisse Leute, einen Kern von soundso viel Mann, der sich prügelt. Da gehören die einfach nicht dazu. Die wissen auch, daß sie von den anderen Leuten nicht akzeptiert werden, obwohl sie im Grunde genommen genauso Eintracht-Fans sind, oder Kölner, oder was weiß ich was.

F: Bei den Kutten seh ich, daß sie sich während des Spiels in Haßparolen aufpeitschen, und das war's dann. Dagegen ist bei den Hooligans im Block meistens eine lässige Stimmung, und die gehen sich hinterher prügeln.

Uli: Das weiß man nicht. Ich mein, bei den Kutten kannst du zu 99% sagen, daß sie es nicht machen, daß die sich nicht prügeln, daß sie sich während des Spiels abreagiert haben. Bei den anderen weißt du es nicht.

Wenn du so willst, ist das Fußballspiel schon mit bestimmend, ob du dich prügelst, wie die Bereitschaft zur Gewalt danach oder davor ist. Das ist ganz normal. Wenn du gut gespielt hast, hast auch gewonnen, dann hast du nicht mehr so einen tierischen Bock, dich zu hauen. Dann hast du eher einen tierischen Bock, dich zu besaufen.

Aber es gibt bestimmte Vereine, gegen die kannst du 6:0 gewinnen oder 8:0, da ist das egal. Da steht das Ergebnis erst an zweiter Stelle. Da zählt eigentlich nur die Prügelei, und der Rest ist eher Nebensache.

F: Und was bedeutet dir der Verein?

Uli: Der Verein als solcher ist mir ganz egal, klar. Wenn ich jetzt in Hamburg wohnen würde, dann wär ich wahrscheinlich HSV-Fan oder St. Pauli-Fan, oder wenn ich in Dortmund wohnen würde, dann würde ich zur Borussia gehen. Wenn ich in Köln wohnen würde, wahrscheinlich auch zum FC. Ich fahr halt auf den Fußball so gut ab, auf den Sport, weil das einfach für mich die Lieblingssportart ist. Und da gibt es hier natürlich nicht viel, da gibts nur die Eintracht.

F: Würdest du sagen: „Ich geh mich für die Eintracht schlagen?"

Uli: Ja, früher schon. Früher hast du dich für den Verein geprügelt, logisch. Ich mein: jetzt fahren wir nach Mechelen, da prügeln wir uns dann auch für den Verein. Im Grunde genommen ist es da die Randale. Wir fahren halt nach Belgien, auch wenn wir hier daheim schon 5:0 verlieren. Das ist uns egal, wir fahren da hin, schon mit dem Vorsatz, da was loszulassen. Das ist klar. Welcher Normale würde schon dann noch dahin fahren, wenn du weißt: du hast keine Chance mehr in dem Spiel? Ein normaler Fußballfan fährt da nicht mehr hin. Außer, der ist hundert Prozent bekloppt und glaubt an Wunder. Und wir fahren trotzdem hin, nicht weil wir an Wunder glauben, sondern weil wir uns fetzen wollen.

F: Die Vereinsbosse sagen öfters: „Die Schläger, das sind keine Fans. Was die machen, das hat mit Fußball nichts zu tun." Was ich jetzt von dir wissen will ist: Was haben Fußballkrawalle mit Fußball zu tun?

Uli: Klar, logisch. Das hängt alles zusammen, Fußball mit Gewalt, genauso wie mit Alkohol oder Drogen. Das kommt dann alles auf einmal zusammen. Logisch: Ich fahr hin, um den Verein siegen zu sehen. Ich freu mich, wenn sie gewinnen, und ich fahr mies ab, wenn sie verlieren. Das ist ganz normal.

Aber das ist bei mir nicht mehr so extrem wie früher. Früher war das anders, da ist man überall mit hin gefahren. Da war einem eigentlich egal, wo sie gespielt haben. Jetzt ist es so, daß man nur noch dahin mitfährt, wo man damit rechnen muß, daß es da auch knallt, daß man da auf alle Fälle mitfährt. Ich weiß auch nicht: Ein Samstag ohne ein bißchen Randale, sei es den Bullen oder mit anderen Fans – das ist halt langweilig.

F: Wenn du das mal vergleichst: Randale mit den Bullen oder mit anderen Fans, wo würdest du den Unterschied sehen?

Uli: Der Haß gegen die Bullen ist größer, auf alle Fälle. Die mischen sich in Sachen ein, die sie gar nix angehen! Die Polizei hat doch eigentlich gar nichts damit zu tun, wenn sich irgendwelche rivalisierenden Gruppen auf die Köppe hauen. Echt, ich versteh das nicht. Die Bullen machen viel kaputt in der Beziehung. Da heißt es immer: „Ja, wenn die Polizei nicht da wär, dann gäbs Tote", oder so was. Und in Brüssel, da gab es auch Tote, oder? Da war die Polizei dagewesen. Ist doch so, oder?

Ich mein, daß es da ab und zu mal krass abgeht... Also, wenn es so weit geht wie dort, da wär ich auch dagegen. Daß einer lebensgefährlich verletzt wird oder so, oder dann noch draufzugehn. Das ist Scheiße. Und dann ist da der Trend, daß immer mehr Waffen ins Spiel kommen. Ich bin da jetzt so lange drin, gell. Am Anfang, da waren das Fäuste und Schlagringe, Steuerketten. Irgendwann kamen dann Gaspistolen, was weiß ich was dazu, Leuchtstifte und so. Jetzt ist das schon ziemlich extrem, gell?

Die Bereitschaft zur Gewalt wird immer größer. Früher war das auch so gewesen, wenn einer auf dem Boden gelegen hat, dann war Ruh gewesen. Laß ihn liegen! Heute mußt du damit rechnen, daß dir noch fünf Leute auf dem Kopf rumtreten, aus Haß.

F: In der Zeitschrift „Fan-Treff“ wird Reklame gemacht für „Hooligans ohne Waffen“. Meinst du, solche Appelle können eine Wirkung haben?

Uli: Ach Gott, da lachen die meisten Leute drüber. Der ganze Fan-Treff ist normalerweise ein lachhaftes Magazin. Wenn du das liest – da grüßt jeder jeden, jeder ist der Beste, jeder hat Schiß vor dem andern. Weißt du, Gehabe ist das! Jeder, der was auf sich hält, der schreibt da erst gar nicht Hin: „He, ihr Lutscher, wir haben euch gejagt.“ Der weiß, was abgeht, der weiß, was Masse ist, der weiß, was Sache ist. Der hat's nicht nötig, irgendwie so Klamauk reinzuschreiben: „He, wo wart ihr Deppen da und da? Wir haben auf euch gewartet!“

F: Als wir in Bremen waren, da hieß es auch: Was sind wir für ein Wahnsinns-Mob, heute sind wir die absolute Macht. Und dann kam ein einziger Streifenwagen und noch vier Zivis, da ist der ganze Mob auseinandergeflogen.

Uli: Ja, paß auf, das liegt vielleicht auch daran, daß ein Großteil unter Bewährung steht oder schon in der Kiste gehockt hat und keine Lust hat, wegen so einer Geschichte gleich wieder einzufahren. Knast ist Knast, und ich bin lieber draußen, als daß ich im Knast hocke.

F: Aber es gibt auch Momente, wo du überhaupt nicht überlegst, oder?

Uli: Das ist klar. So was wie in Hamburg, das ist halt auf einmal, wie soll ich sagen, so 'ne Art Massenhysterie. Bei der EM in Düsseldorf war es genauso gewesen, wo wir auf einmal los sind und haben sie (die Polizei) durch die halbe Innenstadt gejagt. Die sind ja voll gefallen! Auf einmal... das ist, wie wenn du einen Stecker in die Steckdose steckst, und auf einmal geht das Licht an. Wie wenn du einen Schalter reindrückst. Da hält dich nix mehr, und da denkst du auch nichts mehr. Da bist du auf einmal nur noch am Rennen, am Hauen und Prügeln.

Und irgendwann ist es dann wieder vorbei. Nachdem du genug gelaufen bist, merkst auf einmal: es läuft nix mehr, und hast mal

’ne halbe Minute oder ’ne Minute Ruhe, dann wirst du langsam selber wieder ruhig. Dann kannst du auch wieder klar denken. Das Schlimme ist halt in dem Moment, wo du ausflippst, wo Totenstille im Kopf ist, wo du echt nichst mehr überlegen kannst.

F: Inwiefern schlimm? Ist das nicht genau das, was du suchst?

Uli: Ja. Ich mein, das Schlimme ist, daß du dann vielleicht Sachen machst, du normal nicht machen würdest, wenn du überlegst. Da kann es dann schon zu Sachen kommen, zu denen es bei normalem Gehirn nicht kommt.

F: Aber für genau diese Sachen machst du dich doch auf die Socken?

Uli: Ah ja, klar. Das ist halt ein geiles Gefühl, mal so richtig wegzutreten. Nachher denkst du dann wieder: Oh, Scheiße, was du gemacht hast. Wenn sie dich jetzt erwischt hätten bei der Sache, dann wärst du vielleicht wieder eingefahren. Das kommt dir aber alles erst später. In dem Moment, wo es passiert, ist es ja geil. Im Grunde genommen macht man sich auch später nicht so richtig Gedanken. Da sagt man sich schon: Okay, geil, ’s ist gut abgegangen, nicht erwischt worden. Weiter so.

Der Kitzel, der Nervenkitzel dabei, wenn du auf die anderen draufrennst – das gibt dir 'nen irren Kick! Zusammensein, das Machtgefühl, wenn du 'ne Gruppe bist. Da kann mir einer sonstwas erzählen: wenn ich Macht ausüben kann, dann ist das irgendwie ein tolles Gefühl. Das steckt, glaube ich, in jedem drin. Wenn du über irgendjemand oder irgendetwas Macht hast, wenn du bestimmen kannst: So ist es! Das ist „der kleine Nazi" oder „der kleine Diktator" in jedem. Es gibt wohl kaum einen Menschen, der nicht mal Lust hätte, Macht auszuüben. Und wenn du auf einen Mob draufrennst und boxt die weg, dann warst du besser als die, dann hast du Macht ausgeübt.

Presswerker sein.

Aus einem Gespräch mit Mitgliedern des Fanclubs Presswerk.

Stefan: Früher war Fußball für mich wichtig, jetzt nicht mehr so. Jetzt ist mir das egal, wie die Opler (der SC Opel Rüsselsheim) spielen. Na, egal nicht. Aber ich reg mich nicht mehr drüber auf.

Frage: Und was bedeutet dann der Fanclub für dich, wenn es nicht mehr der Fußball ist?

Stefan: Das könnte jetzt genausogut der Fanclub von einer Hardrockgruppe sein, oder so was. Ich mein, so sehr fahren die anderen Leute auch nicht mehr auf die Opler ab. Viele sind schon gegen den Verein, oder sie haben kein Interesse, was für den Verein tun. Von mir aus ist das nur wegen der Leute.

Kermit: Ich würde gerne in einer Motorradgruppe sein, die so dreißig, vierzig Mann sind, aber die so wie das Presswerk wären. Bei den großen Motorradgruppen ist das schon so organisiert, das möcht ich nicht, das ist Scheiße. Da bist du erstmal der Wasserträger für einen anderen. Wo man sagt: „Hol mal 'n Bier!" Das mach ich nicht. Ich bin für keinen das Arschloch.

Stefan: Ganz am Anfang, da haben wir bei Presswerk noch ein Mitgliedsbuch geführt. Da haben wir auch noch Probezeit gehabt. Das war alles noch ein bißchen ...

Kermit: ... organisierter.

Stefan: Da mußtest du kommen und dich im Stadion blicken lassen. Das war Pflicht gewesen. Und auch so, wenn eine Party war. Das war kein „Muß", aber es war schon besser, wenn du da warst. Du mußt ja auch erstmal die Leute kennen. Es gab Zeiten, da sind Leute dazugekommen, die einige garnicht gekannt haben. Irgendwer hat dem Gerd Geld bezahlt, Beitrag, und ist ins Alex (Presswerks Stammkneipe) gekommen. Da hieß es dann: „Der ist jetzt auch im Fanclub", und du hattest den noch nie gesehen. Da waren Lutscher dabei, Mitläufer. Viele sind dann wegen der Randale abgeprungen.

Frage: Ich dachte, viele wären wegen der Randale dazugekommen?

Stefan: Das wollten auch viele.

Eddy: Aber da haben wir nicht mehr jeden aufgenommen. Du mußt erstmal das Presswerk kennen und ein paar Mal dabeigewesen sein, bis du fragen kannst: Du willst ins Presswerk aufgenommen werden. Erstmal mußt du mit den Leuten zusammen sein.

Frage: Eine förmliche Mitgliedschaft gibt es ja nicht mehr. Aber trotzdem kann man sagen: Der gehört dazu, und der gehört nicht dazu?

Eddy: Klar, das gibt's. Ich mein: das muß halt einer sein, der zu uns paßt. Es kann keiner sein – wie soll ich sagen? – ein Luschi, oder sowas.

Kermit: Bei mir hat das mindestens ein Jahr gedauert, bis ich das Gefühl hatte und sagen konnte, daß ich dazu gehöre. Ich hab früher auch viele andere Interessen gehabt, mit anderen Leuten. Bis ich mit diesen Leuten hier warm geworden bin. Wenn ich jetzt zu dir komme, dann bin ich doch nicht gleich dein Kumpel.

Stefan: Ich bin auch nicht gleich am Anfang eingetreten. Ich hab erst mal ein bißchen gewartet und gekuckt, ob das was für mich ist. Aber am Schluß war's gut gewesen, da bin ich dann auch dazu.

Krawallfahrten

Dortmund, Pokalhalbfinale gegen VfB Stuttgart, 9. Mai 1988

Das Dortmunder Stadion, direkt neben der historischen „Kampfbahn Rote Erde“ gelegen, gilt als eines der schönsten Fußballstadien der Bundesrepublik. Halbfinalspiel im DFB-Pokal, BVB Dortmund gegen den VfB Stutgart: Fast zwei Stunden vor Spielbeginn ist die Südtribüne, die eigentliche „Fankurve“ der BVB-Fans, schon ziemlich dicht besetzt. Die Nord-Tribüne füllt sich allmählich, während die Haupttribüne und die Gegengerade kaum ahnen lassen, daß das Haus bei Spielbeginn fast ausverkauft sein wird.

„Kurve, Gerade und Gegengerade“, diese klassischen Begriffe sind auf das Dortmunder Westfalen-Stadion nicht recht anwendbar. Es ist ein „englisches“ Modell, ein Kasten mit vier geraden Seiten. Auch die „Fan-Kurve“ wirkt englisch: In England sind die Fans nicht wie bei uns in Clubs und Cliquen organisiert, die sich an einen bestimmten Winkel des Stadions absondern, sondern in sogenannten „sides“, in „Seiten“ also wie der Dortmunder Süd-Seite. Auch in Belgien und Holland bezeichnen sich die „Supporters“ durchgängig als „sides“. Wer dort steht, mag sich dazuzählen, auch wenn die Szene insgesamt sich zumindest in Zentrum und Peripherie unterscheidet.

Auf der Dortmunder Süd-Tribüne ist für den Außenstehen (oder, wie mich, davor Stehenden) das „Stimmungs-Zentrum“ leicht zu erkennen: im oberen Drittel, hinter dem Tor werden fast alle Chöre angestimmt. Dort sind die meisten Fahnen zu sehen und Utensilien wie Riesenluftballons in Form von Bananen oder Sekt-Flaschen.

Vorne an der Brüstung stehen die pittoresken Gestalten, die zum festlichen Anlaß geschmückt sind wie die Christbäume. Die milde Witterung lädt dazu ein, daß die wilden Kerle die Tätowierungen auf ihren Armen präsentieren. Dazwischen ältere Frauen und Männer, Rentner, und auch andere „ganz normal" wirkende Leute.

Unauffällig scheinen auch die paar Jung-Hooligans, die auf den flachen Stufen zwischen der Spielfeld-Umzäunung und der Tribünen-Brüstung stehen. Auf diesem wenige Meter breiten Streifen sind sie der Action auf dem Spielfeld näher als fast alle anderen, und sie stehen deutlich abgesondert von der Masse der Kutten-Fans.

Gegenüber, weit weg auf der Nord-Seite, sieht es entsprechend aus: Auf dem flachen Streifen vor der Tribüne stehen die Stuttgarter Hooligans und ihre Verbündeten, unter dem Block der VfB-Fans. Der Begriff „Block" trifft den Eindruck nicht ganz richtig, im Gegensatz zur Südkurve, wo die Masse der Fans wie ein einheitlicher Organismus erscheint, die Bewegungen und Ausdrücke der einzelnen nicht vereinzelt wirken. Wer sich die Zeit nimmt, einzelne Personen eine Weile zu beobachten, oder wer es schafft, sich ins Getümmel zu werfen, mitzumachen und sich doch dabei selber zu beobachten, wird bald bemerken, wie ein ständiges Wechselspiel abläuft zwischen den einzelnen und der Masse.

In der Mitte unter der Süd-Tribüne etwa erscheint ein schon etwas stärker angetrunkener Fan der Dortmunder Borussia. Vom Gesicht her wirkt er schon etwas älter als die meisten Umstehenden. Er trägt Kutte. Nachdem er ein paar der Umstehenden andeutungsweise so begrüßt hat, als seien sie ihm persönlich bekannt, wendet er sich der beeindruckenden Kulisse über ihm zu. Von dort wird gerade wieder angestimmt: „Berlin! Berlin! Wir fahren nach Berlin!" Der Mann ruft mit, soweit es die Zigarette in seinem Mund zuläßt, denn die Hände braucht er, um den Rhythmus mitzuklatschen. Dazu hüpft er, sein Gleichgewicht riskierend. (Die Umstehenden werden ihn schon nicht hinfallen lassen). Schließlich hebt er fuchtelnd die Arme und gibt den Tausenden vor ihm den Takt vor. Mag sein, daß wirklich viele zu ihm schauen, auch wenn sie nicht eigentlich einen Dirigenten brauchen. Das Schauspiel seiner kuriosen Selbstüberschätzung hat seinen wahren Kern, er spiegelt wirklich die vielen, die als anonyme Masse vor und über ihm stehen. Für sein Gefühl, seine vom Alkohol entschärfte und etwas konturlose Wahrnehmung, steht er im Zentrum des Geschehens – wie ein paar tausend andere vor ihm auch.

Daneben ein jüngerer Mann, 18 oder 20 Jahre alt vielleicht. Sein Gesicht ist blaß, die Augen etwas fiebrig. Er ist sehr angespannt, anders als sein betrunkener Nachbar. Er wippt in den Knien rhythmisch zu den Haßparolen, die er, im Chor mit den anderen Fans, mit vorgestreckter Faust zum Gegner auf der Nord-Tribüne hinüberschickt. „A-sy-lanten! A-sy-lanten!" ist der neue Renner, nicht nur unter den Dortmunder Fans. Dann blickt er sich um, als ob da jemand stünde, der ihn mit Zeichen von Mißbilligung oder Anerkennung sanktionieren würde. Aber es ist nur die Gleichgültigkeit der Gleichgesinnten, die ihn bestätigt – er selbst könnte dieser „Jemand" für jeden anderen sein.

Und sicher ist er es wirklich. Die demonstrative Gleichgültigkeit, in der niemand von niemandem neben ihm Notiz nimmt, ist nicht ganz das, was sie zu sein scheint. Worum es hier geht, was angesagt ist, was gerufen wird, wie man sich im Fan-Block benimmt – das ist ja wohl selbstverständlich! Fragen? Keine! Weitermachen...

Kein Junge, der zum ersten Mal das Abenteuer unternimmt und in den Block der „richtigen" Fans geht, bekommt eine Erklärung oder Unterweisung. Bestenfalls wird ein erfahrener Freund ihm erklären, welche Gruppen wo zusammenstehen, welcher Fanclub die Macht ist im Block, im Stimmungs-Zentrum steht, die Parolen und Gesänge anstimmt und so weiter. Der Platz im Zentrum wird normalerweise nicht verschenkt, der muß erobert werden. Kinder sind dort nicht gefragt! Wer bis hierhin gekommen ist, wer also schon eine gewisse Fanblock-Karriere hinter sich hat, der hat sich auch eine gewisse Kenntnis der historischen Entwicklungen und einen Überblick über die Strukturen im Block erworben. Der kennt die Fußball-Stadien und die Fan-Szenen anderer Städte, der kennt die Rangordnungen und die unvermeidlichen Rituale – aber auch seine Möglichkeiten, selber Initiativen zu ergreifen, alte Standards aufzuheben oder neue zu setzen. Ein neuer Gesang, der beim Bierabend im engeren Kreis der eigenen Clique gut angekommen ist, der kann auch im Stadion angestimmt werden.

Die meisten Besucher der Fanblocks kommen aber als einzelne, zu zweit oder zu dritt; sie werden nie die Fäden ziehen. Wie der

Neuling, der sich zum ersten Mal ein Herz faßt und sich in die Höhle des Löwen wagt, müssen sie sich auch später noch gelegentlich umschauen und -hören, sich orientieren. Wer dazugehören will, muß es halt machen wie die anderen. Der wird sich immer wieder mal, wenn er einen Chor mitgeschrien hat, umschauen und vergewissern, ob von den Umstehenden jemand Mißbilligung oder Anerkennung ausdrückt. Aber so wenig, wie er selbst seine Unsicherheit erkennen lassen, sie nicht einmal selber wahrnehmen möchte, sowenig wird ein anderer Reaktion zeigen. Exponierte Gestalten, wie der betrunkene Dirigent oder einzelne bekannte und anerkannte Originale, sind die Ausnahme.

So ist die Wechselbeziehung zwischen den einzelnen und der Masse Realität und Fiktion zugleich. Abgesehen von besonderen szenischen Einlagen scheint jeder jeden zu ignorieren. Im Effekt wird damit die Ausrichtung aller auf „den Fußball" verstärkt, das Überpersönliche, in dem jeder Teilnehmer des Spektakels sich wiederfinden will und kann. So erst wird das Stadion zu einem Energie-Akkumulator, zu einem Energiefeld mit zwei Polen, die inhaltlich völlig gleich und äußerlich antagonistisch sind.

Wie in den meisten Orten des deutschen Profi-Fußballs sind auch im Dortmunder Westfalen-Stadion die feindlichen Fan-Gemeinden räumlich so weit voneinander getrennt, wie es nur irgend geht. Der Gegner ist, zumindest während des Spiels, nur als eine Ansammlung von Farben auszumachen: Fahnen, Schals, Mützen, Transparente, Kordeln, Aufnäher: hier in schwarz und gelb, dort in weiß und rot. Im Stadion gibt es nur „wir" und „die da".

Wie fast überall sind die „stands" der richtigen Fans hinter den Toren des Fußballfeldes. Dort sind die Plätze am billigsten, dort sind noch Stehplätze. Und dort hat man die schlechteste Sicht. Als ich, Stehplätze in der Kurve gewohnt, zum ersten Mal ein Bundesliga-Spiel aus halber Höhe über der Mittel-Linie anschaute, konnte ich es kaum fassen, wieviel man vom Spiel sehen kann! Praktisch kommt es in der Fankurve aber mehr auf etwas anderes an.

Nur angewidert spricht ein richtiger Fan von solchen Zuschauern, die nur zwei, drei Mal in der Saison ins Stadion kommen, wenn eine namhafte Gastmannschaft ein besonders schönes oder spannendes Spiel verspricht. Gegenüber solchen „Neckermännern", unverbindlichen Konsumenten der Ware Sport-Show, kommt der echte Fan zu jedem Spiel seiner Mannschaft, und zwar nicht nur zu den Heimspielen, sondern tunlichst auch auswärts. Und er kommt nicht, um ein schönes Spiel anzuschauen, sondern um mit seiner Mannschaft zu siegen. Dazu ist eine objektive Betrachtung des Spielverlaufs nicht unbedingt förderlich, auch wenn viele Fußballfans selber Fußballer genug sind und zu gerne ihr Urteilsvermögen beweisen. Das Hauptinteresse liegt allemal auf der Parteinahme.

Je näher der Betrachter seinen Standort bzw. Sitzplatz an der Mittel-Linie des Fußball-Feldes hat, desto weniger empfindet er die Polarisierung des Publikums, desto mehr Raum nimmt in seiner Wahrnehmung, bei aller Parteilichkeit, der Spielverlauf als solcher ein. Das reine Spiel könnte man jedoch auch im Fernsehen haben. Das Stadion-Erlebnis, die körperliche Sensation dieser gespannten Atmosfäre, das Mitgehen, die Hingabe an das kollektive Ereignis, das ist vor der Glotze selbst bei der Weltmeisterschaft auch andeutungsweise nur zu haben, wenn man in Gesellschaft von Freunden und Freundinnen eine Stadion-Situation imitiert.

Im wirklichen Stadion ist es, nüchtern gesagt, die Arbeitsleistung der Fans in den Kurven, die diese Atmosfäre aufbauen, an der alle anderen mit teilhaben. Von den teuren Plätzen aus sind die die Fanblocks weit weg, marginal, ein paar Schreihälse da hinten. Die, die in diesen Blocks mittendrin stehen, empfinden sich zwar als erhaben über den Rest der wenig engagierten „Rentner" und „Neckermänner". Und trotzdem ist es hier, in der aufgeladenen Dichte, kaum vorstellbar für sie, wie wenig repräsentativ sie für die Masse der Stadionbesucher sind. Vereinsbosse teilen normalerweise die Sicht der Teuerplatz-Zuschauer.

Fußball wird zwar überall in Deutschland nach den gleichen Regeln gespielt, aber seine Attraktivität, seine Verbindlichkeit und soziale Bedeutung sind zum Teil deutlich unterschieden. Dortmund ist nicht Frankfurt. Im Westfalen-Stadion ist nicht nur die Masse des Publikums mehr mit dem Herzen bei der Sache, sondern auch die Räume dichter, die verschiedenen Zuschauertribünen enger beieinander. Und noch eine bauliche Besonderheit hat dieses Stadion: Die Galerien unter den Dächern der Längsseiten!

Von dort aus, hoch oben, sind Tribünen und Spielfeld in vergleichbar weiter Entfernung, und man kann sich aussuchen, worauf man seine Aufmerksamkeit konzentrieren will. Hier hat nicht jeder Zutritt. Jugendspieler des BVB zum Beispiel, und auch die Polizei. Zu den Enden hin sind auf der Galerie ihre Beobachtungs-Stände, mit Video- und Fotokameras. Folgt man der Richtung ihrer Objektive mit dem Blick, sieht man auf den flachen Stufen zwischen der Spielfeld-Umzäunung und der Tribünen-Brüstung eine Schar junger Männer. Selber ganz unauffällig gekleidet stehen sie unter dem Block der farbentragenden VfB-Fans.

Während die Fans auf der Steh-Tribüne immer wieder singen oder schreien, im schnellen Rhythmus mit den Armen fuchteln oder dem ganzen Körper wippen, sind die Sitzplatz-Zuschauer in ihren Möglichkeiten eingeschränkt. Ihnen bleibt nur, gelegentlich ihre individuellen Kommentare zu rufen oder in einer vorgegebenen Dramaturgie (nämlich als Reaktion auf besondere Ereignisse auf dem Spielfeld oder die Ca-Ola-Welle) sich in ihren Sitzen zu strecken, eventuell sogar die Arme zu heben oder aufzustehen und ein „Ah" oder „Oh" zu äußern. In der Obenaufsicht von der Galerie herunter ist übrigens sogar das recht eindrucksvoll.

Auch die Hooligans, die in ihrer kleinen Gruppe vor den Block der farbentragenden VfB-Fans getreten sind, nehmen am Spiel Anteil. In scheinbar emotionsloser Gelassenheit stehen sie da, unterhalten sich in kleinen Gruppen oder beobachten das Spiel. Vor allem beobachten sie, sind aufmerksam. Sie weisen sich nicht nach außen durch auffällige Kleidung in Vereinsfarben aus, sie gehen zivil. Und die eventuellen Gegner, wenn sie kommen sollten, werden auch in Zivil kommen. Man muß aufmerksam sein und beobachten.

Das Spiel beobachten sie natürlich auch. Als in der zweiten Halbzeit dieses Pokalfinales das 2:0 gegen die Stuttgarter trotz Stürmerfouls davor vom Schiedsrichter anerkannt wird, dann in kürzester Zeit herbe Fouls und Boxeinlagen der Spieler und Platzverweise erfolgen, geht die Stimmung im Stadion hoch – bei den Stuttgarter Fans verständlicherweise ganz besonders. Allenthalben wird geschrien und mit Fäusten gedroht. Dabei klettert einer der Stuttgarter (oder befreundeten) Hooligans den Absperrzaun hoch, dessen Krone sich überall spitz auf die Zuschauerseite hin senkt, hängt sich dort gewissermaßen ein und läßt seine Schimpfkanonaden in Richtung auf den Schiedsrichter ab. Was er nicht sehen kann: Von der Seite her eilt ein Ordner mit schnellen Schritten auf ihn zu, um ihn von hinten zu packen und mit festem Ruck vom Zaun herabzuzerren.

Im nächsten Moment sind natürlich die anderen Stuttgarter Hooligans, die ein paar Schritte weiter hinten gestanden hatten, vorne, der Ordner nimmt seine Beine in die Hand und läuft durch zum anderen Ende der Tribüne, ohne sich noch einmal umzusehen. Wie bestellt kommen nun aber von beiden Seiten Polizisten in den Gang vor den nördlichen Rängen, einfach uniformierte von der einen Seite, SEK (oder wie ihr Name sein mag) von der anderen.

Von der Galerie aus kann man diese Ereignisse ganz deutlich beobachten: Die Sondereinheits-Polizisten verteilen sich rund um die Gruppe, reden sofort aggressiv auf einzelne ein und bewirken dadurch zumindest, daß die Gesamtgruppe der Hooligans zu keiner einheitlichen Haltung mehr kommt. Während sich das Stadion allgemein wieder etwas beruhigt hat, kocht hier, am rechten Ende der Nordtribüne, die Stimmung noch immer. Immer mehr Fans aus dem Stuttgarter Kutten-Block kommen über die Brüstung herabgeklettert und mischen sich unter die Hooligans. Was dort im einzelnen geschieht, vor allem: was in der äußersten Ecke des Stadions passiert, nicht vor der Galerie, sondern rechts davon, erfahre ich erst später aus den Erzählungen anderer: In jenem „stillen Winkel“ soll ein Stuttgarter Fan von der Polizei barbarisch verdroschen worden sein.

Daß das Spiel für den BVB gewonnen ist, das ist schon eine ganze Weile vor dem Abpfiff klar. Der VfB kann nichts mehr herumreißen, die Luft ist draußen. Als der Abpfiff endlich kommt, mahnt der Stadionsprecher die jubelnden Dortmunder Fans über die Lautsprecher, nicht über die Zäune zu steigen, nicht auf das Spielfeld zu kommen. Man habe vom DFB strengste Auflagen! Aus diesem Grunde wohl, um der Form zu genügen, wiederholt er diese Ermahnung mehrfach, als längst genau das geschieht und nicht zu verhindern ist: Fans klettern scharenweise über die Gitterzäune, laufen aufs Spielfeld oder mit den Spielern an den Tribünen entlang, sie umarmen Spieler oder andere Fans, küssen Fahnen und was der Rituale mehr sind. Ein paar wenige Dortmunder Fans nähern sich auf dem Rasen dem Stuttgarter Block. Dort, in einigem Abstand zum Zaun, werfen sie sich in Pose und provozieren die abziehenden Stuttgarter Fans mit Schmährufen und indem sie ihnen den Stinkfinger zeigen. Von dort kommt keine Reaktion mehr. Was soll's? Auch hier ist die Luft raus. In düsterer Stimmung macht man sich auf den Heimweg.

Berlin – Berlin – wir fahren nach Berlin!

Das Endspiel um den DFB-Pokal 1988 fand schon Ende Mai statt. Auch in dieser Terminwahl machte sich bereits die Europameisterschaft bemerkbar, die im Juni stattfinden sollte. Für fast alle Fußballfans in Westdeutschland ist Berlin einmal im Jahr attraktiv, wenn dort das Pokalfinale ausgespielt wird. Für die Frankfurter, deren Eintracht diesmal gegen den VfL Bochum im Finale stand, natürlich umso mehr. Auch die Rabauken meldeten bei der Bahn eine große Reisegruppe an.

Das Spiel selbst war erst für den frühen Samstagabend angesetzt. Für manche Fans jedoch begann das Fußball-Wochenende schon am Freitagmittag. Da standen die ersten Presswerker vor dem Rüsselsheimer Bahnhof an ihrem Treff, einer Imbißbude, bei Äppelwein oder Bier. Im Lauf des Nachmittages kam einer nach dem anderen dazu. Abends um 8 wollte man mit der S-Bahn nach Frankfurt fahren und dort bis Mitternacht durch die Kneipen ziehen. Dann sollte es mit den Zug nach Hannover gehen, wo man vier Stunden lang im Bahnhof herumhängen würde, um endlich morgens in Richtung Berlin weiterzufahren und schießlich gegen 11 Uhr am Bahnhof Zoo anzukommen. „Das wird der totale Drogenzug“, wurde mir glaubhaft versichert. Das wird die totale Strapaze, dachte ich mir, und verabschiedete mich in Richtung Frankfurter Flughafen: „Seh'n uns morgen früh am Bahnhof Zoo.“ Vor diesem Treff hatte ich in Berlin Gelegenheit, mir von Zeitungen und Radio vermitteln zu lassen, daß die Bochumer Fans alles ganz liebe Leute wären, die Polizei aber auf ca. 100 Frankfurter Fans ein ganz besonderes Auge haben werde. Und das war, davon konnte ich mich später überzeugen, nicht zuviel versprochen.

Mit mir warteten auf dem Bahnsteig, außer dem Empfangskomittee der Polizei, noch einige Skinheads auf den Zug aus Hannover, und sie schienen freundlich gestimmt zu sein. Ich war mir nur nicht sicher, ob sie wie ich die Frankfurter Fans erwarteten, oder aber die Bochumer, die ja aus der gleichen Richtung kommen mußten. Es waren, das erfuhr ich später, Dortmunder gewesen, und die waren heute auf Seiten der Fans der SGE.

Das Pokalfinale ist, wie gesagt, auch für Fans attraktiv, deren eigentliche Bezugs-Vereine gar nicht spielen. Da aber ein Wettkampf ohne Parteinahme an Reiz verliert, werden Freund- oder Feindschaften bemüht, die sonst nicht so klar zum Tragen kommen. Die Dortmunder halten es eigentlich nicht mit den Frankfurtern, aber sie sind gegen die Bochumer. Schon am Vorabend, hörte ich, soll es zwischen Bochumern und Dortmundern gehörige Kloppereien gegeben haben. Mit den Bochumern sind die Fans des FC Bayern, und die sind (oder waren?) verbündet mit Berlinern. Es gab also Grund zur Vorsicht in dieser Stadt.

Die Hamburger Fans waren traditionell mit den Frankfurtern, wobei aber die Hamburger Skins gute Beziehungen zu den Berliner Skins hatten (oder haben?). Schalker, so war zu hören, sollten auch am Ort sein. Die hatten zwar damals noch keine Beziehungen zu den Frankfurter Fußballrabauken, waren aber gegen die Bochumer. Noch mehr aber wären sie normalerweise gegen die Dortmunder, die heute freilich erst in zweiter Linie von Belang waren.

Wer an diesem Tag mit wem oder gegen wen sein würde, das mußten zum Teil die Ereignisse selbst klären. In der Bomberjacken-Zeit, als die Fußball-Randalisten sich nicht mehr durch Kutten oder Trikots in Vereinsfarben erkenntlich machten, hatten sie immer noch ihren Gruppennamen plus Herkunftsort auf den Jacken aufgestickt. Man hatte also, wenn man nur nah genug heranging, sehen können, mit wem man es zu tun hatte. Inzwischen erkennt das geübte Auge auch zivil gekleidete Hooligans mit einiger Sicherheit als solche – aber welche? Die Tendenz zur Anonymisierung ist längst so weit fortgeschritten, daß man darauf angewiesen ist, von früheren Erfahrungen und Bekanntschaften her Gesichter zu erkennen: „Den kenn ich, das ist ein Dortmunder!" Und das bedeutet, je nachdem, Alarm oder Entwarnung.

Zunächst zurück in den Bahnhof Zoo. Die Frankfurter Adlerfront, zusammen mit dem Rüsselsheimer Fanclub Presswerk und den Braunen Adlern aus Gießen, waren angekommen, und es waren wirklich fast hundert. Die Anstrengungen der Fahrt waren ihnen schon anzumerken, aber die erwartungsfrohe Spannung machte auch die Müden wieder munter. Vom Bahnsteig herab in die Halle gekommen wurden die Fans von noch mehr Polizei empfangen, die über Lautsprecher erklärte, man habe Veranlassung zu besonderen Sicherheitsmaßnahmen. So, oder ähnlich. Jedenfalls ging kein Weg nach draußen außer durch eine Kontrolle, in der jeder abgetastet und mit einer Metallsonde abgesucht wurde.

Einmal draußen spähten sie sofort nach dem „Feind" – wo sind die Bochumer? In den Kneipen rund um den Bahnhof waren Bochum-Fans mehr als genug. Aber erstens waren das wohl nicht die Richtigen, die „Guten", und außerdem war jede Menge Polizei auf dem Platz dazwischen. Also zogen wir nach einer Weile zur nahegelegenen Gedächtniskirche. Dort machten ein paar blau-weiß gekleidete Fans auch rasch Platz, und die Frankfurter Hooligans bauten sich schön in Pose auf. Das aber ist natürlich nicht lange unterhaltsam, zumal sich eine ständige Polizeibegleitung an unsere Gruppe angehängt hatte.

Deshalb folgte ein kleiner Ausbruchsversuch: In die U-Bahn einsteigen und irgendwo hin fahren. Ein paar Polizisten schafften es jedoch, uns zu folgen und mit in die Bahn zu steigen. Es hat nicht geklappt. Eine Station weiter stiegen wir wieder aus, die Stimmung war nicht mehr die allerbeste, sondern ziemlich gereizt. Was nun?

„Suchen wir uns erstmal 'ne Kneipe." Das hatte ich befürchtet: An einem schönen Sonnentag Stunde um Stunde in einer Kneipe rumzudumpfen und zu warten, daß die Zeit rumgeht.

Die Gegend erwies sich aber als arm an Kneipen, und die waren voll. So nahmen wir Lager auf einem großen Platz neben dem KaDeWe. Über die ausgedehnte Rasenfläche verteilt saßen kleine Grüppchen gemütlich beisammen, einzelne nahmen auch erstmal eine Mütze voll Schlaf. Aus einer Getränkehandlung wurden ausreichende Mengen Bier besorgt, der eine oder andere Joint wurde geraucht, und es war recht gemütlich in der warmen Sonne.

Am Rande des Platzes standen ständig Mannschaftswagen der Polizei, dazu eine Handvoll Zivilpolizisten aus Frankfurt, „gute Bekannte" aus dem Eintracht-Stadion. Wir blieben an diesem Platz für einigen Stunden, und genauso lange blieben auch sie. Unter den Fans wurden tuschelnd Pläne entworfen, unauffällig nach und nach in kleinen Gruppen abzuziehen. Nicht, um dann etwas bestimmtes zu tun, sondern einfach, um die Polizeikontrolle abzuschütteln. Doch irgendwie fehlte dazu wohl der nötige Antrieb, und so blieb es bei der Idee.

„Was für ein Scheißtag", meinte Oelmann düster, „wenn heute keine Randale abgeht und am Ende die Eintracht auch noch verliert." Eine grundlose Euforie wie bei den Kuttenfans („Hey, Super-Eintracht!") herrschte bei den Frankfurter Hooligans nicht. Und Krawall? Die Polizei-Kontrolle war doch wirklich verdammt dicht. Wo sollte man denn hier den Bochumer Mob treffen? Einzelne VfL-Fans zogen vor uns vorbei. Ja, irgendwann ließ sich sogar ein Bochumer Fan zwischen uns auf seiner großen blau-weißen Fahne zu einer Pause nieder. „Der weiß wohl nicht, wo er ist!" Aber woran hätte er es auch sehen sollen? Feixend wurden ein paar Bemerkungen gemacht, aber man amüsierte sich nur über das Schaf, das sich ahnungslos zwischen die Wölfe legt.

Am späteren Nachmittag kamen Wolken auf, es wurde kühler und Zeit, sich ins Stadion aufzumachen. Wie immer dauerte es seine Zeit vom ersten „Laßt uns mal losgehn“ bis dahin, daß wirklich die ersten losgingen. Nach und nach folgten alle anderen, bis der Mob in einem langgestreckten Zug unterwegs war. Plötzlich und überraschend hieß es an der Spitze des Zuges: „Die Bochumer kommen!“ Unser Zug stockte, die Zeit lief mit einem Mal langsamer. Der Mob fügte sich dichter, strukturierter, begann das rhythmische Klatschen: langsam erst wie die eigenen Schritte, dann schneller, immer schneller, bis der ganze Mob rennt, „auf die Bochumer!“

Vielleicht waren die Bochumer Hooligans genauso überrascht gewesen. Jedenfalls blieben sie einen zögernden Moment lang stehen, schossen eine Leuchtkugel in die Luft und rannten fort. Die Frankfurter setzten ihnen nach, wobei auch von ihnen jemand eine Leuchtkugel in die Luft feuerte. Auf der anderen Straßenseite stiegen sofort uniformierte Polizisten mit langen Knüppeln aus Mannschaftswagen. PKWs stoppten und Zivilpolizisten mit schwarzen Holzprügeln sprangen heraus und setzten den Hooligans nach. Da meine Furcht größer war als meine Neugier, rannte ich nicht mit, sondern blieb, wo ich war. Alles das dauerte nur Sekunden lang, weniger als eine Minute. Passanten kuckten völlig irritiert. Sie hatten keine Idee, was hier eigentlich geschah.

Im Handumdrehen war der Spuk wieder vorbei, und strahlend kamen unsere Jungs zurück: Die Bochumer „sind gerannt“, ein paar vielleicht „umgeklatscht“ worden. Mit der U-Bahn fuhren wir in Richtung Stadion, schwarz natürlich. An der Station Westend stiegen wir aus und setzten uns zunächst in ein Cafe – ein großes, das aber auf einen solchen Ansturm von über fünfzig Gästen nicht vobereitet war. Es dauerte mit der Bedienung, Unmut verbreitete sich, auch über die „jüdischen Preise“. Draußen rauschten einige Polizeiwagen mit Blaulicht vorbei, ein Streifenwagen preschte um die Ecke. Ob wir gerade irgendetwas Aufregendes verpaßten? Es war nichts auszumachen. So zogen wir weiter in Richtung Stadion, immer mit einem Blick, ob nicht irgendwo „die Bochumer“ wären.

An der Allee zum Olympia-Stadion standen Schwarzhändler und boten Einrittskarten an – zum Einkaufspreis. Hundert Meter weiter kostete die 15 DM-Karte schon nur noch 10 Mark, und direkt vor den Eingängen wäre sie für 5 Mark zu haben gewesen. Die Geschäftemacher hatten sich vertan.

Zwar hatten die Zeitungen in Frankfurt seit Tagen von der Zimmerknappheit für Fußballtouristen in Berlin geschrieben, von ausgebuchten Zügen und Flügen, aber das Stadion war durchaus nicht ausverkauft.

Dort am Eingang erfolgten die üblichen Kontrollen, durch die jeder einzeln hindurch mußte. Dahinter sammelten wir uns wieder. Ab sofort gab es nur alkoholfreies Bier. Dann passierte, wovor ich mich bei solchen Gelegenheiten schon oft gefürchtet hatte. Nein, nicht die Bochumer kamen. Ich hatte einfach meine Leute im Getümmel verloren! Der Stadionbereich, für den unsere Karten galten, war riesig, Platz für einige Tausend Menschen. Bald traf ich Arthur wieder, der zwar auch nicht wußte, wo die anderen abgeblieben waren, sich deswegen aber nicht im geringsten beunruhigte; das beruhigte auch mich.

Nach einer Weile entdeckte ich unsere „Kerntruppe". Sie hatte sich zielstrebig den zum Zuschauen denkbar schlechtesten Platz ausgesucht: Ganz unten, direkt hinter dem Tor. Wie mir später klar wurde, hatte dieser Standort dafür andere Qualitäten. Ich ging zunächst noch ein wenig umher, um von der Atmosfäre mehr mitzubekommen. In diesem Stadion war ich ja noch nie gewesen, und solche Menschenmassen, solch eine Menge von Fahnen, solch eine gespannte und zugleich feierliche Atmosfäre wie bei so einem Endspiel erlebt man nicht alle Tage. Danach ging ich in den Bereich, in dem sich Adlerfront und Freunde niedergelassen hatten. Dort unten war zunächst noch reichlich Platz, während es weiter oben auf den Rängen langsam schon eng wurde.

Über uns ragte die riesige neue Anzeigentafel, eine Art monströse Glotze mit sehr grob gerasterten Bildern, grellbunt. Die Lautsprecher rund um den Platz gossen ständig eine Geräuschkulisse aus, der sich niemand entziehen konnte, deren „Sinn" aber sich nur dem erschloß, der gleichzeitig auf auf dieses Riesen-Video schaute. Also verdrehten wir uns die Hälse. Neben zeitgleichen Aufnahmen aus eben diesem Stadion und einigen Werbespots gab es ein paar kleine „Videos“: Lucky Luke, der Cowboy, der schneller ist als sein Schatten, hatte ein Match. Es folgten Asterix und Obelix, wie sie ein paar Römer verdreschen. Wieder Selbstbespiegelung und Werbung, dann fünf Minuten „Rambo III“: Maschinengewehre rattern, Kerle würgen einander, Brücken explodieren. Darauf eine Müllermilch und noch ein einmal Asterix (Zack! Wumm!), noch einmal Rambo (Ratatata)! Und dann, wie zu Hohn, eine Durchsage der Fair-Play-Initiative an das Publikum: daß es auch zum Sport gehöre, den Gegner zu achten.

Im Berliner Olympia-Stadion ist die Sicht auf den unteren Rängen nicht wie anderswo durch Zaungitter behindert. Hier werden die Zuschauer durch eine hüfthohe Betonmauer vom „Heiligen Rasen“ ferngehalten, hinter der ein mannshoher (oder -tiefer) Graben verläuft, hinter dem wiederum eine Brüstung aus Plexiglas aufragt, hinter der schließlich die Ordner stehen. Vor dem Spiel reichten viele Zuschauer ihre Fotoapparate hinüber und ließen sich von den Ordnern fotografieren. Man sieht hier nicht so gut, wird aber gut gesehen!

Auf das Mäuerchen nun stiegen etwa 20 Mann mit einem schwarzen Transparent mit der Aufschrift „Front Frankfurt“ und skandierten „Hoo-li-gans! Hoo-li-gans“. Es folgte der Auftritt des Frankfurter Fanpolizisten Wehrum, der sich uns gegenüber, getrennt durch Wall und Graben, im Innenraum des Stadions mit zwei Kollegen hinstellte. Was Herr Wehrum seinen Kollegen empfahl, wissen wir natürlich nicht. Aber einen Augenblick später erschien eine Kette von Polizisten (und Polizistinnen) in Kampfmontur und baute sich breit vor uns auf. Die Ordner bildeten eine zweite Kette dahinter. Wozu das nütze sein sollte, blieb schleierhaft, jedoch der Effekt war offenbar: Der Pegel der Aggression im Block schnellte hoch!

Aber es kam noch dicker. Auf den Treppen, die von den Eingängen herabführen, kamen nochmal zahlreiche Bullen im Kampfausrüstung, die Helme aufgesetzt. Was hatten die vor? Rumknüppeln? Das Transparent einkassieren? Einzelne Leute greifen, die

Wehrum ausgedeutet hatte? Nein, sie kesselten uns nur ein, von vorne, von links und von rechts. Die muntere und sicher prahlerische Selbstdarstellung mit dem riesigen Transparent, den gereckten Fäusten, anzeigenden Fingern, das laute „Hooligans"-Geschrei ist nicht jedermanns Geschmack, den Außenstehenden macht es ein unheimliches Gefühl.

Trotzdem bedrohten die Adlerfrontler hier und jetzt nichts und niemanden. Das muß auch der Polizei klar gewesen sein, zumal dem Experten Herrn Wehrum.

Es scheint, als ob die Polizei dermaßen ähnlich strukturiert ist wie die militanten Jungmänner, daß deren Potenz-Gehabe bei ihr eine innere Saite zum Schwingen bringt. Sie nahm die Provokation des mächtigen Mobs auf und ließ nun heraushängen, wer hier wirklich die Macht ist. Wut kam auf bei den Hooligans, aber auch Resignation. Vereinzelt wurden Arme zum Hitlergruß gestreckt und „Sieg Heil!" in Richtung jener Polizeikette gerufen, die uns frontal gegenüberstand, aber doch durch Mauer und Graben einer vom anderen getrennt blieben. Es waren jetzt auf unserer Seite nicht mehr so viele, die das Transparent hochhielten.

Auch ich war wütend, empfand die Bitterkeit der beabsichtigten Erniedrigung, fühlte einen Drang, ebenfalls den Arm zu heben und „Sieg Heil!" zu rufen, eine trotzige Geste der Auflehnung gegen die autoritäre Repression. Ich ließ es bleiben, erstens weil ich nicht als Nazi mißverstanden werden wollte, zweitens weil meiner Funktion als sozialpädagogischem Betreuer grundsätzlich etwas mehr Distanz zum Geschehen und zu den Klienten entspricht. Immerhin stieg ich für einen Moment mit auf die Mauer hoch und hielt das Transparent, allerdings ohne das „Hoo-li-gans! Hoo-li-gans!" mit zu rufen. Ich bin ja keiner. Ich war nur gerade wütend auf die Bullen.

Inzwischen hatte das Spiel endlich begonnen, die Stimmung hatte sich etwas beruhigt. Nun kamen einzelne Polizisten, ohne Helme, um die Leute von dem Mäuerchen hinunter zu schicken. In aller Höflichkeit. Schließlich ging es vorne knapp zwei Meter senkrecht runter auf einen harten Betonboden. Wie in Bremen gab es eine gut funktionierende Arbeitsteilung zwischen den verschiedenen Kategorien von Polizisten. In der Halbzeitpause traf ich einen Kollegen, der mir einen Artikel aus einer Frankfurter Lokalzeitung zeigte. In dem wurde vom alten „Randale-Fanclub Black & White" berichtet, auf den die Polizei ein besonderes Auge haben müsse. Fünf Jahre früher hätten sich die Fans von Black & White wahrscheinlich von einer solchen Einschätzung geschmeichelt gefühlt. Inzwischen hatte dieser Fanclub sich längst geändert, und man empfand dort diese längst nicht mehr berechtigte Aussage eher als Rufmord.

Irgendwann, spät fiel das 1:0 für die Frankfurter Eintracht. Großer Jubel bei den Fans! Bis zum Abpfiff dauerte es nicht mehr lange, und es sollte bei diesem magersten aller möglichen Ergebnisse bleiben. Es war schwer zu glauben, aber die Eintracht hatte gewonnen. Schlußpfiff, nochmals Jubel auf dem Spielfeld und auf den Rängen. So, jetzt! Einige der Randalisten sprangen in den Graben hinunter und liefen darin in Richtung auf die Haupttribüne. An anderer Stelle war ein Frankfurter Fan aufs Spielfeld gelangt, wo er – von mehreren Ordnern verfolgt – einige hundert Meter hin und her flitzte. Er erreichte auch zwei oder drei Eintracht-Spieler, klopfte ihnen im Vorbeirennen auf die Schulter, bis die Ordner ihn erwischten, niederrangen und abführten. Auch bei den Hooligans waren einige der Meinung: los, jetzt müsse man hinüber auf das Spielfeld. Aber die Idee zündete nicht. Was sollte man denn da auch? Es geschah jedenfalls nicht, auch die unten im Graben kamen bald zurück. Die Spieler hatten inzwischen ihre Ehrenrunde absolviert, man verließ das Stadion.

Im U-Bahnhof war ein unglaubliches Gedränge. Etwas müde setzten wir uns am Rande auf eine Mauer. Auf einmal steuerte eine Gruppe finster blickender Skinheads auf uns zu. Mir wurde etwas mulmig. Was für welche waren das nun? Es waren aber befreundete, Hamburger und Berliner. Das Beziehungsgeflecht von Freund- und Feindschaften ist bei den Skins zum Teil deckungsgleich mit dem der Hooligans, zum Teil aber auch nicht.

Zurück am Bahnhof Zoo war wieder Langeweile angesagt. Der nächste Zug sollte nachts um 11 fahren. Till, der mich bis dahin immer nur angeschnorrt hatte, gab mir ein Bier aus, nicht ohne sich über die „jüdischen Preise“ auch in der Bahnhofskneipe zu mokieren. Als wir von dort zurück in die Halle kamen, hatte Bernd gerade ein paar Bochumer entdeckt und drängte die Frankfurter Rabauken, sich zu sammeln und loszuziehen. Er fand wenig Resonanz. Zu oft schon hatte er Gegner entdeckt, „ganz sicher“, und dann war nix. Er lief noch einmal hinaus, um sich selber zu vergewissern. „Doch, da sind welche!“ kam er wieder herein. Sein zweiter Agitationsversuch hatte endlich Erfolg.

Ein kleiner Trupp Eintracht-Hooligans rottete sich zusammen und zog rasch am Bahnhofsgebäude entlang. Langsames Klatschen, dann schneller, dann Rennen. Ich lief hinterher. Die Bochumer oder Berliner bekam ich gar nicht zu sehen, ich sah nur die unsrigen, wie sie um die im Freien stehenden Kneipentische flitzten, hörte das Gejohle und sah die Bullen mit gezogenen Knüppeln hinterdrein jagen. Augenblicke später war es vorbei. Die Frankfurter kamen ruhig zurück, die Sache war erledigt.

Doch nun kamen die Polizisten angelaufen, schlugen auf die Fans ein und trieben sie vor sich her. „Jetzt nicht Rennen“, dachte ich mir, „sonst kriegst du auch noch was ab“, und ging ruhig weiter. Plötzlich bekam ich einen Stoß in den Rücken, der mich gegen einen Eisenpfeiler schleuderte. „Hau ab“, raunzte mich ein Polizist an, „sonst setzt es was!“ Ich glaubte ihm und haute ab.

Kurzer Prozeß nach Pokal-Triumph

11 Monate (ohne Bewährung) für Frankfurter Fußball-Rowdy

Abendpost, Nachtausgabe, Frankfurt; 31.5.88

Düsseldorf, Eröffnungsspiel Europameisterschaft 1988

Spätestens seit beim DFB-Pokalendspiel in Berlin gegen einen Frankfurter Hooligan ein Abschreckungsurteil gefällt worden war, hatten die „Sicherheits"-Verantwortlichen für die EM unmißverständlich klargestellt: Die Behauptung, ein „Brüssel" sei in Deutschland unmöglich, sollte unbedingt bewiesen werden. Der Begriff der Sicherheit wurde auch hier, wie so oft in diesem unserem Lande, schwer strapaziert. Allen, die auf Randale lauerten (sei es als Aktive, sei es als Medien-Voyeure) wurde nicht nur signalisiert: es wird keine Katastrofe wie in Brüssel geben, sondern: Bei der EM in Deutschland läuft nichts!

„Das werden wir ja sehen!" Zweifellos würden die holländischen und die englischen Hooligans unter sich ausmachen, wer die „Besten" wären in Europa, so die allgemeine Erwartung. Aber, bei allem Respekt, die deutschen Randalisten wollten zeigen, daß sie durchaus mithalten könnten. Durch die Polizei-Strategie der „absoluten Sicherheit" wurden jedoch immer mehr die Polizisten selber zur Zielscheibe der Angriffslust, denn die Frage war jetzt nicht mehr so sehr, wie gut man sich gegen Italiener, Holländer oder Engländer schlagen würde, sondern ob man es schaffen würde, gegen das enorme Aufgebot der Polizei überhaupt eine Randale zu ermöglichen.

In Düsseldorf fand nun das Eröffnungsspiel der EURO 88 statt – Deutschland gegen Italien. Ich fuhr mit dem Rüsselsheimer Randale-Fanclub Presswerk dorthin. Da die Pläne des Fanprojekts ursprünglich andere waren, hatte ich mich nicht mit Karten für die Spiele versorgt. Offiziell war das Spiel längst ausverkauft, und Arbeitskarten für die Mitarbeiter der Fanprojekte hatte es vom DFB nicht gegeben. „Kein Problem", versicherten mir die Presswerker, „du kommst schon rein. Es gibt schon noch Karten." Ich mochte es nicht recht glauben, doch hatten die Presswerker Erfahrung mit diesen Dingen, im Gegensatz zu mir. Als wir schließlich losfuhren, war ich nicht der einzige ohne Karte.

Düsseldorf, Euro-Eröffnung

Die italienischen Fans sind bei den deutschen, ich weiß nicht warum, wenig geliebt oder geachtet. Als Schläger haben die italienischen 'Ultras' immerhin einen gewissen Ruf. Und so war unsere Reisegruppe, zu meinem Mißbehagen, mit einem Vorrat Knüppel im Gepäck aufgebrochen, die später aber am Straßenrand „entsorgt" wurden.

Die Polizei von Nordrhein-Westfalen hat auch einen speziellen Ruf bei den deutschen Fans, den ihre Vertreter schon bei unserer Anreise auf einem Autobahnparkplatz bestätigten.

Dort hielten wir zu einer Pinkelpause, wozu die Jungs aber nicht ins entsprechende Häuschen gingen, sondern sich breitbeinig vor den Zaun stellten – eine kleine Machtdemonstration, wie bei Rot über die Straße zu latschen. So klein, daß sie unseren Düsseldorf-Fahrern sicher gar nicht bewußt war, aber groß genug, um die anwesenden Polizisten zu provozieren. Die kamen aus ihrem grünweißen Auto gestiegen und sprachen in etwa so:

„Gehen Sie zum Pinkeln dort auf die Toilette, oder sie zahlen gleich zwanzig Mark (oder fünfzig?). Zeigen Sie mal Ausweis, Führerschein, Verbandskasten, Warndreieck. Haben Sie mich etwa fotografiert? Dann würde ich Ihnen gleich den Film abnehmen!" Wir wußten also, woran wir waren. Leider oder zum Glück hatte ich nicht fotografiert.

Die Fahrt war äußerst stimmungsvoll verlaufen. Das hintere Abteil von meinem VW-Bulli war zur Kneipe umgebaut: In der Mitte stand ein aus einer umgestülpten Getränkekiste improvisierter Tisch, und unterwegs wurde Karten gespielt. (Sie haben mich beim Mau-Mau beschissen!) Nach dem oben geschilderten Zwischenfall auf der Raststätte war die Laune ein wenig gedrückt, aber immer noch gut.

Mit zunehmender Aufregung fuhren wir nach Düsseldorf hinein. Noch einmal tanken, „mach hin, es ist schon spät", wo geht es lang zum Stadion, wo gibt es noch Karten, wo sind die anderen deutschen Hooligans? Das Thema Eintrittskarten wurde zurückgestellt, wir parkten und gingen in die Altstadt, „den Mob" suchen. Der Mob war aber noch verstreut irgendwo im Getümmel. Hier begegneten uns ein paar Schalker, dort ein paar Offenbacher. Bei

Länderspielen herrscht übrigens zwischen sonst verfeindeten Fangemeinden Burgfrieden. Wirklich? Wirklich! Alle streunten herum, jeder suchte „die anderen". Schließlich gaben wir es auf und installierten uns in bzw. vor einer Kneipe, die auch als Treffpunkt nach dem Spiel ausgemacht wurde.

Unübersehbar war in jedem Moment, daß überall in der Stadt Polizei in großer Zahl war: in Zivil, mit Flugblättern am Infostand („Gemeinsam Gewalttäter ins Abseits"). Mit Kampfausrüstung am Mannschaftswagen stehend, in Streifenwagen oder Geländewagen. In einfachen Uniformen in kleinen und großen Pulks zu Fuß unterwegs. Das trägt auf seine Weise natürlich auch zu einem bestimmten Klima bei, und nicht nur zu dem, das die Polizei bewußt erzeugen wollte. Es war war eine Stimmung zwischen Jahrmarkt und Heerlager.

Italienische Rabauken gab es keine. Zumindest formierten sie sich nicht so, daß es zu einem Zusammenstoß zwischen deutschen und italienischen Krawallanten hätte kommen können. Nur immer wieder Polizei und noch mal Polizei, im Omnibus oder zu Pferde, das Video-Team im Übertragungswagen und so weiter. So fuhren wir in Ruhe mit der Straßenbahn zum Stadion. Dort gab es tatsächlich auch noch viele Eintrittskarten zu kaum überhöhten Preisen.

Vor dem Spiel trafen wir noch Nürnberger und andere Hooligans, mit denen ein Treffpunkt nach dem Spiel ausgemacht wurde. Das Spiel verlief ruhig und soll nicht so schlecht gewesen sein, wie man es von Eröffnungsspielen gewohnt ist. Die Tore habe ich nicht mitbekommen, weil ich mich in der Zeit draußen am Bierstand mit Leuten unterhalten habe. Auch nach dem Spiel fanden sich am Stadion keine „Italiener", also keine italienischen Rabauken, keine „Ultras". Etwas enttäuscht machten sich die Frankfurter, Rüsselsheimer und Freunde mit der Straßenbahn auf den Weg zurück in die Stadt. Es war inzwischen dunkel geworden. Der Verkehr staute sich in den Straßen, die Bahn stand. Irgendwo heulten Sirenen, Blaulichter blitzten.

Als wir in der Innenstadt ausstiegen, hatte der Läufer von Marathon schon die Botschaft gebracht: Unterwegs vom Stadion in die Altstadt hätten Dortmunder und/oder Schalker oder sonstwelche Hools aus dem Ruhrgebiet „die Bullen weggeklatscht“: Einige hätte vorbeifahrende Polizeiwagen mit Flaschen oder Steinen beworfen, die Polizisten hätten angehalten, seien aus den Wagen und auf die Fans zugesprungen, wurden aber von einer allgemeinen und wilden Attacke überrascht. Gleich darauf sei aber eine Übermacht an Polizisten hinzugekommen, sie hätten viele Fans schwer in die Mangel genommen, zusammengeschlagen, viele Festnahmen. „So ein Scheiß! Da geht's ab, und wir sind nicht dabei!“

Stattdessen kehrten wir zu unserer Kneipe vom Mittag zurück. Während andere Hooligans in Gruppen durch die Stadt zogen, immer noch auf der Suche nach „den Italienern“ oder dem deutschen Mob, begann bei Presswerk das Stimmungsprogramm. Ein Stromverteilerkasten auf dem Platz vor dem Lokal wurde zum Tresen gemacht, Lieder wurden gesungen, kleine Vorträge beklatscht und den Mädchen nachgejohlt, von denen viele aufgetakelt für die Disko vorbeikamen. Und natürlich kamen auch immer wieder Polizisten vorbei, die gelegentlich angepöbelt wurden.

Mit der Zeit muß sich wohl rumgesprochen haben, daß es bei Presswerk lustig ist. Die Stimmung, die an unserer Ecke herrschte, wirkte wie ein Magnet auf viele andere Fußball-Rabauken, die planlos und frustriert durch die Stadt zogen. An unserer Straßenecke jedenfalls rottete sich ein fröhlicher Mob einschlägiger Fußballrandalisten zusammen.

Das entging auch den Polizisten nicht, es waren ja mehr als genug davon da. Und nun kamen noch mehr, stellten sich an den Seiten des Platzes auf. Während des ganzen Tages waren immer wieder welche von den zarten Biergläschen zu Bruch gegangen, in denen das Altbier in Düsseldorf ausgeschenkt wird, versehentlich oder achtlos oder auch mutwillig hingeworfen. Nun, als es räumlich und stimmungsmäßig immer dichter wurde, fing es in der milden Atmosfäre dieser lauen Juni-Nacht an zu brutzeln. Erste Biergläschen flogen aus der Menge, aber auch aus den umliegenden Häusern, auf vorbeifahrende Geländewagen der Polizei. Ich versuchte, mein bißchen Einfluß dahin wirken zu lassen, den Ort wenigstens vorübergehend zu verlassen. „Laßt uns abhauen, sonst knallts hier gleich." Tatsächlich zog dann bald eine Gruppe aus dem Kessel hinaus, der sich da nun gebildet hatte, und zog durch die Nebenstraße. Es wurde der langsame, rhythmische Takt geklatscht, mit dem sich die Fußballkrawallanten gegenseitig ihre Anwesenheit signalisieren, begleitet von den Rufen „Deutschland-Hooligans". Gewollt oder nicht läuft dieser Slogan sicher auf Nationalismus hinaus. Zunächst meinte er die Vereinigung der Hooligans aus den verschiedenen Städten, die – Burgfrieden hin, Burgfrieden her – immer noch vorsichtigen Abstand voneinander wahrten.

Als wir nach einer kleinen Runde durch das Viertel zurückkamen, hatte sich die Szene tatsächlich ein wenig beruhigt. Doch dann hieß es plötzlich: „Da vorn gehts ab!" Mit Gejohle rannte der Mob in eine Nebenstraße und um die Ecke. Dort, in der engen Gasse zwischen zum Teil zur Straße offenen Kneipen, die zum Bersten voll waren mit Fußballfans und anderem Publikum, dort wogte eine Schlägerei zwischen Polizisten und Fans, und Presswerk mitten dazwischen. Ein Durcheinander von Fußball-Rabauken, ruhigen Fans und Passanten, die mit Fußball nichts zu tun hatten; einige neugierig, andere lauernd, um plötzlich mit anderen zusammen johlend loszurennen, während wieder andere ruhig weitergingen. Dazwischen die völlig verwirrten Polizisten hinter Schildern und Visieren, Schläge, Stöße, Tritte von beiden Seiten. Plötzlich ein paar Sekunden Stille, eine kurze Pause. Dann wieder Rufe im Chor: „Auf die Bullen! Auf die Bullen!" Die Polizei sammelte sich, stürmte vor, zingelte ein, war plötzlich selbst eingekesselt. Eine Wahnsinns-Spannung, kaum auszuhalten!

Das Ganze dauerte nur eine kleine Ewigkeit. Zwei Minuten? Fünf? Zehn? Ich ging zurück zu unserer Kneipe und wartete. Ich fühlte mich erleichtert, als nach und nach alle Presswerker wiederkamen! Einer war von der Polizei gegriffen und wieder losgelassen worden. Ein anderer hatte Angst, bei einer Schlägerei beobachtet worden zu sein und wollte schleunigst losfahren, bloß weg. Vom speed, das er geschluckt hatte, war er nicht nur total aufgedreht, sondern (das ist das andere Gesicht dieser Droge) hatte auch Paranoia. Ganz vorsichtig, mit Abstand zu irgendwelchen herumste-

Die Rabauken und ihr Sozi. Hin …

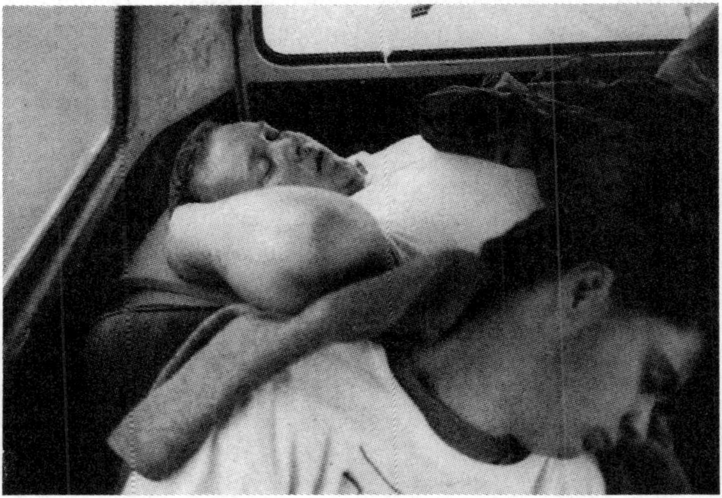

… und zurück.

henden Polizisten, zogen wir zu dem Parkplatz am Rheinufer, wo unser VW-Bus stand, und machten uns auf die Heimreise.

Ich selbst war total geschafft und froh, daß ich nicht fahren mußte. Wir erreichten Rüsselsheim im Morgengrauen. Halb wach, halb in Trance kam ich bei meiner Freundin an, der ich kurz berichtete, bevor ich mir die Bettdecke über die Ohren zog. Und das ist wichtig, weil ich in dem Moment noch nah an den Geschehnissen war und nah an meinen Gefühlen, die ich Stunden später, wenn ich innerlich wieder geordneter sein würde, sicher verdrängt hätte:

Das für mich Schlimmste, was ich an dem Tag erlebt habe, war die Panik im Gesicht einer Polizistin bei dem Blitzkrieg in der Düsseldorfer Altstadt: Hinter dem Schild, unter dem Helm: Angst, Entsetzen, Verzweiflung. Egal, ob man die Soldaterei und Krieg überhaupt akzeptieren mag oder nicht, Frauen gehören da nicht zwischen.

Ich habe in diesem Jahr in vielen Fußball-Stadien Frauen in Kampfeinheiten der Polizei gesehen. Wahrscheinlich spekulieren die Polizei-Strategen auf den bekannten Effekt, daß Frauen in zugespitzten Situationen auf die Masse der aggressiven Männer beruhigend wirken. Aber wenn das instrumentalisiert werden soll, dann wird sich dieser Effekt schnell verbrauchen und ins Gegenteil umschlagen: Bislang sind die Zusammenstöße zwischen den Fußball-Gewalttätern Männerspiele, in denen Kinder, Frauen und Greise tabu sind. Und das sollte so bleiben. Weiblichkeit taktisch einzusetzen hieße, sie zu mißbrauchen. Frauen in einen Kombattanten-Status zu versetzen, würde den angestrebten Beruhigungs-Effekt verbrauchen! Das ginge vermutlich ziemlich schnell, und in wenigen Jahren würde es heißen: „Die Fans werden immer brutaler, jetzt schlagen sie auch schon Frauen zusammen!“

Frage: Es heißt: Hooligans kämpfen nur mit Hooligans. Kutten und andere sind ihnen egal. Aber in Rotterdam hat es auch „Neckermänner" getroffen. Auch letztes Jahr in Hamburg (beim EM-Halbfinale Holland gegen BRD) sind auf den Stadionparkplätzen x-beliebige holländische PKWs und Busse demoliert worden. Wie bringst du das zusammen?

Günter: Gut, das war ein Länderspiel. Das war was anderes. Beim Länderspiel weißt du nie. Das ist eine ganz andere Atmosfäre. Da weißt du nie, wer die anderen sind, alle in Zivil gekleidet. Aber auf die Neckermänner sind die wohl draufgegangen, weil gar keine Richtigen da waren.

Und Rotterdam, das ist nochmal was anderes. Das ist die größte Hafenstadt Europas. Da sind Molukker, da ist echt Abschaum, kann ich mir vorstellen. Die Holländer sind eh Deutsch-Hasser, nazimäßig und so. Und die stechen auch einen normalen „Neckermann" ab. Das ist denen scheißegal. Wenn die sehen: der hat so ein Käppi (in deutschen Nationalfarben) auf, dann ist er halt ein häßlicher Deutscher, fertig, ab.

Rotterdam, Länderspiel Holland – Bundesrepublik

von Thomas Schneider

Wie oft hatten wir versucht, uns vorzustellen, wie's wohl werden würde. Tausendmal berührt, tausendmal ist nichts passiert. Diesmal passierte es. Dieses Mal, das war beim Länderspiel Holland gegen Deutschland in Rotterdam, 26. April 89, zu dem ich gemeinsam mit einer Kollegin aus dem Hamburger Fanprojekt und sieben Hamburger Fußballfans fuhr. Was da passierte, war zwar nicht überraschend, aber doch atemberaubend, was die Wucht und die Ausmaße anbelangt. Von Angst, ja, von Todesangst wird die Rede sein, aber erst später im Verlauf dieses Tages und seiner Ereignisse.

Eigentlich war es ein schöner, ein milder und freundlicher Tag. Nichts deutete darauf hin, daß die Niederlande im 40. Jubiläumsjahr der Bundesrepublik Deutschland einer neuerlichen deutschen Invasion entgegensahen. Die Mobilisierung der deutschen Hooligan-Heere war fast nur Eingeweihten bekannt oder wenigstens vorstellbar. Eigentlich hatte sich niemand wirklich die Legionen vorstellen können, die dann tatsächlich antraten. Nicht einmal zur Europameisterschaft im eigenen Land hatten die Hooligans so viele Köpfe gezählt.

Die Niederländer verzweifelten an den deutschen Recken, welche umgekehrt bald an ihrer unversehrten oder überhaupt nur gewissen Heimkehr zweifelten. Zweifelsohne schafften es die Oranje-Hools, die bundesdeutsche Krawallszene zu verunsichern; nie zuvor hatte ich in so blasse und nervöse, hoffende und ängstliche Gesichter von Hooligans und Pädagogen geblickt wie an diesem Abend. Gegen Mitternacht erschrak ich vor meinem eigenen Spiegelbild.

Doch kehren wir zum Ablauf der Tagesereignisse zurück. Wir verließen Amsterdam, wo wir übernachtet hatten – und wo unser Kleinbus von Dieben aufgebrochen und geplündert worden war. Jetzt, auf der Fahrt nach Rotterdam, war die Atmosfäre bestimmt von der nervösen Erwartungshaltung unserer sechs männlichen und einen weiblichen Holiday-Hooligans: Jeder noch so kleine

Verkehrsstau bedrohte unsere Teilhabe am erwarteten Krawall-Countdown: Ob wir etwa zu spät kämen? Wieviele wohl bereits dort wären? Ob gar das Beste schon vorüber wäre? Für die Schönheiten der Landschaft, die wir durchquerten, erübrigte niemand auch nur einen verschämten Augenblick.

Nachdem wir uns wieder einmal kurz verfahren hatten, erklärte uns eine freundliche, ältere Frau den direkten Weg zum Bahnhof. Alle entleerten rasch noch einmal die Blase, ständig sich umblickend, da man schließlich in Feindesland war. Eine kleine Gruppe holländischer Teenager kam vorbei, wurde kritisch taxiert und für ungefährlich befunden („Nachher kommt plötzlich der Mob um die Ecke!"). Gegen Mittag war's endlich geschafft: Rotterdam Hauptbahnhof. Bus geparkt und verschlossen, eine Stunde Aufenthalt. Eine Stunde Zeit zum Gucken, begrüßen, verabreden.

Den Bahnhofsvorplatz beherrschte bereits ein großer bundesdeutscher Mob. Berittene Polizei beobachtete das Treiben ruhig, gelassen und aus respektvoller Distanz. Wir suchten unsere Kollegen aus dem Hamburger Fanprojekt und fanden sie verabredungsgemäß am Haupteingangstor zusammen mit den Kollegen aus Bremen und Hannover, die alle mit der Bahn gekommen waren. Bei einem Imbiß berichteten wir uns gegenseitig die Abenteuer der vergangenen Stunden. Gegen alle Erwartungen, so erfuhren wir, seien die Kontrollen beim Grenzübertritt ausgeblieben. Viele deutsche Hooligans hatte man bei diesem Qualifikations-Spiel zur Weltmeisterschaft erwartet. Noch mehr als erwartet waren gekommen. Schon am Vormittag sollte es zu Auseinandersetzungen in der Rotterdamer City gekommen sein. Einzelheiten waren unbekannt, die Spekulationen sprossen auf.

Bei unseren Hooligans war die Stimmung spürbar gestiegen. Mit Befriedigung hatte man die vielen bekannten Gesichter wahrgenommen, Gespräche geführt und das stetige Anwachsen des deutschen Mobs registriert. Mit freudiger Erregung sah man den Schlachten entgegen, die der Nachmittag hier im „Mekka der Gewalt" bringen sollte – nichts ahnend vom Maß der Gewalttätigkeit, das unserer harrte. Wir verabredeten mit unserer Gruppe einen Treff für nach dem Spiel. Sie verabschiedeten sich sofort in Richtung

Mob (den ich inzwischen auf mindestens 700 Köpfe schätzte), während ich bei bei meinen Kollegen blieb.

Von der Polizei sah man auf dem Bahnhofsvorplatz immer noch nicht viel. Scheinbar gelassen observierten ein paar Berittene die Versammlung. Erste Sprechchöre erschollen, die aus Entfernung von nicht sichtbaren Niederländern beantwortet wurden. Irgend jemand glaubte, irgendwo irgendwelche Holländer wahrgenommen zu haben. Aufgeregt wurde losgestürmt, Bierdosen flogen durch die Luft, während die Polizei hastig die Laufrichtung versperrte. Aber auch bei diesen Aktionen trat relativ wenig Polizei in Erscheinung. Ein paar Berittene und ein Dutzend Schlagstock-Schwinger zähmten den Mob.

Wenig später, gerade war ein Zug mit holländischen Fans angekommen, schien die Eskalation unausweichlich. Die Polizei stob jedoch energisch dazwischen und trieb die deutschen Hools vom Ausgang fort, sicherte den Niederländern eine fast reibungslosen Abgang. Daraufhin bauten sich die Deutschen vor der großen Glasfront des Bahnhofsgebäudes auf, schlugen rhythmisch gegen die Scheiben und skandierten im Stakkato ihr „Hoo-li-gans, Hoo-li-gans".

Es war ein beeindruckendes Schauspiel. Ebenso aber beeindruckte mich die Reaktion der Polizisten, die sich ohne Helme und andere Schutzkleidung, kurzärmelig und schlagstockgewappnet, mutterseelenallein und furchtlos zwischen den deutschen Hools herumtrieben. (Später konnten wir durch Zufall ein Strategiepapier auflesen, daß ein Polizeibeamter verloren hatte. Darin war von De-Eskalation die Rede, und uns wurde klar, warum bislang so wenig Polizei aufgetreten war). Immer wieder mal gab es „Jagdszenen", die aber stets mit der Intervention von wenigen Polizisten endeten. Dabei hielten teilweise fünf Polizisten an die hundert Hools in Schach! In der Bundesrepublik, wo sich Polizisten nur in Gruppen oder gar Hundertschaften zeigen, habe ich ähnliches nie beobachten können. Dieses selbstbewußte Auftreten der Polizei flößte allgemein Respekt ein – zumindest bis zur „Sonderzug-Aktion". Nachmittags gegen halb vier zählte der Mob etwa 1.000 bis 1.200 Hooligans, die selber immer wieder die Faszination betonten, die von diesem „Mörder-Mob“ ausging. Mit dem Selbstbewußtsein der Deutschen wuchs ihre Lust auf den „Länderkampf“. Gerade, als wir uns eine Pause gönnen und uns endlich mit einer warmen Mahlzeit stärken wollten, geschah der „Ausbruch“: „Die Holländer“ waren gekommen! Der außer Rand und Band geratene Mob stürmte los, lärmend und mit Gegenständen werfend. Diesmal war die Polizei zu sehr überrascht, um den Gang der Dinge aufhalten zu können. Wie die Statisten blieb sie stehen. Wir Fanprojektler machten uns flugs hinter dem Mob her, der sich aber augenscheinlich aufteilte. So wurde er unberechenbarer für Holländer, Polizei und für uns.

Nach einiger Rennerei im Bahnhof ging es hinaus in die Fußgängerzone. Mit meinen Kollegen trabte ich durch den holländischen Mob – mutig, weil ahnungslos. Nur langsam, nach und nach, kam Angst in uns auf, denn wir glaubten, als friedliebende, harmlose Sozialfreaks wahrgenommen zu werden und ungefährdet zu bleiben. Ein Irrglaube, wie uns langsam klar wurde! Gewiß, wir hatten mitbekommen, daß ein deutscher Fan, am Schädel schwer verletzt und blutüberströmt, aus der Fußgängerzone geborgen und „per Express“, mit Blaulicht ins Hospital gebracht worden war. (Daraufhin macht blitzartig das Gerücht vom ersten Toten die Runde). Wir begegneten Gruppen, die Latten präparierten, die mit Messern bewaffnet waren, die aufeinander losgingen. Vor solchen rannten wir jetzt weg, jammerten über die abwesende Polizei, die uns hätte schützen können, und spürten unsere Herzen bis zum Hals schlagen.

In unserer Arbeit haben wir uns an Auseinandersetzungen und Gewalt gewöhnt. Auf die persönliche Bedrohung jedoch waren wir kaum vorbereitet. Plötzlich stand vor mir ein Hooligan mit gezücktem Messer, er meinte mich! Das erschien mir ganz unwirklich, das konnte doch nicht wahr sein! „Die müssen sich irren, ich habe doch mit der ganzen Chose nichts zu tun!“ Es dauerte eine langgezogene Schrecksekunde, bis ich mich endlich entschliessen konnte, zu fliehen. Unsere Schwerfälligkeit war äußerst gefährlich für uns.

Verdammt nochmal, wir garten in dem selben Topf wie alle Hooligans und Deutschen! Unser humanistisches, multikulturelles Verständnis wurde einer herben, unvorbereiteten Prüfung unterzogen. Das vereinigte Europa zerfiel in seine nationalistischen Trümmer. Wir sehnten uns nach der deutschen Großgruppe, nach Solidarität, Sicherheit, Heimeligkeit. Hätte mir vorher jemand erzählt, was hier um uns und in uns geschehen würde, ich hätte „wissend" geschmunzelt. Jetzt aber fühlte ich Angst vor der äußeren Bedrohung, Angst aber auch vor meiner Reaktion auf diese so irrationale Bedrohung, Angst vor meiner eigenen Aggressivität.

Die Plätze der Fußgängerzone waren prall gefüllt mit fahnenschwingenden Oranje-Fans und -Hooligans auf der einen Seite, dem teutonischen „Mörder-Mob" auf der anderen. Sie ließen mich die Monstrosität eines geballten Zusammenstoßes ahnen. Der „Bürgerkrieg", der uns bevorstand, begann vor meinem geistigen Augen Formen anzunehmen. Zunächst traf ich die Kollegen vor dem Bahnhof wieder. Uns knurrten die Mägen, aber wir waren froh, uns alle unversehrt wiederzusehen. Aufgeregte Hooligans erzählten uns hier mit glühendem Eifer die tollen Schlachten, und wie die Holländer hätten flüchten müssen. Die Mär vom tödlich verletzten Deutschen und der unvermeidlichen Konsequenz der „Blutrache" machte die Runde. Erschrocken waren sie indes alle von dem, was sie die „Hinterhältigkeit" der Oranjes nannten, die umstandlos Messer und Pistolen zückten, und zwar, darin stimmten sie überein, nicht nur zur Abschreckung. Diese „Feigheit" und „Grenzenlosigkeit" wurde als unehrenhaft empfunden, als besonders niederträchtig abgeurteilt.

Immer wieder wurde mit Geheule losgerannt, in immer kürzeren Abständen. Die normalen Rotterdamer Bürger wurden mehr und mehr vom Bahnhofsvorplatz vertrieben. Eine Rauchbombe wurde in einen Kiosk geworfen, und es qualmte dermaßen, daß man an einen Brand dachte. Es war klar, daß etwas geschehen würde. Urplötzlich tauchte eine große Menge Polizisten auf, die einen Gürtel bildeten und uns einkesselten. Per Megafon wurden wir aufgefordert, in einen bereitstehenden Sonderzug einzusteigen, der uns zum Stadion befördern würde. Wir hungrigen Sozialfreaks wollten die Gelegenheit nutzen, uns abzuseilen und endlich essen zu gehen. Wir wären später noch früh genug ins Stadion gekommen. Aber alles Ausweisen half nichts. Wir wurden genauso wie alle anderen in die wartenden Waggons verfrachtet. Die Waggons wurden vollgestopft wie Weihnachtsgänse, was zunächst kein Grund zur Sorge war. Kaum aber waren alle deutschen Hools im Zug verstaut, ging die Post ab! Aus der Unterführung zu den Bahnsteigen kamen nun plötzlich holländische Fans treppauf gestürmt. Im Nu war Chaos auf dem Bahnsteig, Leuchtkugeln flogen durch die Gegend, Schreie hallten. Im Inneren des Waggons suchten Angst und Wut der zusammengepferchten und eingeschlossenen deutschen Fans ein Ventil. Riesenhafte Kerle hängten sich mit den Armen an die Gepäcknetze und versuchten, mit den Füßen die Fensterscheiben hinauszustoßen, umsonst. Dafür wurden Lampen abmontiert und durch die schmalen geöffneten Schiebefenster auf die vor dem Waggon postierten Polizisten geworfen, Neonröhren folgten nach. Ein Polizist wurde im Gesicht getroffen, der daraufhin – blutend und unter Schock – auf alles und jede(n) einprügelte. Auf dem Bahnsteig nahm die Rennerei kein Ende. Mal jagten die Polizisten die Hooligans, dann waren sie selbst wieder die Gejagten. Knüppelschwingend stürmten sie wahllos in irgendwelche Fangruppen, blindwütig nach dem Zufallsprinzip wurde hineingehauen.

Die Schreie im Waggon wurden zunehmend hysterischer. Je mehr nach Leuchtstiften gebrüllt wurde, desto irrealer wurde die Szenerie, desto bleierner verstrich die Zeit. Geradezu unmenschlich baute sich die Spannung auf, für die es kein Ventil gab, da jeder Bewegungsspielraum völlig fehlte. Der Zug wurde hin und her rangiert. Klirrend und berstend ging irgendwo irgendwas zu Bruch. Sitzbänke, Armlehnen, Kleiderhaken, Gepäcknetze, alles wurde bearbeitet, sollte aus den Verankerungen und Fugen gerissen werden. Ein wilder und blinder Aktionismus sollte wenigstens das Gefühl vermitteln, wehrhaft und bewaffnet, nicht einfach den Umständen ausgeliefert zu sein.

Rufe nach Mäßigung, nach solidarisch-friedlichem Verhalten wurden laut und verstummten wieder, ungehört. Fast allen schnürte die Angst die Kehle zu. Klaustrofobie verbreitete sich im Gedränge. Der aktionistische Teil der Eingeschlossenen provozierte zum Bahnsteig hin, während die verschreckte Mehrheit auf der gegenüberliegenden Seite des Wagens Sicherheit suchte. Fünf, sechs Durchgedrehte boten den knüppelnden Beamten durch die Schiebefenster die Stirn zum wohlfeilen Schlag an – Masochismus, oder doch bloß blöde Provokation, Hilflosigkeit, Verdrängung der eigenen Angst? Schiebetüren wurden gewaltsam aufgerissen, Polizisten knüppelten sofort drauflos und schlossen die Türen wieder. All das wiederholte und wiederholte sich, sämig-zäh floß die Zeit dahin.

Wir Fanprojektler hatten es inzwischen aufgegeben, die Clowns zu besänftigen. Wir hofften bloß noch darauf, daß der Zug endlich losfahren und den Bahnhof verlassen würde. Dann, und erst dann würde sich die Situation entspannen. Gegenseitig bestätigten wir uns, daß die Polizei nix kapiert und die Eskalation alleine zu verantworten hätte. Die Angst vor Tränengas und Mollies blieb, bis der Zug endlich, endlich aus dem Bahnhof rollte.

Schon nach einer kurzen Strecke jedoch blieb der Zug auf freier Fläche und in glühender Sonne wieder stehen. Fenster wurden flugs geöffnet, befreites Durchatmen! Muskulatur und Seele entkrampften sich, hektisches Geplapper schwoll an. Schnell war die frische Luft verbraucht, Hitze schwelte im überfüllten Waggon, der Zug stand, und Angstschweiß vermischte sich mit Körperschweiß. Nach einiger Weile rollten wir weiter.

Im Stadion angekommen wurde der Mob sanft in den Käfig getrieben, der ein Aufeinandertreffen von holländischen und deutschen Fans ausschließen sollte. Etwa acht Personen waren wir noch, als vor uns die Sperrgitter verriegelt wurden, während hinter uns die Holländer anrückten. Es gelang uns nach kurzer Diskussion mit den Schließern, hinter den anderen her zu schlüpfen. Wir waren beruhigt, für kurze Zeit.

Wir sahen uns jetzt dem holländischen Mob genau gegenüber. Schlachtgesänge wurden angestimmt, die 3. Strophe. Hitlergruß. Chaos! Urplötzlich befanden wir uns wieder im Krieg. Leuchtstifte knallten, Geheule und Gejohle hob an, Steine flogen. Der eingekerkerte Mob rochierte. Ich hob Hände und Arme schützend über den Kopf, während ich von der Masse mit dem Rücken gegen die Absperrung gedrängt wurde. „Sheffield", zischte es mir durch den Kopf! Ich drückte und rempelte minutenlang, bis ich aus dieser Lage herauskam. Die Polizei hielt uns im Käfig eingesperrt, als die großen Brocken geflogen kamen. Inzwischen hatten deutsche Hooligans das Platten-Pflaster angehoben und auf wurfgerechte Maße zerkleinert. Aber postwendend kamen diese Geschosse auf uns zurück. Hier und dort hörte man die Getroffenen schmerzerfüllt aufheulen. Wohin man blickte, sah man aufgespannte Regenschirme und bedeckte Schädel. Jeder versuchte, sich so gut es ging zu schützen.

Mit einem Mal jedoch konnte man sehen, wie die Masse der Hooligans zu einer solidarischen Gemeinde, fast zu einer Einheit geworden war: Alle starrten sie in den Himmel und spähten nach Wurfgeschossen. Der zähe Mob wurde geschmeidig und wich elegant aus. Kein „Jeder ist sich selbst der Nächste!" mehr, kein „Hauptsache, mich erwischt's nicht". Ohne Panik konnte man/frau zur Seite gehen, weil der gesamte Mob mitging.

Schließlich stoppten die deutschen Hools die Werferei, da sie merkten, daß die Holländer eigentlich bloß die ihnen dargereichte Munition benutzen konnten, indem ihr eigenes Territorium keine Steine hergab. Es folgte eine kurze Beruhigung. Wieder Hitlergruß und Gesänge, das Tohuwabohu begann erneut. Oranje-Hools rannten auf den Käfig zu und drehten kurz vorher seitlich ab – Leuchtkugeln und kleinere Steine flogen. Der deutsche Mob war nicht mehr zu halten! Die Polizei öffnete den Kessel, und unsere Hools stoben in Richtung auf den Gegner.

Wir Fanprojektler blieben zunächst stehen und beobachteten, wie vom anderen Käfigende eine Polizeikette herantrabte in der Absicht, die deutschen Fans zusammenzuhalten. So wurden wir mit den deutschen Hooligans unter einer Fußgängerbrücke durchgetrieben, auf der sich zahlreiche Holländer befanden. Kein Sträuben half, kein Ausweis-Fuchteln, wir wurden auf diesen Weg geschoben. Also: Kopf bedeckt, Beine in die Hand, Augen zu und durch. Später erst merkten wir alle, daß diese Brücke voller „normaler“ Holländer war. Rasch ging es nun über eine Wiese bergauf zu einer Straße. Der Mob sammelte sich auf einem Parkplatz und suchte nach Möglichkeiten, eines der Stadiontore zu erstürmen; schließlich hatte ein Großteil keine Eintrittskarten. Polizei war keine zu sehen. Im Spaziergang-Tempo wurde der Parkplatz überquert, ein schmaler Wiesendamm erklommen. Taktische Erörterungen zogen sich endlos, bis die Polizei wieder auftauchte und den Damm räumte.

Wieder wurde ein Spaziergang gemacht, wieder wurde Kriegsrat abgehalten. Wieder kam die Polizei und räumte. Wieder Spaziergang, noch einmal Kriegsrat. Und noch einmal Räumung. Müde von diesem Spiel versuchten wir schließlich, ins Stadion-Innere zu gelangen. Indes, so schnell ging es nicht. Peinlichste Kontrollen an den Toren stauten die Warteschlangen zu Menschentrauben. Im dichten Gedränge kam wieder Angst auf. Die Polizeipferde, sonst stoisch ruhig, scheuten immer wieder, weil irgendwelche Idioten mit den Tieren ihre Späßchen trieben. Wir mußten nun also aufpassen, bloß nicht zu nahe an die Tiere zu geraten und etwa ihre Hufe zu spüren zu kriegen. Ein angetrunkener Oranje-Fan mittleren Alters wedelte mit seiner Eintrittkarte und drängelte sich durch die Wartenden. Schwupp! hatte ihm ein junger Deutscher triumphierend die Karte geklaut. Als der Holländer aufgebracht protestierte, bekam er die Knüppel der Polizei zu spüren und wurde abgeführt. Die deutschen Fans, die keine Karte hatten, wurden nach und nach aussortiert und weggedrängt. Nach langer Drängelei gelangte man schließlich in die Eintritts-Schleuse, an deren Ende jeder durchsucht wurde, und danach, endlich, war man drinnen. Die Stimmung im Stadion war bereits grandios, trotz der martialischen Umzäunung. Durch Stacheldraht blickte man auf den saftig grünen Rasen. Selbstverständlich brachte es die Holländer in Rage, als beim Abspielen der Hymnen zum wiederholten Mal an diesem Tage die Mehrzahl unserer “Block-Insassen“ mit 3. Strophe und Hitlergruß provozierte. Ich schämte mich dafür. Während des Spiels feuerten die Fans die deutsche Elf an, fanatisch und auch fantastisch. Sie feuerten aber auch ständig Leuchtspurmunition in die holländischen Zuschauerränge. Das Riedle-Tor verzückte uns alle, rief ekstatische Freudentaumel hervor, die beim holländischen Ausgleichstreffer der Ernüchterung wichen. Beim Torjubel polterte die Menge durcheinander, die Fans vermißten die gewohnten „Wellenbrecher".

Bei Spielende wurden wir aufgefordert, zu unserer eigenen Sicherheit im Block zu verharren, bis die holländischen Zuschauer das Stadion verlassen hätten. Trotzdem zogen wir in Richtung der Buden, schwatzten kurz und trabten in die dichtgedrängte Menge an den Ausgängen. Dort überkam uns wieder Beklemmung, wieder ein ängstliches Unbehagen. Leuchtmunition flug in den Strom der Oranjes, die die Treppen hinauf abwanderten. Hooligans lauerten irgendwo im Dunkeln, Polizisten irrten kopf- und planlos umher. Deutsche und holländische Fans drängelten aneinander vorbei oder miteinander in Richtung Ausgang. Ein deutscher Fan brach zusammen, von einem Messerstich verletzt.

Es wurde still unter den deutschen Fans – niemand wollte sich durch seine Sprache als Deutscher zu erkennen geben. Deutsche Hooligans tarnten sich mit erbeuteten oder gekauften Oranje-Schals und -Mützen, drängelten sich mit den Holländern rein in die S-Bahn. Bloß die Schnauze halten! Am Hauptbahnhof gab es wider Erwarten doch einen Sonderzug. „Wohin? Nach Köln? Egal. Bloß raus hier aus Rotterdam!" Mit vor Freude geröteten Gesichtern liefen viele zum wartenden Zug hin: Gottseidank, es war geschafft!

Am Treffpunkt traf ich unsere kleine Reisegruppe einschließlich Kollegin vollständig wieder. Nach einer freudigen und erleichterten Begrüßung inspizierten wir unseren Bus: Unglaublich, alles war heil. Wir gingen noch, mit einer Oranje-Mütze getarnt, durch die nähere Umgebung, um den sichersten und schnellsten Fluchtweg zu finden. Am Bahnhofsvorplatz herrschte Ruhe. War es die Ruhe vor dem Sturm? Wir ließen uns, erleichtert durchatmend, in einem Cafe nieder. Kaffee schlürfend tauschten wir unsere Erlebnisse aus, ohne je dabei das Treiben auf dem Bahnhofsvorplatz aus den Augen zu lassen. Ein paar Hamburger Hooligans gesellten sich zu uns. Fix und fertig waren sie, hatten Angst wie wir selbst und sehnten sich nach der Heimfahrt. Die Ungewißheit der nächsten Stunden drückt allen aufs Gemüt. Außerdem, diese Schlacht war zu heavy gewesen: zu lang, zu kraftraubend, zu nervenaufreibend. Keiner hatte je zuvor etwas vergleichbares erlebt. Dabei hatte man kaum einen Fausthieb ausgeteilt, jedoch hatten die erlebten Situationen eine andere Qualität gehabt: bewaffneter Kampf.

Im Lauf des Abends versuchten holländische Hools, den Bahnhof zu stürmen, in dem zwei- bis dreihundert deutsche Hools die Nacht über festsaßen. Die Polizei raste dazwischen, raste dabei aber auch rücksichtslos in eine Gruppe hinein. Ein Deutscher bleibt schwer verletzt liegen. Wut kam von neuem auf, Wut auf die Bullen.

Schließlich machten wir uns auf den Weg. Da die Holländer unseren geplanten Fluchtweg bewaffnet kontrollierten, änderten wir die Route. Während wir losfuhren, begleiteten uns Hektik, Angst und Aufregung. Wir rasten durch die dunklen Straßen, hinter jedem Schatten, jedem Baum einen holländischen Hooligan mit einem Molotow-Cocktail vermutend. Als wir aus der „Hölle von Rotterdam" entkommen waren und uns unserem Nachtquartier näherten, löste sich die Spannung. Beim Bier im Kneipendunst gab es wieder Scherzen und Lachen, Heiterkeit. In dieser Nacht schliefen wir so tief und fest wie lange nicht mehr. Und angstfrei.

Länderspiele oder Auswahl der Besten

Die Krawallszene, deren Bedürfnisse nur vom Verfolgen des Spielgeschehens in den Profiligen nicht hinreichend befriedigt werden, hat schon länger eine Neigung zu Länderspielen. Es sind nicht die Dümmsten, denen die Identifikation mit einer beliebig zusammengekauften Spielerschar schwer fällt – allzu abstrakt geraten die Ideale, für die „die Mannschaft", „der Verein" stehen soll.

Die Nationalmannschaft wird zwar auch stets aufs neue zusammengesetzt und ist nichts (auch nur scheinhaft) organisch Gewachsenes; das aber hat hier seine Richtigkeit. „Auswahl der Besten" ist das Kriterium, über dessen Anwendung man sich endlos streiten kann, das als solches aber unbestritten ist. Und diese überhöhte Ebene scheint die einzig angemessene. Hier sind Kameradschaft und all die Werte wieder denkbar, die anderswo so empfindlich vermißt werden.

So wie ein Teil des Publikums nur die Spiele des örtlichen Anbieters besuchen, bei denen der namhafte Gegner eine interessante Partie verspricht, gibt es auch viele Zuschauer, die sich von Länderspielen aufgrund dieser Auswahl von besonders guten Spielern auch ein besonders sehenswertes Spiel versprechen. Von denen soll hier nicht die Rede sein, sondern von jenen, denen diese Auswahl kein technischer Vorgang ist, sondern der Übergang zu etwas Höherem überhaupt, der Sprung in eine höhere Qualität. Hier entsteht „Deutschland".

„Du weißt, normal geht mir dieser Staat am Arsch vorbei", erläuterte mir ein Hooligan, „aber beim Fußball ist das was anderes. Da bin ich stolz auf unsere Mannschaft und bin auch stolz, ein Deutscher zu sein." Ein anderer sieht das nicht so eng und reiht die Erfolge der Nationalmannschaft ein zwischen andere Gründe seines Nationalstolzes wie: Nobelpreise für Deutsche oder auch die Leistungen der Wehrmacht im 2. Weltkrieg. Alles das, wofür die Chiffre „Deutschland" steht, hat miteinander gemein, daß es für Erfahrungen (oder Imaginationen) steht, die im alltäglichen Leben ausgeschlossen bleiben, eine Wirklichkeit jenseits der Wirklichkeit.

Wer alle Stadien der 1. und 2. Liga gesehen hat, wer die Polizei von München und den Mob von Schalke schon erlebt hat, spricht denn auch vom „Bundesliga-Alltag". Was einen aber in Rotterdam erwartet oder in Rom, das ist immer noch sehr unsicher. Ob der Verhaltenskodex, der unter den militanten Fans in Deutschland (halbwegs) verbindliche Norm ist, auch in Holland gilt, ist nicht gewiß, bevor man es ausprobiert. Reisen bildet, das hat schon immer auch für Kriege gegolten.

Wärend die Parole von der „totalen Volksrandale" aus der Mode gerät, gewinnt die von der „Fußballrandale" an Beliebtheit unter jungen Männern. Sie selbst sind dabei, wenn die Nationalmannschaft antritt, um eine andere zu besiegen. Die „Auswahl der Besten" vollziehen sie für sich selber nach. An der ominösen höheren Qualität „Deutschland" haben sie unmittelbar Teil. Sie ist erlebbar.

Unter dem Slogan „Deutschland-Hooligans" sammeln sich Lokalrivalen und andere „Erzfeinde", die sich sonst, im Bundesliga-Alltag, gegenseitig verwamsen. Nicht bruchlos ist dieser Burgfrieden, aber hinreichend für die Wahrnehmung, daß aus Feinden Brüder werden. Hier wird das Unmögliche möglich! Wie anno Leipzig/Einundleipzig wird die Einigung des Deutschen Volkes aus der Zersplitterung der Klein-Fürstentümer zu einem Reich gefeiert. Quantität springt um in Qualität, wenn zig Haufen von Randalisten sich zu einem deutschen Mob vereinigen: das ist „die Macht"!

Freund- und Feindschaften

Randale verabreden

Früher war's einfach: Gruppen, die Stunk haben wollten mit gegnerischen Fans, sind in der Halbzeitpause, oder wann es sonst gut paßte, zum Block der Gegner marschiert. Dann hat's gerappelt, bis die Polizei kam. Manchmal geht das heute noch, aber eigentlich schon lange nicht mehr. Sich gegenseitig auf den Stadionparkplätzen, vor den Bahnhöfen oder auf den Wegen dorthin aufzulauern, ist eine Ausweichmöglichkeit. Sie ist aber etwas ungewiß in den oft weitläufigen Geländen um die Stadien, zumal es nach den Spielen oft dunkel ist; außerdem weiß die Polizei auch Bescheid und ist oft schon da. So ziehen meist die Gruppen der Fußballrandalisten durch die Innenstädte und suchen einander, oft vergeblich.

„Die Treffpunkte waren '83, '84 immer an der Hauptwache gewesen. Jedenfalls war vor dem Spiel, bevor die anderen am Bahnhof angekommen sind, Treffpunkt in der Stadt. Mit denen haben wir uns an der Hauptwache oder am Bahnhof verabredet, und da hat es dann die Schlägereien gegeben. Die Treffpunkte waren allgemein bekannt. Wer Krawall machen will, der findet sich auch irgendwo. In Köln ist der Treffpunkt die Domplatte, und in Frankfurt war es eben die Hauptwache, wo die Leute stehen. Damals haben es die Schalker auch ganz gut gefaßt. Die wollten die ‚Flipmachine' überfallen, einen Modeladen oder sowas. Und die Jungs von der Adlerfront haben das gut verteidigt. Scheinbar haben sie Leute aus dem Laden gekannt, ich weiß auch nicht. Jedenfalls hat es gut geknallt."

Es gibt auf diese Weise immer wieder mal eine Gelegenheit, aber seit Jahren wird dem nachgeholfen. Wie die Fanpolizisten in vielen Bundesligastädten auch auswärtige Hooligans nach dem Gesicht identifizieren, kennen auch viele Randalisten einander persönlich. So werden entweder am Rande des Spiels, oder auch schon lange vorher bei anderen Begegnungen oder telefonisch Treffen ausgemacht, wann und wo es einen Krawall geben soll. Mannheimer Fans haben beispielsweise gegnerische Fans ins nicht allzuferne Heidelberg geladen, um sich dort mit ihnen zu prügeln. Mindestens einmal haben sie mit diesem Trick die Polizei verblüfft.

Diese Verabredungen haben etwas sehr geheimnisvolles, und in zwei Jahren sozialpädagischer Arbeit mit Fußballgewalttätern habe ich nie direkt eine Verabredung mitverfolgt, sondern immer nur nachträglich davon erfahren. Sie haben etwas mysteriöses, nicht nur, weil sie naturgemäß im Verborgenen ablaufen, sondern auch deshalb, weil sie dem Außenstehenden so schwer verständlich sind. In mehreren Gespraächen mit Hooligans versuchte ich, dahinter zu kommen.

Frage: „Für mich ist das schwer zu verstehen, daß man die Leute kennt, auch gut leiden kann, mit ihnen was zusammen unternimmt und sich dann zusammensetzt und freundlich unterhält, wann und wo man sich demnächst die Rübe einhaut. Kannst du verstehen, daß das für jemanden, der nicht selber da drinsteckt, irre erscheint?"

Uwe: „Ja, normalerweise muß das für einen irre erscheinen: Wenn du fünf, sechs Tage lang mit Leuten durch die Gegend ziehst wie jetzt bei der Europa-Meisterschaft, lernst sie kennen und kommst eigentlich gut mit denen zurecht; aber wenn dann der normale Alltag wieder anfängt, der Bundesliga-Alltag, daß du dich dann wieder gegenseitig auf den Kopp haust. Das ist dann halt wieder ganz was anderes. Weil, Nationalmannschaft und Bundesligaverein, das ist was anderes."

Pit beschreibt eine Szene, in der eine Verabredung zu einer Schlägerei getroffen wurde, so: „Ja, das geht ganz freundlich. Ich hab das mal mit ein paar Schalkern gehabt. Da haben wir hier im Waldstadion in der Stadionkneipe zusammen einen getrunken. Das war alles voll okay. Wir haben gesagt: 'Dann mischen wir euch mal richtig auf', und die Schalker: 'Höhö, wir euch auch.'

Danach ist aber nichts gewesen. Hat nicht geklappt. Es waren wohl zuwenig Schalker, oder zu verteilt. Einige mit dem Auto, einige mit dem Bus. Aber wir sind auch nicht an die Hauptwache. Wir haben an Oldies Kiste gestanden, unserer Kneipe in der Elbestraße, und da war auch schon wieder Polizei ohne Ende."

Es bleibt der Fantasie überlassen, was gewesen wäre wenn... Und die Fantasie blüht oft reichlich. Die eigenen Taten werden aufgeblasen, die Gegner werden runtergemacht: „Wir haben am Bahnhof auf euch gewartet, aber ihr Lutscher habt euch nicht blicken lassen." Manchmal ist das nicht einfach verleumderische Bosheit, sondern mangelnder Überblick.

Als in Bremen im März 88 eine Verabredung zwischen Frankfurter Hooligans nicht zustande kam (vor dem Spiel traf man sich nicht, nach dem Spiel wurden alle Frankfurter Fans polizeilich vom Stadion auf die Autobahn geleitet), verbreiteten Frankfurter Fans hinterher, in Bremen sei „nichts los" gewesen. Daß die Bremer Hooligans nach dem Spiel im Steintor-Viertel Straßenschlachten mit der Polizei anfingen, die sie hinderte, ans Stadion heranzukommen, konnten sie gar nicht wissen. Von jeder Randale kann man die verschiedensten Versionen hören oder lesen.

„Das mit der Warterei, mit der Absprecherei, das klappt sowieso meistens nicht. Egal wer das ist, wenn man sich da überlegt: Wir kommen da mit dreißig Mann hin, und da sind die dann vielleicht mit hundert oder so, da kriegen wir ganz schön den Arsch aufgerissen. Deswegen kommt es auch meistens gar nicht zu solchen Schlägereien, wie es da immer beschrieben wird. Das ist eigentlich lachhaft. Ich mein: Es knallt schon ab und zu ganz gut. Aber nicht in der dramatischen Art, wie es da immer dargestellt wird, als wäre der dritte Weltkrieg ausgebrochen.

Wir haben uns mal mit den Schalkern verabredet. Das war aber in Schalke gewesen. Da sind wir mit einem 36-Mann-Bus hingefahren. Nach dem Spiel, da waren zwanzig von uns festgenommen worden, da kamen die Schalker zu uns an den Bus und haben gesagt, wir sollten in einer Stunde mit dem Bus ans Hertie fahren. Da haben wir natürlich gesagt: 'Jaja, wir kommen. Wartet da ruhig.' Ich mein, wir sind doch nicht lebensmüde und fahren da hin, mit 36 Mann!"

Daß die vorangehenden Beispiele „Frankfurt gegen Schalke"-Geschichten sind, ist Zufall. Die Schalker gefielen sich meistens in „splendid isolation", sie brauchen keine Freunde, und die Frankfurter sind keine besonderen Feinde. Neuerdings haben die Frankfurter Randalisten sogar freundschaftliche Kontakte zur Schalker „Gelsenszene" angeknüpft. Im Mai 89 verabredeten sich Frankfurter und Gelsenkirchner Hooligans im Frankfurter Bahnhof – um gemeinsam gegen die Frankfurter „Erzfeinde", die Offenbacher Kickers zu fahren, wo Schalke 04 gerade gegen die Kickers spielte. Während des Spiels, bei dem auch viele Frankfurter Kutten im Schalker Block standen, wurde mit den Offenbacher Hooligans ein Treff auf dem Marktplatz ausgemacht: Die Offenbacher wollten bis nachts um zwei warten. Gegen eins gab es den Krawall.

Die Tradition der Freund- & Feindschaften

Daß Fußballfans untereinander verfeindet sein können, ist allgemein bekannt. Daß sie auch Freundschaften miteinander pflegen, ist weniger bekannt. Beide Begriffe, den der „Feindschaft" wie den der „Freundschaft", muß man relativieren; sie entsprechen in ihren Bedeutungen nicht unbedingt dem alltäglichen Sprachgebrauch.

„SGE und 1. FCN – zusammen sind wir eine Macht", solche Aufnäher auf Fankutten hatten mich anfänglich völlig irritiert. Die Frankfurter SG Eintracht und der 1. FC Nürnberg sind schließlich Vereine, die in der Liga gegeneinander spielen. Sollte es da halb-offizielle Bündnisse geben, die anderen Fußball-Vereine gemeinsam auszutricksen? Das konnte ich mir nicht vorstellen! Und es ist natürlich auch nicht so.

Es waren die Fans beider Vereine, die miteinander liiert waren. Solche Bündnisse erweisen sich darin, daß die von auswärts anreisenden Fans, vor allem, wenn sie in Clubs organisiert sind und heimische Fans kennen, vor und nach dem Spiel miteinander in der Kneipe hocken und saufen und Erinnerungen aufwärmen, fachsimpeln oder sonstwie gesellig die Zeit verbringen; daß man während des Spiels einander in den jeweiligen Stadionblocks besucht (sofern die Polizei das nicht verhindert); daß man, wenn der Spielplan gerade nicht ein Spiel der eigenen Mannschaft vorsieht, zu einem Spiel der „befreundeten“ fährt und da die befreundeten Fans unterstützt – nicht zuletzt bei Hauereien mit deren Gegnern. Das ist es, was „Zusammen sind wir eine Macht!“ konkret heißt.

Natürlich liegt es meistens an der Initiative einzelner Personen und Gruppen, ob solche Freundschaften entstehen und ob sie weiterbestehen. Ein Junge, der neu in den Fanblock kommt, wird nach und nach die bestehenden traditionellen Freundschaften und Feindschaften kennenlernen wie die anderen Besonderheiten der Fangesellschaft auch, beziehungsweise wird miterleben, wie da etwas Neues entsteht. Aber zur Fan-Szene gehören hunderte oder tausende Personen. Die Verbindlichkeit solcher Beziehungen für alle vermittelt sich manchmal schwerfällig und auch nicht bruchlos.

Vor ein paar Jahren zogen Kölner Fans, die sich an eine traditionelle Freundschaft mit München 1860 erinnerten, in der Halbzeitpause freudig zu einem Besuch vor die Fankurve der „Löwen“. Wegen der verschiedenen Spielklassen hatten sie aber seit Jahren keine Kontakte mehr gepflegt, und nun wurden sie zu ihrer Überraschung mit Schlägen empfangen – zu viele jüngere Fans der „Löwen“ wußten einfach nichts mehr von dieser Tradition. In Bremen verfiel die alte Freundschaft mit Kaiserslautern. Den jüngeren Fans sagte das nichts mehr. Daraufhin rafften sich die älteren Werder-Fans zu einem Besuchsprogramm auf, daß die alte Freundschaft erneuerte.

Das eingangs erwähnte Beispiel Frankfurt-Nürnberg ist historisch. Nachdem sich die Nürnberger Fans mit den Stuttgartern vor drei oder vier Jahren verfeindeten, fühlten sich die Frankfurter gedrängt, sich zwischen ihren traditionellen Freunden, VfB- und FCN-Fans, zu entscheiden. Die Entscheidung fiel für Stuttgart, gegen Nürnberg. Solche Entscheidungen sind nicht zwangsläufig. Freundschaft mit zwei untereinander verfeindeten Fangruppen ist möglich, wenn auch nicht wahrscheinlich. Einige SGE-Rabauken unterhalten dabei nach wie vor freundschaftliche Kontakte mit den Nürnberger Rabauken. Sind die Darmstädter nun mit den Mainzern verbündet, oder sind sie es nicht? Man kann es nicht so genau sagen, seit sich in der vergangenen Saison ein Teil der Darmstädter „Lilien" mit einem Teil der Mainzer geprügelt hat. So etwas ist oft schwer erklärlich (außer für die Handvoll unmittelbar Beteiligten), und es ist schwer abzuschätzen, ob sich solche Ereignisse bereinigen lassen oder aber neue Traditionen begründen.

Meidericher Fans und Mönchengladbacher, zumal die Schläger, waren traditionell verbündet, bis die Duisburger es leid waren, immer nur die Gladbacher zu unterstützen, in den Kämpfen der Oberliga aber keine Unterstützung von dort zu bekommen. Trotzdem gibt es bei MSV-Fans immer noch Sympathien für Mönchengladbach. Im Moment, im Hochgefühl des Aufstiegs in die 2. Bundesliga, ist der MSV Duisburg (bzw. seine Rabauken) „alleine eine Macht"; alte Kontakte nach Frankfurt sind aber wieder aufgefrischt.

Manchmal besteht Feindschaft (oder zumindest gesteigertes Mißtrauen), weil man gehört hat, daß irgendeiner von dem einen Verein irgendwann irgendeinem vom anderen Verein aus irgendeinem Grund aufs Maul gehauen hat; genaues weiß man nicht, aber Feindschaft besteht. Normalerweise stehen bei der Feinderklärung lokale Rivalitäten im Vordergrund. Oft scheinen es gemeinsame Vereins-Farben zu sein, die die Basis zu Freundschaften legen, wie Schwarz-Gelb bei den Fans von Göttingen 05 einen positiven Bezug auf den BVB Dortmund nahelegt.

In München sind die Fans vom TSV 1860 und vom FC Bayern „natürlich" verfeindet, zumindest die Farbentragenden; nur gegen den FC Nürnberg stehen sie einig zusammen. Die Fans der Münchner Lokalrivalen aus der Bayern-Liga, Türk Gücü und Unterhaching, haben als eine Art „Notgemeinschaft" gegen die Fans von 1860 zusammengefunden.

Um das Bild der Freund-Feind-Schemata noch etwas weiter zu komplizieren (so ist es nun mal in der Wirklichkeit): Es gibt auch gutfunktionierende einseitige Beziehungen, in denen die Fans aus einem Ort andere unterstützen: Die VfB Stuttgart-Kämpen hauen sich auch für Reutlingen, während Reutlinger Unterstützung für die VfBler belanglos wäre. Die Offenbacher Kickers (-Fans) unterstützen die Schweinfurter, die HSV-Hooligans den Wuppertaler SV, die Schalker Hooligans Wanne-Eickel.

Rabauken, denen es daheim zu langweilig ist, ziehen bei solchen Vereinen mit, wo mehr los ist: Die von Borussia Neunkirchen mischen bei Wormatia Worms mit, deren Rabauken wiederum an der Seite der Waldhöfer mitmischen. Bei der seltenen Gelegenheit des Pokalspiels Worms-Saarbrücken waren aber auch die Waldhöfer zur Stelle. Die Fans von Worms, Trier und Mainz pflegen einen allgemeinen Haß jeder gegen jeden untereinander. Freundschaft zwischen Hooligans des Frankfurter FSV und des SV Wiesbaden, und so weiter und so fort. Es ist kein Fänomen nur der Bundesliga.

Der Begriff der „Freundschaft“ unterscheidet sich nicht nur von dem umgangssprachlichen, er ist auch in sich unklar, reicht von verbreiteter Sympathie über eine Anzahl von persönlichen, freundschaftlichen Kontakten über gelegentliche Unterstützung oder sporadische gemeinsame Angriffe auf gemeinsame Feinde bis hin zur dicken Freundschaft, wo man sich aufeinander im Kampf verläßt – oder sich verlassen fühlt.

„Feindschaft“ ist, aus sportlicher Konkurrenz erwachsen, eigentlich das normale, auch wenn jeder gegen irgendeinen anderen einen „besonderen Haß“ hat. Insbesondere die notorisch erfolgreichen Münchener Bayern sind fast bei allen anderen Fangemeinden unbeliebt, und ihre Fans mit ihnen. Aber auch die Kölner. Der Starke ist am mächtigsten allein, oder wie das Sprichwort heißt, und „Freundschaften“ werden besonders von den extremeren Fans als Zeichen von Schwäche gewertet: „Ich weiß nicht, was die Scheiße soll, vonwegen 'Freundschaft'. Entweder wir sind die Besten, oder wir sind es nicht!“ Und wie im wirklichen Leben sind Freundschaft und Feindschaft, Liebe und Haß so eng miteinander verwandt, daß sie sich leicht in das Gegenteil verwandeln.

Nach so viel Verwirrung soll nun wieder etwas Ordnung geschaffen werden, oder doch zumindest Übersichtlichkeit. Dazu folgt hier ein Atlas der Freund-Feind-Beziehungen in der Ersten und Zweiten Bundesliga. Die bisher erwähnten Beispiele haben schon gezeigt, daß in einigen Fällen die Aufteilung der Fanszene in Kutten und Hooligans auch zu unterschiedlichen Freund-Feind-

Traditionen geführt hat. In der folgenden Auflistung soll das berücksichtigt und die Beziehungen sowohl der traditionellen, farbentragenden Fans als auch die der Fußball-Randalisten, jede für sich bezeichnet werden.

Es zeigt sich allerdings, daß die Vorlieben bzw. Abneigungen beider Gruppen in den meisten Fällen deckungsgleich sind oder die Abweichungen nur geringfügig – ebenso, wie in den meisten Fußballstadien die angestammten Standorte beider Gruppen deutlich unterschieden sind, aber doch nahe beieinander liegen. Beispielsweise die Hooligans von München 1860 stehen im heimischen Stadion am unteren Rand des Kutten-Fanblocks, beim FC Bayern stehen sie ebenfalls in der Nähe der Kutten.

Anjo Scheel ist nicht nur Fan der Frankfurter Eintracht, sondern wirklich ein Fußball-Verrückter. Während der normale Fan alle Heimspiele und möglichst viele Auswärtsspiele seiner Mannschaft besucht, der radikale Fan außerdem noch die Freundschaftsspiele und die Trainings-Lager dazu, hat Anjo sich angewöhnt, auch zu x-beliebigen anderen Spielen zu fahren. Über die Jahre gesteigert ist er (mit Oberliga, Bundesligen, Europapokal und Länderspiele) bei 142 Spielen angekommen, die er in der Saison 88/89 besucht hat. Wenn also eine einzelne Person einen aktuellen Überblick hat über die Fan-Szene der Republik, dann jemand wie er. Fast die ganze nachstehende Tabelle hat er sich aus dem Kopf geleiert!

Ein paar Korrekturen von anderen Experten aus der Szene sind dazugekommen mit der Bemerkung: „... stimmt im großen und ganzen so, abgesehen davon, daß einige Bündnisse eh ständig wackeln und nichts mehr so fest ist wie vor ein paar Jahren." Die Unbeständigkeit der Beziehungen ist aktuell wohl die vorherrschende Tendenz. Die scheinbar festen Ordnungen, auf wen man baut und wen man haut, die den Fußballfans auch immer das Gefühl vermittelt hatten, daß die Dinge so sind, wie sie sein müssen oder jedenfalls seit Urzeiten immer schon waren, diese scheinbar soliden Systeme bröckeln. Und das verunsichert die Gemeinde. „In letzter Zeit kann man immer häufiger beobachten", schreibt „Hägar" in einem Fanzine der Aachener Alemannia, „daß immer mehr einzelne Fangruppen bei anderen Vereinen herumhängen, um deren Gegnern eins auszuwischen. So kommt es vor, daß Dortmunder und D'dorfer gemeinsam gegen Schalker vorgehen, obwohl von einer Freundschaft zwischen BVB und F 95 nie die Rede war und ist. Selbstverständlich steht es jedem frei, wen er bei einem x-beliebigen Spiel unterstützt. Nur wird es mit der Zeit dann soweit kommen, daß man eine Woche Seite an Seite steht und eine Woche später sich die Zähne heraushaut. Das ist dann wohl doch gegen jede Logik" (aus: Bierfass Nr. 5, '89, Alem. Aachen Fanclub United 87). Es soll hier dahingestellt bleiben, wie es um alle Logik bestellt ist. Stattdessen folgt hier, so aktuell und genau wie möglich der:

Freund-Feind-Atlas der deutschen Fanszene (BRD) Mitte 1989

1. Bundesliga

(Fußball-Verein)	+	(Freundschaften der Kutten)
	–	(Feindschaften der Kutten)
	+	(Freundschaften der Hooligans)
	–	(Feindschaften der Hooligans)
Bayer 04 Leverkusen	+	Offenbach
	–	Köln, Uerdingen
	+	Offenbach, VfB Stuttgart, Standart Lüttich
	–	Bremen, 1. FC Köln
1. FC Kaiserslautern	+	Bremen, Düsseldorf
	–	Frankfurt, Mannheim
	+	Düsseldorf (noch ?)
	–	Frankfurt, Mannheim

Bayer Uerdingen 05	+	Stuttg. Kickers
	–	Leverkusen, Köln
	+	Duisburg und (gelegentlich) Gladbach
	–	Leverkusen
VfB Stuttgart	+	Frankfurt, Hamburger SV
	–	Karlsuhe, Bayern München
	+	Leverkusen, Offenbach
	–	Kaiserslautern, Schalke
VfL Bochum	+	Bayern München
	–	Dortmund
	+	Schalke, Bayern München
	–	Dortmund
Eintracht Frankfurt	+	VfB Stuttgart, Hamburger SV
	–	Offenbach, Kaiserslautern, Köln
	+	Schalke, Nürnberg, Duisburg
	–	Kaiserslautern, Offenbach, Karlsruhe, Köln
Fortuna Düsseldorf	+	(?)
	–	Schalke
	+	(?)
	–	Essen, Schalke
SV Werder Bremen	+	Kaiserslautern, Essen
	–	Hamburger SV
	+	Hertha BSC, Essen, Bielefeld, Groningen (?)
	–	Hamburger SV, Braunschweig, Leverkusen, Bremer Punks und Autonome

BVB 09 Dortmund	+	Hamburger SV
	–	Schalke
	+	Saarbrücken, FC Zürich, Hertha BSC
	–	Schalke
1. FC Nürnberg	+	Schalke
	–	Bayern München
	+	Schalke
	–	Bayern München, 1. FC Köln
Mönchengladbach	+	keine
	–	Köln, Bayern München
	+	Duisburg, Mannheim
	–	Köln, Bayern München
FC Homburg	+	Hessen Kassel
	–	Kaiserslautern, Saarbrücken
	+	VfB Stuttgart (?)
	–	Kaiserslautern, Düsseldorf
Karlsruher SC	+	Offenbach
	–	Frankfurt, Mönchengladbach
	+	Offenbach, Hertha BSC
	–	Essen, Frankfurt, Hamburg Hafenstr.
1. FC Köln	+	St. Pauli
	–	Leverkusen, Schalke, Frankfurt
	+	Darmstadt
	–	Schalke, Leverkusen
Waldhof Mannheim	+	(?)
	–	VfB Stuttg., Frankfurt, Kaiserslautern
	+	Mönchengladbach, Hannover (?)
	–	VfB Stuttg., Frankfurt, Kaiserslautern

Hamburger SV	+	Dortmund o. Frankfurt (fraktioniert)
	–	Bremen
	+	Braunschweig
	–	Bremen, Berlin, Hannover
FC St. Pauli	+	1. FC Köln
	–	Hamburger SV
FC Bayern München	+	Bochum, Hertha BSC (bröckelt)
	–	Nürnberg, 1860 München
	+	Bochum, Mainz, Stuttgart
	–	Nürnberg, Schalke

aus der 2. Liga:

Hertha BSC Berlin	+	Dortmund, Bay. München (bröckelt)
	–	BW 90 Berlin, Braunschweig
	+	Bremen, Karlsruhe, Dortmund
	–	Braunschweig, Hamburger SV
FC Saarbrücken	+	(?)
	–	Kaiserslautern, Düsseldorf, Schalke
	+	Dortmund
	–	Kaiserslautern, Düsseldorf, Schalke
Alemannia Aachen	+	Meppen
	–	Solingen, Duisburg, M'gladbach, Düsseldorf
	+	Austria Wien
	–	Solingen, Duisburg, M'gladbach, Düsseldorf
Eintr. Braunschweig	+	(?)
	–	Hannover, Berlin
	+	Hamburger SV
	–	Hannover, Berlin, Kiel

	+ Bremen, Dortmund
	– Schalke, Düsseldorf
Rot-Weiß Essen	+ Bremen
	– Schalke, Düsseldorf
	+ Nürnberg
	– Dortmund, Essen
FC Schalke 04	+ Nürnberg
	– Dortmund, Essen, Düsseldorf
	+ Homburg
	– Offenbach, Hannover
KSV Hessen Kassel	+ Homburg, Offenbach (?)
	– alle
	+ Dortmund, Wattenscheid
	– Bielefeld, Osnabrück
Preußen Münster	+ (?)
	– Bielefeld, Osnabrück
	+ FC Köln, Bayern Hof
	– Offenbach, Frankfurt, Düsseldorf
SV Darmstadt 98	+ FC Köln, Mainz (?)
	– Offenbach, Frankfurt, Düsseldorf
	+ Mannheim, Young Boys Bern
	– Braunschweig, Hamburg
Hannover 96	+ Mannheim, Bern
	– Braunschweig, Hamburg
	+ Leverkusen
	– Frankfurt, Darmstadt
Kickers Offenbach	+ Leverkusen, VfB Stuttgart
	– Frankfurt, Darmstadt

Leverkusen / Köln – mehr als Lokalrivalität

von Peter Bode

Solange Bayer 04 Leverkusen – von vielen leicht verächtlich als „Werkssportverein" bezeichnet – sein eher ödes Dasein in der Zweit-, zeitweise sogar Drittklassigkeit fristete, konnte von einer „Fanszene Bayer 04" kaum eine Rede sein. Das Stammpublikum von Bayer 04 zählte oft weniger nach Tausenden, denn nach Hunderten. Viele Leverkusener Fußballinteressierte fuhren halt nach Köln oder nach Düsseldorf, wenn sie guten, erstklassigen Fußball sehen wollten.

Die Rivalität, die Konkurrenz zwischen der „jungen Chemiestadt am Rhein" – die Gründung Leverkusens erfolgte erst 1930 im Zuge der Expansion des Bayer-Werks – und der traditionsreichen Metropole Köln bestand indessen schon lange. Als ein Bayer 04-Fan einmal nach der Ursache seiner Aggressivität gegen „die Kölner" gefragt wurde, antwortete er: „Dat war schon immer so. Mein Vater hat sich auch schon mit Kölnern auf der Rheinwiese jekloppt." Besonders „sauer" reagierten viele Leverkusener, als die Stadt Köln Anfang der 70er Jahre Ambitionen zeigte, das „steuerreiche" Leverkusen einzugemeinden. Eine wahre Protestwelle der Leverkusener Bürger trug wesentlich dazu bei, dieses Vorhaben gewiefter Finanzpolitiker zu verhindern. Die Trennungslinie war gezogen.

Was das alles mit Fußball, Fans und Hoooligans zu tun hat? Es zeigt Traditionslinien und Entwicklungen auf, die wesentlich wurden, als der Bayer 04-Elf 1979 der Aufstieg in die 1. Fußball-Bundesliga gelang. Bis dahin waren Gewalttätigkeiten rund um die Fußballspiele in Leverkusen eher die Ausnahme gewesen. Es „knallte" höchstens mal, wenn es gegen die „Nachbarn" Union Solingen oder Wuppertaler SV ging. Aber damals blieb alles im Rahmen: gelegentliche, spontane Faustkämpfe zwischen Jugendlichen, wie man sie auch auf Kirmes- oder Schützenfesten beobachten kann... Kamen die Traditionsvereine aus dem Ruhrgebiet (Borussia Dortmund, Rot-Weiß Essen oder Fortuna Düsseldorf) nach Leverkusen, trauten sich die wenigen Bayer 04-Fans kaum auf die Straße. Bestand doch die Gefahr, die heißgeliebten Mützen oder Schals in den Leverkusener Vereinsfarben an die wahrlich übermächtigen und kampferfahreneren Fans aus dem Kohlenrevier einzubüßen. Immerhin schlossen sich die Leverkusener Fußballanhänger aufgrund dieser augenscheinlichen Unterlegenheit gegenüber den auswärtigen Fanscharen erstmals zusammen: 1976 gründete sich der „1. Fanclub Bayer 04" (wohlgemerkt als Zusammenschluß friedlicher Fans). Diese erste Vereinigung der Bayer 04-Anhänger konnte bald einen beachtlichen Mitgliederzuwachs verzeichnen und zählte beim Leverkusener Aufstieg über 120 Mitglieder: in der Regel friedliche Fußballfans, die ihre Mannschaft begeistert unterstützten. Mit dem sportlichen Aufstieg der Bayer 04-Elf manifestierte sich die Konkurrenz zum Kölner Lokalrivalen in der Trennung zwischen FC- und Bayer 04-Fans auf Leverkusener Stadtgebiet. Auch heute noch gibt es so einige wenige Gaststätten in Leverkusen, in denen vorwiegend Kölner Fußballanhänger verkehren – aber heute erscheinen diese Kneipen wie einsame Inseln in einem weiten Meer, denn seit etwa zehn Jahren hat die sportliche Lokalrivalität zwischen Leverkusenern und Kölnern eine neue Dimension erreicht. Sie zeigt sich alljährlich deutlich bei den beiden „rheinischen Derbys" zwischen Bayer 04 und dem 1. FC Köln.

Der erste dieser „Lokalkämpfe" fand im Herbst 1979 im Leverkusener Ulrich-Haberland-Stadion statt. Die Auseinandersetzungen zwischen Leverkusener und Kölner Fußballfans ereigneten sich jedoch fast im ganzen Leverkusener Stadtgebiet. Wie ein Schock traf es viele Leverkusener – auch „ganz normale" Bürger –, als Horden von FC-Fans bereits Stunden vor dem ersten Lokalderby seit den fünfziger Jahren in die Leverkusener City einfielen. Als ob sie es den Leverkusener „Emporkömmlingen" an diesem Tag mal richtig „zeigen" wollten (wer die „Macht" hat, wer die „Besseren" sind), verwüsteten mehrere größere Gruppen Kölner Fußballfans die Leverkusener Innenstadt. Die Einheimischen waren ob solcher noch nie erlebter „Gewalt der Straße" total schockiert. Die „normalen" Bürger trauten sich an diesem Tag kaum vor die Haustür, und die Bayer-Fans suchten sich verzweifelt zusammenzuschließen, um dem Angriff der Kölner Rowdys widerstehen zu können. Solche Brutalität (Körperverletzung und/oder Raub auf offener Straße) hatten sie noch nie am eigenen Leibe erlebt. Viele Bayer-Fans gaben ihre Schals und Fahnen freiwillig ab, andere suchten sie verzweifelt zu verteidigen. Die Kölner machten „reiche Beute" und trafen kaum auf Gegenwehr.

Am Abend nach dem Spiel sah die Leverkusener City aus wie nach einer wirklichen Schlacht: Überall eingeworfene Schaufensterscheiben, verwüstete Auslagen, zertrampelte Grünanlagen... Viele Bayer 04-Anhänger hatten ihre geliebten Fan-Utensilien verloren, viele hatten Schläge und Tritte eingesteckt – nur wenige hatten zurückschlagen können. Irgendwann machte sich an diesem Abend das Gerücht breit, „die Kölner" hätten u.a. auch ein vierjähriges Mädchen von einer Brücke geworfen, die Kleine läge schwerverletzt in einem Krankenhaus. Ob diese Geschichte nun stimmt oder nicht, weiß wohl heute keiner mehr so richtig. Es ist auch relativ egal: Ihren „Zweck" – „die Kölner" als Feindbild aufzubauen – erfüllt diese Horrorstory, die heute noch viele Bayer-Fans vom Hörensagen kennen, hundertprozentig. Es stimmt jedoch, daß seit diesen ersten Ausschreitungen, die die sonst so ruhige Stadt Leverkusen erlebte, „die Kölner" für die allermeisten Bayer 04-Anhänger als Erzfeinde, die es nicht nur zu beschimpfen, sondern auch wenn möglich zu bekämpfen gilt, gebranntmarkt sind. Kaum ein Fan weiß genau warum – aber: „Es is' halt so, Köln (bzw. auf der anderen Seite: Leverkusen) is' Haß!" Solche und ähnliche Äußerungen hört man, wenn man (selbst ansonsten friedliche) Bayer 04-(bzw. 1. FC Köln-)Fans auf ihren rheinischen Rivalen anspricht.

Zum Anfang der 80er Jahre war die „Sachlage" recht klar: Wenige Bayer 04-Fans standen ungleich mehr Kölner FC-Anhängern gegenüber. Die Mitglieder beider „Fanlager" waren durch die verschiedenfarbige Kleidung in den jeweiligen Vereinsfarben (Leverkusen: schwarz-rot; Köln: rot-weiß) deutlich zu unterscheiden. Es galt zu dieser Zeit noch als Beweis von Mut und Stärke, die diversen Fan-Utensilien wie die „Kutte", Schals oder Mützen in den Clubfarben zu tragen; mußte man doch damit rechnen, die „Klamotten" in Auseinandersetzungen mit gegnerischen Fans verteidigen zu müssen. Andererseits galt man als noch „mutiger" und

„stärker", wenn man einem Fan der „gegnerischen" Mannschaft eben diese Fan-Utensilien rauben konnte. Bei den beiden jährlichen „Lokalderbys" gab es für Kölner wie Leverkusener dann einen Anlaß zu diesen Kämpfen: Die überwiegende Mehrheit der Fans bekämpft(e) sich dabei mit Schlacht- und Haßgesängen in den Fankurven, eine Minderheit auch durch „hautnahe Auseinandersetzungen"(sprich: Schlägereien) im Umfeld der Stadien, besonders auf den An- und Abmarschwegen. Bei den Kölner Fans bildete sich zu Anfang der 80er Jahre die berüchtigte „Red Army Cologne" als Vereinigung der gewalttätigen FC-Fans, während sich in Leverkusen seit 1979 die „Schwarzen Wölfe" als besonders militant erwiesen.

Eine neue „Phase" der Auseinandersetzungen wurde etwa 1983/84 erreicht: Bis dahin war es den Ordnern und der Polizei recht leicht gefallen, die Fans (nicht nur aus Leverkusen und Köln) durch ihre „Kutten", Trikots und Schals in den jeweiligen Vereinsfarben zu unterscheiden und zu trennen. Darauf stellten sich die gewalttätigen Fans nun ein und versuchten, den Kontrollen (Beobachtung, Leibesvisitationen etc.) dadurch zu entgehen, daß sie „ihre Kutten" ablegten und sich fortan zivil kleideten. Damit konnte man sich den Augen der Ordnungshüter vor und nach den Schlägereien und sonstigen Gewaltaktionen leicht(er) entziehen. So entstanden in Köln Gruppen wie die „Rheinunion" oder später die „Cologne Streetfighters"; in Leverkusen wurde 1983 der sogenannte „Rheinterror" als Vereinigung der Leverkusener Fußballrowdys gegründet – später nannten die Jungen sich „LEV-Szene '86" und „Savage-Squad-Boys". Die bereits in der Namensgebung enthaltene Militanz wurde und wird von ihren Mitgliedern (in der Regel zwischen 20 und 50 Leute) in die Tat umgesetzt. Die Fußballspiele zwischen Bayer 04 Leverkusen und dem 1. FC Köln wurden fortan noch intensiver zum Anlaß genommen, die jeweils andere Seite möglichst effektiv zu bekämpfen. Es ging zwar auch noch um die Fußballspiele der beiden Vereine, aber den gewaltätigen Fans waren die Auseinandersetzungen vor und nach den 90 Minuten genauso wichtig wie der Spielausgang.

Die Fußballrowdys setzten (infolge der verstärkten polizeilichen Ordnungsmaßnahmen) immer mehr Waffen ein: Leuchtraketen und Steine als Distanzwaffen, um den Gegner auch dann zu bekämpfen, wenn die Polizei die feindlichen Gruppen trennt; aber auch Knüppel, Baseball-Schläger und sogar vereinzelt Messer, um einerseits eigene körperliche Schwächen im Nah-(Box-)Kampf zu kompensieren, um andererseits auch dem Gegner möglichst schweren körperlichen Schaden zuzufügen. Die „richtigen" Hooligans lehnen es war ab, gegnerische friedliche Fans zu schlagen (wollen sich nur mit „gegnerischen" Hooligans hauen), aber aufgrund des „Massencharakters" der Fußballveranstaltrungen und aufgrund der aufgestauten Aggressionen halten sich die Gewalttätigkeiten bei den „rheinischen Derbys" nicht immer in diesem engen Rahmen. Zumal auch bei ansonsten friedlichen Fans auf beiden Seiten bei diesen „Lokalkämpfen" eine niedrigere Hemmschwelle zu Gewalttätigkeiten festzustellen ist.

Mit der Übernahme des Begriffes „Hooligans" und der „entsprechenden" Verhaltensweisen verschärfte sich die Rivalität zwischen Leverkusener und Kölner Fußballfans noch mehr: Inzwischen kommt es bei den Spielen zwischen Bayer 04 und dem 1. FC Köln, aber auch bei anderen Spielen regelmäßig zu Ausschreitungen. Gezielte (z.T. vorher verabredete) Gewaltaktionen finden inzwischen auch bei Fußballspielen statt, bei denen nur eine der beiden Mannschaften spielt. So unterstützten Kölner Hooligans die Rowdys von Feyenoord Rotterdam bei deren Auftreten im UEFA-Cup am 9. Dezember 1987 in Leverkusen. So waren 1988 etliche Bayer 04-Supporter bei den UEFA-Cup-Spielen von Royal Antwerpen, den Glasgow Rangers und von Real Sociedad San Sebastian im Müngersdorfer Stadion – jeweils auf Seiten der Gastmannschaft. Leverkusener und Kölner Fußballanhänger freuen sich und tragen gegebenenfalls ihren Teil dazu bei, wenn der gehaßte Lokalrivale verliert. Einen „Höhepunkt" dieser für Außenstehende vielleicht skurril erscheinenden „Feindschaft" bot das Zweitligaspiel Kickers Offenbach gegen Darmstadt 98, wo sich einige Leverkusener (als „Verbündete" der Offenbacher) und einige Kölner (als „Verbündete" der Darmstädter) ebenfalls gewalttätig bekämpften.

Einen Grund für diese Feindschaft zu suchen, ist mittlerweile genauso müßig wie fruchtlos: Kölner wie Leverkusener Fußballfans brauchen inzwischen keinen konkreten Anlaß mehr, um ihre Aggressionen gegeneinander offen zutage treten zu lassen. Das (gegenseitige) Feindbild ist da und wird von keinem an der Auseinandersetzung Beteiligten mehr hinterfragt...

Die Hooligans beider Fanszenen versuchen mittlerweile alles, um der anderen Seite bei den schon regelmäßigen Schlachten möglichst hohen Schaden zuzufügen. So verstärken sich die Leverkusener Gewalttäter bei den Lokalderbys gegen „die Kölner" mit „Bundesgenossen" aus Offenbach, Stuttgart und sogar Lüttich. Damit versuchen sie, ihre (immer noch gegebene) zahlenmäßige Unterlegenheit gegenüber den Kölner Fußballrowdys wettzumachen und in den Auseinandersetzungen, die fortwährend an Dramatik und Schärfe hinzugewinnen, überhaupt eine „Chance" zu haben. Die „Cologne-Hooligans" trachteten dagegen anläßlich der letzten „Rheinderbys", die immer mehr verstärkten polizeilichen Schutzmaßnahmen dadurch zu umgehen, daß sie Stunden nach den Spielen auf versteckten Wegen auf das Leverkusener Stadtgebiet („Territorium") vorstießen und dort für Randale sorgten. Damit verlagerten sich die Auseinandersetzungen vollends weg von ihren Anlässen, den Fußballspielen.

Verselbständigt haben sie sich schon lange: So wurden in der Vergangenheit bereits Leverkusener (und auch Kölner) Fußballfans von ihren „Erzfeinden" auf offener Straße (oder in U-Bahn-Stationen, Kneipen etc.) angepöbelt oder sogar tätlich angegriffen, obwohl überhaupt kein Fußballspiel stattfand. Einfach weil sie Leverkusener (bzw. Kölner) waren.

„Die Jungen sind nicht mehr so“

Drei Generationen Fußball-Fans

Natürlich war früher immer alles besser. Wo man selber mitgemischt hat und sich auskennt, das war was! Alles, was danach kommt und anders ist, ist Verfall.

Das ist bei den Fußballrabauken wie überall sonst. Bemerkenswert ist daran aber zweierlei: Die Generationen, die mit Unverständnis aufeinander reagieren, liegen nicht mehr als sieben Jahre auseinander. Und die Formel, mit der die jeweils Älteren sich von den Jüngeren abgrenzen, ist der Vorwurf, den sie immer selber schon zu hören gekriegt haben: „Das hat mit Fußball nichts mehr zu tun.“

Rupert, der „alte“ 1860er, kann sich „nicht vorstellen, daß man grundlos Amok läuft vor dem Spiel.“ In seiner „Kampfzeit“ waren die Fankämpfe noch unmittelbar an den Verlauf und das Ergebnis des Fußballspiels geknüpft.

Das ist für Frank schon nicht mehr so. Er braucht sich das nicht vorzustellen, daß man sich vor, nach und neben dem Spiel gleichermaßen mit den Gegenern fetzen kann – er kennt das. Er ist aber als Fan der Frankfurter Eintracht zum Randalisten geworden, und das vermißt er bei den Jungen: „Heute sind das normale Jugendliche. Die sehen: 'Da gibt's Krawalle, da gehen wir hin', und machen einen auf Hooligan.“

Pit, der jüngste von diesen dreien, ist auch noch über den Fußball zur Randale gekommen; aber für ihn bedeutet der Verein nichts mehr. Sagt er! Aus den Nachsätzen jedoch ist der Wunsch herauszuhören, daß auch er die fehlende Bindung zum Verein als Lücke empfindet. Er hätte es lieber anders.

Rupert, 31 Jahre, Fan der Münchner „Löwen"

von Werner Steigemann

Es liegt 13 Jahre zurück, als einige türkische Geschäftsmänner in München ihren Traum verwirklichten und den SV Türk Gücü gründeten. Der Verein durchwanderte im Eiltempo sämtliche Niederungen der bayerischen Amateurligen, um schließlich mit der Saison 87/88 in der Bayernliga zu landen. Selbst diese Liga sehen die türkischen Vereinsmächtigen als Durchgangsstation auf ihrem Weg ins Fußballprofilager. Fast im selben Zeitraum ging ein anderer Münchner Verein den umgekehrten Weg. Der TSV 1860 von München wurde seitens des DFB wegen seiner finanziellen Situation zum Abstieg in die höchste bayerische Amateurklasse gezwungen.

Dort versuchen die „Sechziger" seither vergeblich, die Voraussetzung für den Wiederaufstieg in die 2. Liga zu schaffen, ein für Anhänger und Vereinsoberen notwendiges Übel auf dem Weg in die erste Bundesliga. Für die immer noch zahlreichen Fans des TSV 1860 (Bayernmanager Hoeneß behauptete vor nicht all zu langer Zeit, die Löwen besäßen in der Stadt München doppelt soviel hundertprozentige Fans wie sein FC Bayern) steht es felsenfest, daß ihre Löwen die Zugehörigkeit zum Amateurlager einer Verschwörung des DFB in Zusammenarbeit mit den Bayern zu verdanken haben.

In dieser Saison drängte der Aufsteiger Türk Gücü den FC Bayern als Hauptfeind in den Hintergrund. Es erscheint der Mehrzahl der Löwenanhänger unerträglich, daß ein Neuling, dazu noch aus der türkischen Gemeinschaft stammend, ihnen die zweiten Position im Münchner Fußball streitig macht.

Am 5. November '88 kam es zum Aufeinandertreffen der beiden Vereine im Grünwalder Stadion. Die Münchner Presse behauptete unisono am darauffolgenden Montag, daß es während des Spieles keine Auseinandersetzungen unter den insgesamt 15.000 Zuschauern gegeben hat. Peinlichst verschwiegen die Journalisten Fakten, die nicht sein dürfen. Dabei ereignete sich fast zum Jahrestag der Judenpogrome eine Hetzjagd auf türkische Fußballanhänger:

Die Ostkurve, Heimat der Löwenfans, war durchsetzt von aus ganz Südbayern angereisten Neonazis. Diese schafften es, unter dem Beifall der meisten Anhänger, ein gegen sie gerichtetes Transparent zu zerstören und dessen Hersteller mit „Wir wollen keine Türkenfreunde" zu vertreiben. Wenig später wurden die wenigen türkischen Anhänger des TSV mit der Parole „Schlagt den Türken die Schädeldecke ein" aus der Kurve verdrängt. Als dann das Spiel nicht nach den Vorstellungen der Löwen verlief, mußte der vermeintliche Schiedsrichter Aron Schmidhuber (die Partie leitete ein anderer Referee, doch dies hatte sich nicht bis zu den Fans durchgesprochen) als Haßobjekt herhalten, dessen Namen die Fans zu antisemitischen Tiraden veranlaßte.

Nach Beendigung des Spiels veranstaltete eine Vielzahl von deutschen Fußballfans Hetzjagden auf abwandernde Türken. Die Polizei schützte türkische Familienväter und deren minderjährige Kinder vor Übergriffen, wobei dies nicht immer gelang. Besonnenere deutsche Besucher des Spieles, die sich helfend vor besagte Kinder stellten, trieb der randalierende Pöbel in die Seitengassen und beschimpfte diese als Kommunistenschweine, die als erste zu vergasen wären. Türkische Anhänger, sich der Hetzjagd bewußt, sammelten sich zu Gruppen von mehr als 50 Leuten, um heil die U-Bahn zu erreichen. Selbst diese größeren Gruppen wurden mit Steinen und Leuchtraketen angegriffen. Noch Stunden später verprügelten rasende Fans südländisch aussehende Passanten.

Die Polizei war in ihrer Mehrheit mit dem Schutz der Spieler und Vereinsoberen des SV Türk Gücü beschäftigt, nachdem deren Mannschaftsbus ebenfalls attackiert wurde. Das Erschütternde der Geschehnisse ist dabei nicht, daß 200 militante Kader der Nationalen Front das Spiel benutzten, um Nachwuchs zu rekrutieren, sondern daß die Mehrheit der Ostkurve sich an dem, wie sie formulierten, „Türkenjagen", beteiligten und viele neutrale Deutsche bewußt die Augen verschlossen und sich nicht einmischten.

Sicherlich gab es schon immer Randale, ausgeübt von Sechzigerfans. Jedoch waren bisher ihre Aggressionen weitestgehend an das Spiel selbst gebunden und richteten sich mehrheitlich gegen die präsente Polizei oder gegen gegnerische Fans, die ein ähnlich gewalttätiges Potential vermitteln. Neu, jedenfalls für Münchner Verhältnisse, ist das Überkippen eines ganzen Fanblockes, der blind auf alles „Ausländische" einprügelt. Wochen später verlor der TSV 1860 München wiederum ein Ligaspiel, diesmal gegen eine Münchner Vorortmannschaft. Vermeintliche Benachteiligung seitens des Schiedsrichters und ungeschicktes Vorgehen der Polizei provozierte erneut militante Ausschreitungen. Doch diesmal reagierte die Presse und machte jugendliche Neonazis für die Randale verantwortlich. Der Vorsitzende der Arbeitsgemeinschaft der Sechziger-Fan-Klubs weiß zu berichten, „daß es bei unsern Münchner Mitgliedern mittlerweile 50 bis 100 Neo-Nazis gibt". Wer versuchen sollte, diese aus dem Klub rauszuwerfen, „der hat am nächsten Tag einen Schlägertrupp vor der Tür". Obwohl sich die Präsidentin der Löwen „unendlich traurig und schrecklich hilflos" fühlt, wärmen andere Verantwortliche des Vereins den alten Mythos von der ewigen Benachteiligung wieder auf und fordern Schulterschluß mit den „treuen Anhängern".

Ganz blauäugig kann der Fan-Club-Vorsitzende Zotz erklären: „Ganz ehrlich, wenn ich den Schiedsrichter nach dem Spiel in die Finger bekommen hätte – ich hätte ihn erschlagen." Diese Äußerung vollbrachte er im Zusammenhang mit seiner Bemerkung über die Nazis. Wobei er sicherlich aus dem Herzen der Anhänger sprach, denn diesmal benötigte die Ostkurve keinen Rassismus als Legitimation ihrer Aggressivität. Eher dominierte die Depression der Niederlage und die Schande, gegen einen Vorstadtverein unterlegen zu sein, um die Randale, die eine Münchner Zeitung mit den Worten „Es war wie im Krieg" umschrieb, vom Zaune zu brechen. Auch ohne Neonazis wäre es zu diesem „Krieg" gekommen, ebenso wie ohne sie ein latenter Rassismus in den Kurven herrscht. Es ist nur ein minimaler Unterschied zwischen dem militärischen „Aus-Aus-Ausländer raus"-Stakato und dem im Alltag hingeworfenen „Türken-Sau"-Spruch, gleichwie es kein „ehrenvolles" Zertrümmern gegnerischer Mannschaftsbusse gibt.

Dies als Vorinformation zu einem Gespräch mit einem Löwenfan, der in die Jahre gekommen ist, freilich immer noch seinen Verein liebt und getreulich im Zweiwochenrhythmus zu dessen

Spielen geht. Die Notizen und das Gespräch sind unter den Eindrücken aktueller Ereignisse zustande gekommen. Dazu noch ein paar Bemerkungen: Das immer häufigere Auftreten der „neuen Rechten“ in den Stadien und die Bereitschaft der Fans, deren Ideologien bereitwillig aufzunehmen, bleibt nicht allein das Problem des TSV 1860 München. Diesselbe Konstellation (ein türkischer Verein in Konkurrenz zu einem alteingesessenen) würde auch in anderen Städten der Republik zu ähnlichen Vorfällen führen.

Frage: Eine Frage vorweg. Glaubst du, daß die Gewalttätigkeiten von Fußballanhängern ihre Ursache im Spiel selbst haben?

Rupert: Einer, der unter der Woche zufrieden lebt, wird auch im Stadion nicht unter den Hyperaggressiven zu finden sein. Du und ich, wir flippen ja bei Streß im Straßenverkehr auch aus. Ebenso raufe ich im Biergarten nach ein paar Maß, obwohl ich vorher überhaupt nicht wütend erschienen bin. Das Einzige, was mir außerhalb des Stadions fehlt, ist das Gefühl der Masse. Die Bewegung einer Menge von Menschen, wenn eine Clique zusammenkommt, wenn alle so drauf sind wie du selbst, steigert natürlich die Bereitschaft, auf jemanden einzuschlagen. Bei einem 1:1 hast du immer das Problem von Sieg und Niederlage. Wenn dann 50 gegen 30 schlägern, macht es viel mehr Spaß, als wenn du alleine wärst. Trotzdem schlägern nur die bei Fußballspielen, die auch außerhalb schon einschlägige Erfahrungen sammelten.

Frage: Es gibt in Bayern tausend Geschichtchen über Schlägereien in Biergärten. Der Nachbar haut dir den Maßkrug über den Schädel. Sicherlich ist dies nicht die edelste Lösung einer Meinungsverschiedenheit. Jedoch Auseinandersetzungen zwischen Fußballfans wirken anders auf mich. Ich möchte nur an das Aufstiegsspiel gegen die Offenbacher erinnern, wie wir hochmarschiert sind in der Vorfreude, ein gutes Spiel zu sehen, aber doch recht friedlich und vor allem ohne alkoholbelämmerten Kopf. Als dann vor den Eingängen des Stadions unvermittelt die aufgebrachten Offenbacher auf uns einstürmten, dieser Moment von plötzlicher Wut, der hat mich sehr schockiert. Ich kann hier keine Erklärung aus dem Alltag finden, wie im Biergarten, wenn einer deine Frau anmacht oder bei Streßsituationen beim Autofahren.

Rupert: Leider wissen wir die Vorgeschichte nicht. Eventuell sind sie beleidigt oder von Sechziger Anhängern angegriffen worden. Ich kann mir nicht vorstellen, daß man grundlos Amok läuft vor dem Spiel.

Frage: Ein anderes Beispiel: Die „Service Group" (eine Clique Münchner Fußballfans) fuhr vor nicht allzu langer Zeit mit den Bayern nach Bochum, um dort zusammen mit den Bochumern gegen das restliche Ruhrgebiet Prügel zu beziehen. Dies war doch ein Akt aus dem Kopf heraus; die sind doch bewußt zum Schlägern gefahren und nicht wegen eines x-beliebigen Fußballspiels.

Rupert: Klar, sowas wurzelt nicht in einer beleidigten Seele. Diese Gruppen fahren zu einem Auswärtsspiel, um Randale zu machen und nicht, weil sie ihren Verein lieben. Während meiner „Kampfzeit" gab es solche geplanten Aktionen nicht. Wir sind hinterher Amok gelaufen, aber nie vorher. Sicherlich ist es auch bei uns zu Pöbeleien gegenüber unbeteiligten Passanten gekommen. Auch haben wir Autos attackiert, deren Fahrer uns vermeintlicherweise über die Zehen gefahren sind. Auf jeden Fall resultierten diese Gewalttätigkeiten aus dem Spiel selbst heraus, aus einer erlittenen Niederlage und wurden nachher verübt.

Frage: Zu dir selbst, deinem Verhalten im Stadion. Auch du schreist auf die gegnerische Fanseite hinüber, wenn deren Mannschaft ein Tor erzielt hat. Sollte dann noch einer von denen herüberkommen, du würdest ihn doch umhauen, obwohl er friedlich ist und lediglich seine Elf ein Tor geschossen hat.

Rupert: Früher ist dies sicherlich zugetroffen. Im eigenen Stadion sollte man der Herr im Hause sein. Man kann diese Einstellung vergleichen mit einem Hund. Der markiert mit seiner Pisse einen Baum, um sein Revier abzugrenzen, und wird auch bei vermeintlich stärkeren Eindringlingen dagegenhalten. Bei der augenblicklichen Lage des TSV 1860 ist es noch schlimmer. Bei unseren Gegnern, fast alle aus bayerischen Kuhdörfern stammend, bist du noch viel mehr sauer. Was wollt denn ihr Bauern und von euch werden wir auch noch verarscht, wir der ruhmreiche TSV, deutscher Exmeister und einer der ältesten Vereine Deutschlands. Dagegen haben die Bayern- und Inter Mailand-Fans eine bessere Ebene von Akzeptanz und gegenseitigen Respekts. Wenn die Bayern gegen Inter verlieren, ist es etwas anderes als wir gegen eine Bauernmannschaft. Da darf nicht verloren werden – Sechzig eine Hoffnung und ein Potential. Natürlich ist die Diskrepanz zur Wirklichkeit bei uns viel größer.

Frage: Bleiben wir beim TSV. Warum wird man Fan eines bestimmten Vereins? In München besteht doch die Möglichkeit, zwischen zwei Vereinen auszuwählen.

Rubert: Ich war 1965 zum ersten Mal bei Sechzig. Ich habe Glück gehabt, daß ich mit meinem Vater ins Stadion gegangen bin. Hätte mich mein Onkel mitgenommen, wäre ich Bayern-Fan geworden. Ich vermute, dies ist keine rationale Geschichte. Freilich, daß Bayern damals noch zweitklassig war, und die Löwen in der Bundesliga spielten, dies alles hat mitgespielt bei der Wahl. Jedoch später habe ich alleinig die Löwen mitgekriegt, im Wirtshaus, über meinen Vater. Insofern bin ich in einer Fußballkultur aufgewachsen, die sich nur über den einen Verein bestimmte.

Frage: Zurück zu Gegenwart. Versuche dich mal zu erinnern an Schlägereien und Ausschreitungen, bei denen du dabei warst, und vergleiche deine Erfahrungen mit den heutigen Auseinandersetzungen!

Rupert: Bewußt bleibt mir nur Bielefeld in Erinnerung, da der darauffolgende Justizzugriff für mich prägend geworden ist. Nach meiner Festnahme fuhr ich nicht lachend und stolz nach München zurück. Für mich wirkte das Erwischtwerden wie eine Bremse für weitere Taten – nicht betreffend meine Fußballbegeisterung, jedoch hatte ich beschlossen, nicht mehr von mir heraus zu Raufen zu beginnen, was nicht heißt, daß ich mich im Falle eine Angriffes nicht wehren würde. Es war ein Schock für mich, weil sich das Gerichtsverfahren über ein Jahr lang hinzog. Wenn die Jungs heute prahlen und stolz auf ihre Verfahren sind – ich weiß nicht recht, ob dies der Wahrheit entspricht – so kann ich sie nicht verstehen. Vielleicht haben sie keine Perspektive außerhalb ihres Fan-Daseins, so wie ich eine hatte. Ich wollte mir ja nicht eine wie auch immer geartete Karriere versauen wegen einer dummen Fußballschlägerei.

Aber es gab auch bei uns Kamikazetypen, die stolz waren, in der Zeitung zu stehen.

F.: Um nochmal auf Bielefeld zurückzukommen. Die Ursache des Krawalles lag doch in eurer Niederlage. Wenn ich mich richtig erinnere, seit ihr vorher mit Blasmusik vom Bahnhof aus ins Stadion gewandert. Ihr habt Lebensfreude ausgestrahlt, wie die Presse berichtete. Und dann die deprimierende Niederlage und die Enttäuschung, dieses Umkippen hat wohl den Aggressivitätsschub verursacht?

Rupert: Richtig, da kann ich einen Freund von mir zitieren, den Chelsea-Andy, der meinte: „Wir sind wie die Tiere auf die Leute losgegangen." Aus der Position heraus, daß wir, die Löwen, sowieso die besseren sind, fuhren wir zu diesem Spiel, um dort zu erfahren, daß wir sang- und klanglos untergingen. Das 4:0 für die Bielefelder war ein fürchterliches Kopfabgefühl für uns. Ich muß dazu anmerken, daß ich ziemlich besoffen war. Ich bin ja schon bei der Ankunft aus dem Zug gefallen. Einige haben während des Spieles geschlafen. Aber nach dem Abpfiff haben wir sie geweckt und die sind los mit ihren blutunterlaufenen Augen, um auf alles, was Bielefelder Farben trug, einzuschlagen.

Frage: Jetzt einmal zu ein paar unserer, vor allem deiner Bekannten. Alles Leute, die in unserem Alter sind und noch immer Fußballfans. Wenn wir die heute treffen, kann ich mir nicht mehr vorstellen, wie gewalttätig die einmal waren. Und doch erlebten wir es des öfteren, wie ihre Nettigkeit innerhalb von wenigen Augenblicken ins Gegenteil kippen kann. Besitzen diese Leute irgendwelche Verbindungen zu den Nazis in den Kurven und wie stehen sie zu den „rechten" Ausschreitungen der letzten Wochen?

Rupert: Ich glaube, da gibt es überhaupt keinen Zusammenhang. Vor allem deswegen, weil einige von denen ja selbst Ausländer sind. Sie bestimmen sich nicht aus einer rechten Ideologie heraus. Ihr Bedenken besteht aus irrationalen, diffusen Ideen, die vor allem Spaß bringen müssen. So steht der Karl zum Beispiel auf den Papst, obwohl er sonst mit der Kirche nichts auf dem Hut hat. Er benützt eben solche Spinnereien, um eventuell eine Schlägerei mit einem Protestanten aus Norddeutschland vom Zaun zu reißen. Aus solchen Gründen heraus schreien sie ab und zu mit bei dummen Schlachtgesängen – aber um die Bullen zu provozieren und nicht, weil sie es für richtig empfinden. Sie stellen in ihrem ganzen Lebensstil das pure Gegenteil von Neonazis dar, obwohl auch sie blöde Sprüche drauf haben.

Frage: Wir müssen leider auf das Thema Türk Gücü kommen. Ich konnte verstehen, als du „Scheiß Türken" geschrien hast, genauso wie du „Scheiß Bayern" etc. brüllen würdest. Nur bei dem betreffenden Spiel ist es ja übergekippt. Wobei ich im Stadion selbst den Rassismus noch nicht so deutlich empfand. Erst hinterher, als fünfzig und mehr Wahnsinnige handgreiflich auf türkische Väter mit ihren kleinen Söhnen losgingen. Leider waren dies nicht nur 100 Neonazis, die dies vollbrachten, sondern die Mehrheit der Kurve. Das bedeutet für mich, daß es auch ohne Nazis diesen Rassismus gibt.

Rupert: Ich sag dir eins: Fußball war immer rechts, oder besser ausgedrückt, er war nie links und wird auch nie links sein, weil er ein Proletensport ist. Die ganze Grundmotivation des Fußballes, das Gewinnen, der Bessere zu sein, der Kampf Mann gegen Mann, der Wunsch, den Gegner zu besiegen, die Begriffe Niederlage oder Sieg usw., steht der „Rechten" viel näher als der „Linken". Allerdings ist dies nicht so tragisch, weil es bisher keinen großen Stellenwert besaß. Aber jetzt sind bei Spielen wie gegen Türk Gücü nicht nur drei Neonazis da, sondern die gesamte Nationale Front Südbayern. Gerade weil jene deutlich aussprechen, was viele denken, und die dann mitmachen, das schockiert mich auch.

Frage: Ich bin der Überzeugung, daß es jenseits dieser Politrechten eine Bereitschaft bei den Fans gibt, diese hirnverbrannten Vorurteile des Rassismus bereitwillig aufzunehmen. Worauf ich hinaus will: Es gibt ja auch die „Service Group". Wenn ich sie mir so betrachte, wie die wenige Meter unter uns als geschlossene Clique in der Kurve stehen, dann denke ich mir: Die sind doch nett, locker, lustig, wie z.B. der Conny. Ein nettes Büberl. Niemand käme auf die Idee, dem Rassismus zu unterstellen, und doch glaube ich, auch bei diesen Typen ist er vorhanden.

Rupert: Ich kann nur jene Leute beurteilen, die ich kenne. Die lieben zu sehr das schöne süße Leben, und das könnten sie sich bei den Rechten abschminken. Es sind gerade diejenigen, die gerne nach Ibiza fliegen, um dort den großen Maxi zu spielen, die Drogen nehmen und die beabsichtigen, irgendwann einmal ein bonziges Auto zu kutschieren. Wenn sie aus ihren Cliquen herauswachsen, werden ihre Frauen zum Anschaffen geschickt, und sie verbringen die Zeit im Fitneß-Center oder im Karate-Club. Nicht, daß ich dies jetzt als gut empfinde, aber dumpf nationales, kleinkarriertes Gedankengut vertreten sie sicherlich nicht.

Frage: Zur Verdeutlichung beschreibe den Unterschied zu den anderen Gruppen in der Kurve, zu denjenigen, die besoffen rumgröhlen.

Rupert: Die eben erwähnten, die trinken auch ab und zu ein Bierchen, aber nur wenn vorher abgecheckt ist, daß keine Randale ansteht. Die anderen, die unter der Anzeigetafel, sind so wie ich früher. Zehn Bier intus und gegen Türken schreien oder schlägern. Jedoch am nächsten Tag mit den türkischen Nachbarn gemeinsam in die Berufsschule fahren. Weil sie nichts außer Fußball haben, sind sie viel anfälliger für die von den Nazis vertretenen Positionen. Sie eignen sich hervorragend zum Nachbrüllen ausländerfeindlicher Parolen und bilden einen gedankenlosen Mob. Die „Service Group“ dagegen würde niemals Schwächere angreifen. Das verstößt gegen ihren Ehrenkodex. Erinnere dich, als einer die Reichsflagge am Zaun entfernte und die Nazis ihn verprügeln wollten, kam ihm doch der Conny zu Hilfe. Gut, die anderen sind nicht gekommen. Falls es aber für den Conny eng geworden wäre, hätten sie bestimmt nachgezogen. Obwohl sie eine Schlägerei mit den Bullen vorziehen. Klar, die Flagge blieb schon hängen.

Frage: Glaubst du, daß es eine Vermischung der beiden Szenen geben könnte?

Rupert: Nie und nimmer. Die „Service Group“ ist doch viel zu hochnäsig gegenüber den Dummnazis. Die kriegen sofort eine aufs Maul, sollten sie dreimal dumm mit ihren Beitrittsformularen kommen. Es ist dasselbe wie früher mit dem KBW. Die sind von uns ebenfalls davongejagt worden und haben ihre Flugblätter wieder eingesteckt, damit sie ja keiner kennt. Wir haben uns von ihnen distanziert, nicht weil sie links waren, sondern weil sie nichts mit uns zu tun hatten.

Frage: Wieder zu dir. Könntest du dir vorstellen, daß du dich, jetzt rückblickend gesehen, zu einem „ausschließlichen" Fußballfan hättest entwickeln können?

Rupert: Eigentlich nicht. Ich kenne zwei Exemplare von wirklich eindimensionalen Menschen. Und zwar der Freund meines Vaters, der ist so fanatisch, daß er während seines Urlaubs im Süden zweimal zu den Heimspielen hochgeflogen ist. Der andere, der sucht ewig nach einem Freundeskreis und den hat er bei den Löwenfans gefunden. Weil er sonst nichts auf die Füße stellt, freut er sich, daß er zweimal in der Woche zum Fanclub gehen kann, einmal in die Kneipe und am Wochenende zum Spiel. Da ist für ihn die Woche wieder gerettet. Der braucht keinen Erfolg bei Frauen oder im Beruf. Als Fan hat er nichts weiter zu bringen, außer da zu sein.

Frage: In England wird augenblicklich von den sogenannten kultivierteren „geldigeren" Schichten eine unheimliche Propaganda gegen den Fußball veranstaltet unter der Parole „Slum Sport for Slum People". Siehst du eine ähnliche Tendenz bei uns?

Rupert: Nein, bei uns in der BRD sind die Probleme der Fanausschreitungen noch ordnungspolitisch in den Griff zu kriegen, ob nun mit polizeilichen oder sozialarbeiterischen Mitteln. In England dagegen ist es zu spät, die müssen, um die Fans unter Kontrolle zu bringen, nicht nur diese bekämpfen, sondern den ganzen Sport als Kultur ausgrenzen.

Frage: Gibt es einen Zusammenhang zwischen Fußball und gesellschaftlichem Unten, oder trifft dies nicht mehr zu?

Rupert: Vor dreißig Jahren war der TSV der Arbeiterverein Münchens, im Gegensatz zu Bayern. Heutzutage stimmt dies nicht mehr. Aber eine andere Polarisierung dürfte sich ergeben. Die netten Fußballanhänger werden weniger und die Wilden mehr. Also diejenigen, die sich ausschließlich über das Fan-Dasein bestimmen. So überlegen sich doch schon Freunde von uns, ob sie sich demnächst nicht doch lieber einen Sitzplatz kaufen als in der Kurve zu stehen.

Frage: Und bei dir – angenommen Sechzig wieder in der ersten Liga – wo bist du dann?

Rupert: Solange ich gehen und stehen kann, werde ich mich hinstellen. Aber immer mehr vom Zentrum entfernt. Früher war ich mit im Kern der Wilden und mit den Jahren wanderte ich immer mehr nach außen. Ich möchte mich weiter in einem atmosfärischen Stimmungszentrum bewegen, weil es mir Spaß macht, die Nähe zu erleben, die Gesänge lautstark zu hören. Deswegen fasziniert mich ja der Fußball in England: die Art des Spieles, das ganze Ambiente, die alten Industriestädte, die Stadien und alles drumherum.

Frank, 24 Jahre, Fanclub Presswerk, Rüsselsheim

Frank: Ich war schon immer fußballbegeistert, habe früher auch selber im Verein gespielt. Als Kind, so in den Zeiten von Gerd Müller und Sepp Maier, war ich erst Bayern-Fan, dann Eintracht Frankfurt. Mein erstes Spiel, das ich im Stadion miterlebt habe, war gegen Grasshoppers Zürich, im UEFA-Cup, 1978. Ein älterer Nachbar hatte mich damals mitgenommen.

Da hab ich die Jungs im G-Block bewundert: Da drüben möchtest du auch mal stehen! Da war ich so 13 oder 14. Irgendwann bin ich mal Samstags zum Einkaufen nach Frankfurt gefahren, und an dem Tag war gerade ein Heimspiel gegen Köln. Auf dem Rückweg, das ging ja am Bahnhof Sportfeld vorbei, waren ein paar Typen mit Eintracht-Kutten im Zug dabei. Ich hatte auch schon eine Kutte, und hatte die auch dabei. Die hatte ich eigentlich immer an, in der Schule und überall getragen. Ich wollte halt dabei sein, war aber nicht richtig dabei. Und die Typen haben zu mir gesagt: „Komm doch mit! Gegen Köln!“, und so. Gut, hab ich mir gedacht, warum eigentlich nicht? Später zuhause hat es zwar Ärger gegeben, aber das war mir egal. Da bin ich also in den G-Block hochgelaufen: Tausend Leute! Damals war es halt noch richtig voll im G-Block.

Irgendwann, '81 oder '82, hat das mit den Krawallen angefangen. Ich erinnere mich an ein Spiel, das war auch gegen Köln. Wir sind in Kutte vom Bahnhof Sportfeld zum Stadion gelaufen. Auf einmal sind von hinten die Kölner aus dem Bahnhof rausgestürmt und haben alles weggeboxt. Die Kölner hatten damals schon die grünen Bomberjacken angehabt. Die waren wohl die ersten, die so aufgetreten sind.

Jedenfalls haben die vorm Stadioneingang meinen Cousin weggeklatscht und ihm die Kutte abgenommen. Ich hab das erst gesehen, wie er am Boden gelegen hat. Ich war grad am Kassenhäuschen, etwas beiseite, und ihn haben sie halt erwischt. Ich hatte zwar vorher schon was von Krawallen mitgekriegt, wußte auch, daß die sich hauen, aber ich war nicht davon begeistert. Ich wußte eigentlich nichts damit anzufangen. Ich hab mir gedacht: Das sind halt Schläger, da kriegst du eins aufs Maul. Da hältst du dich lieber von weg. Danach hab ich mir gesagt: Du ziehst keine Kutte mehr an. Scheiß drauf! Geh lieber auch zivil, dann kannst du denen auch mal aufs Maul hauen.

Die Adlerfront hatte sich damals von den übrigen Eintracht-Fans abgegrenzt und ist rübergegangen in den B-Block, gleich neben den A-Block mit den gegnerischen Fans. Heute wird der B-Block ja von der Polizei immer leer gehalten, aber damals hat es dort immer gerappelt. Ich bin dann mit ein paar anderen Jungs auch mal rübergegangen in den B-Block. Das hab ich da stark gefunden. Gegen Dortmund, die Borussenfront war das damals, hat es richtig gut geknallt. Es war auch die Zeit, wo ich neonazimäßig abgefahren bin.

Die Adlerfront war damals ein ziemlich fester Kern von Leuten. Die haben die anderen nie so richtig an sich rankommen lassen. Die hatten sich schon länger gekannt und wollten auch keine Lutscher dabeihaben.

Frage: Warst du richtig bei der Adlerfront dabei?

Frank: Ja, was heißt „dabei"? Dabei schon, aber drin nicht. Wir wollten aber auch Krawalle machen, mehrere Leute aus Groß Gerau, aber auch aus Frankfurt, Walldorf und Neu-Isenburg. Wir haben also die „Main-Brigade" gemacht, mit eigenem bedrucktem Pullover, nicht mehr mit Kutte.

Am Anfang sind wir von der Adlerfront eher verachtet worden. Die wollten keine Konkurrenz. Wir waren auch keine Konkurrenz; die waren echt besser, bessere Leute. Obwohl, wir waren auch nicht wenige, bestimmt dreißig Leute. Irgendwie sind wir schon auch akzeptiert worden. Ein paar wenigstens, die vorne mit dabei waren und gekämpft haben. Es waren aber auch viele Lutscher dabei.

Wir konnten uns zwar im B-Block dazustellen, aber die Adlerfront war doch ein Mob für sich, und wir waren schon ziemlich abgegrenzt daneben. Man mußte schon durch Taten zeigen, daß man „ein Guter" ist. Daß man nicht rennen geht und ihrem Ruf schadet, daß es nicht heißt: „Die Frankfurter sind alle Lutscher!" Du mußt schon zeigen, daß du auswärts immer dabei bist und daß du mitkämpfst; dann gehörst du schon automatisch mit dazu. Da gibt es nichts mit „aufnehmen" oder so. Das geht nicht so, daß du hingehst und sagst: „Hier, ich mach jetzt bei euch mit", und dann heißt es „Nein" oder „Ja".

Mit der Main-Brigade hatte sich das nach ein, zwei Jahren wieder verlaufen, das fiel dann weg. Wir hatten auch Streß mit den Bullen, die nicht wollten, daß da noch eine Gruppe dazukommt.

Früher habe ich einfach nicht so viel darüber nachgedacht. So wild wars bei mir auch nicht. Früher war ich mehr Mitläufer. Da bist du zwar dabei, aber mehr hintendran. Es waren halt Leute dabei, die waren immer vorn und haben gekämpft. Du bist dann mitgelaufen, auch weggelaufen. Bist mit drauf, auch Steine geschmissen und Leuchtkugeln geschossen, gut. Wenn du zusammen auf die Gegner draufgehst, dann gehst du auch mal vorne mit drauf oder führst den Mob an, gehst mal als erster. Aber so richtig der „Top-Hooligan", das war ich damals bestimmt nicht. Bin ich auch heut noch nicht.

Hier in Deutschland sind die Krawalle in den letzten Jahren anders geworden. Früher waren noch echt gute Hauer dabei gewesen. Da ging es noch krawallmäßig ab. Die haben sich gekloppt. Aber das hat in den letzten Jahren echt nachgelassen. Es gibt vielleicht noch ein paar Vereine, die echt gut sind. Heute gibt es so viele Gruppen-Namen, überall entstehen „Fronten". Jeder kleine Pissverein macht heute eine „Front" oder eine „Szene". Das sind dann nur ein paar, mit Modejacken. Das gibt meistens nur ein bißchen Rennerei. Die jagen sich ein bißchen und schießen ein paar Leuchtraketen in die Luft, und das war's dann.

Früher waren mehr echt gute Leute dabei, die sich auch gehauen haben, die richtig Krawalle wollten. Heute ist das mehr eine Mode-Erscheinung wie Skatebord-Fahren oder sonst irgendwas. Da sind viele dazugekommen, die mit Fußball gar nichts zu tun haben. Früher waren das richtig noch die Fußballfans, die auch zu ihrem Verein gestanden haben. Wiese, Eddy und so Leute, das sind doch richtige Fans gewesen, die beim Spiel die Mannschaft angefeuert haben, mit Kutte und so. So bin ich ja auch gewesen. Ich bin auch heute noch richtig Eintracht-Fan.

Gut, jetzt kommen halt Neue nach. Aber die Neuen, die sind halt nicht mehr so. Nicht direkt Eintracht-Fans, wie das früher war. Daß sie erst in einem Fanclub waren, und dann Hooligans geworden sind. Heute sind das normale Jugendliche, die sehen: Gut, da sind Krawalle, da gehn wir hin und machen einen auf Hooligan.

Früher war das bei denen anders. Die haben sich mit dem Verein noch identifiziert. Heute ist das mehr modemäßig. Ich finde das blöd. Zivil, das finde ich okay. Aber kuck dir doch mal die in Mannheim an, mit ihrer „Chevignon"-Gang. Charles Chevignon, daß ist so'n Mode-Designer. Da gibt es Jacken, die kosten 600 bis 800 Mark. Die nennen sich „Streetfighters Chevignon Mannheim", oder sowas. Das hat mit Fußball gar nichts mehr zu tun. Gut, ich hab auch mal Lacoste und so 'nen Dreck getragen. Aber heut geh ich lieber ganz normal ins Stadion.

Der ganze Fußball ist anders geworden: Es wird alles vermarktet, die Medien, und so weiter. Früher hat vielleicht der Vater seinen Sohn mit ins Stadion genommen, und der wieder seinen Sohn. Früher sind sie vielleicht mitgeschleppt worden. Dann waren sie bei der Eintracht, und gut. Heute suchen sich die Jugendlichen selber was. Sagen: „Scheiß auf deinen Fußball, Alter. Ich geh lieber auf ein Konzert oder sonst irgendwas. Geh' an den See, mich sonnen."

Das ganze Bild der Fußballfans ist so verunstaltet worden, in der Presse und von den Medien überhaupt. Das ist auch ein Grund, das schreckt viele ab. Das schreckt viele Zusachauer ab. Ein Vater sagt sich da bestimmt: „Das schau ich mir lieber daheim im Fernsehen an, als daß ich da mit meiner Frau oder meinem Kind zufällig in so einen Mob reingerate."

Dabei haben in Wirklichkeit die ganzen Leute, die Krawall wollen, mit den „Neckermännern" garnichts am Hut! Wir wollen unsere Krawalle. Die wollen dies, und wir wollen das. Wir wollen nix mit den Bullen, wir wollen unsere Ruhe haben. Wir wollen uns einfach ausleben. Aber das ein Unbeteiligter was abkriegt, ist der seltenste Fall.

Pit, 17, Frankfurter Adlerfront

Pit: Bei der Adlerfront bin ich seit etwa zwei Jahren, aber vorher war ich schon im Umfeld dabei. Seit 81 war ich im G-Block. Die Adlerfront war in der Zeit auch noch im G-Block, aber ich hab da mit jüngeren Leuten gestanden, die später dann Skins wurden. So richtig wahrgenommen habe ich sie beim Hallenturnier in der Festhalle. Der Peter von der Adlerfront hat da gehockt, und der Bomber, mit 'nem Sweatshirt mit „Adlerfront" und Baseballschläger. Der hat die ganze Zeit so nen Riesen-Typ angemacht; das war auch ein Eintracht-Fan, aber halt 'ne Kutte. Das schockt die ganze Gemeide: Was soll das, daß so'n kleiner Furz, der ist vielleicht ein Jahr älter als ich, so einen Kerl anmacht? Der Pierre hat dann losgelegt und hat den Typ niedergemacht.

Da hab ich die Adlerfront zum ersten mal richtig registriert. Und dann war ich im Umfeld immer dabei. Ich bin mitgelaufen, ohne allzugroßen Kontakt mit den Leuten. Aber seit 84, 85 fahr ich auch auswärts mit.

Mein erster Krawall, das war schon vorher, November 83, FSV gegen Aschaffenburg. Ich war totaler FSV-Fan, da hatte ich noch in Bornheim gewohnt, das war mein Stadtteil. Bei dem Spiel waren wir mit 50 Leuten nach Aschaffenburg gefahren, mit einem Reisebus. Und nach dem Spiel hab ich irgendwann „Hey, Hey!" gerufen – da sind alle losgerannt, das war dann das Signal. Da war ich dann auch voll dabei. Also, ich hab mich nicht rumgeprügelt, aber Steine geschmissen.

In Frankfurt am Stadion hatte ich mal ein paar Aktionen mit ein paar Einzelkämpfern, die mit der Adlerfront nix zu tun hatten, so 15 Leute. Wir haben uns da auf dem Busparkplatz postiert und mit Steinen geworfen. Wenn die andern kamen, sind wir dann abgehauen. Im Lauf der Zeit bin ich dann immer mehr zu den Leuten von der Adlerfront gestoßen.

Frage: Wie nehmen das andere Leute wahr, zum Beispiel deine Mitschüler? Wissen die was davon?

Pit: Manche wissen's, aber die meisten halt nicht. Wenn ich was davon erzählen würde, das würden die meisten nicht verstehen.

Frage: Auch ich habe Schwierigkeiten, zum Beispiel zu verstehen: man hat eigentlich nichts gegen die anderen, ist irgendwie unter seinesgleichen – und doch kann man sich gegenseitig massakrieren. Wie ist das zu fassen?

Pit: Tja, manche sehen es als Sport an: Hooliganismus. Viele sogar.

Es kommt halt drauf an: Da gibt es auch viele richtig verfeindete Klubs. Und dann gibt es Klubs, mit denen haut man sich, wenn beide 'nen großen Mob haben. Jetzt gegen die Offenbacher zum Beispiel, da würde man keinen trinken gehn. Da würde man zwar auch was ausmachen, wo und wann man sich trifft nach dem Spiel, aber dann sagen: „Komm, verpißt euch!"

Es gibt auch gewisse Regeln, die irgendwie eingehalten werden. Kein Schußwaffengebrauch, zum Beispiel.

Frage: Also, für meinen persönlichen Geschmack ist das mit Steinen und Schirmen schon schlimm genug. Ich hab neulich den Uwe gesehen, wie er nach dem Spiel gegen Köln direkt neben dem Auge alles verschorft gehabt hat. Da hatte ihm einer von den Kölnern mit dem Schirm ins Gesicht gestochen.

Pit: Ich benutze den Schirm aber nicht als Stichwaffe, nur als Hiebwaffe, in jedem Fall. Aber Kölner und Bremer, das ist sowieso... die haben 'ne gewisse andere Mentalität. Die haben auch mehr Ausländer dabei. Und es ist bei denen logisch, bei einem Marokkaner zum Beispiel, daß der ein Messer trägt. Das ist die ganze Kultur. Da kommt das auch schneller zum Gebrauch. Mit Messern, daß ist mir bisher nur von Kölnern und Bremern bekannt. Die Baum-Brüder von der Adlerfront haben das früher mal gemacht, mit Rasiermessern Gesichter aufgeschlitzt.

Frage: Ehrlich? Find ich ja widerlich.

Pit: Find ich ehrlich gesagt auch.

Frage: Du hast im Waldstadion Stadionverbot – wie ist es dazu gekommen?

Pit: Was Konkretes hatten sie mir nicht vorzuwerfen, das brauchen sie auch nicht. Ich denke, 10 oder 15 Leute von der Adlerfront haben noch Stadionverbot. Von denen gehn auch viele wieder hin, aber die setzen sich dann auf die Gegentribüne und machen auch nix mehr im Stadion.

Auswärts schon noch. Da ist eher wieder ein Boom. Neulich waren auch wieder 30, 40 Leute zum 'Lautern-Spiel gegen Wehen (das Pokalspiel wurde Ende 88 in Wiesbaden ausgetragen, ca. 50 km von Frankfurt entfernt). Da haben sich die ganzen Leute schon in Rüsselsheim getroffen. In Wiesbaden haben es dann ein paar Kaiserslauterer am Bahnhof gekriegt, aber es war nichts großes los bei dem Spiel.

Frage: Ihr hattet mit den Lauterern noch etwas offen, aber mit der Eintracht hatte das direkt nichts zu tun. Was bindet dich eigentlich an den Verein?

Pit: Mich bindet garnichts an den Verein. Ich bin sicher als Eintracht-Fan ins Stadion gekommen. Ich freu mich auch manchmal, wenn die Eintracht gewinnt und ärgere mich auch mal kurz, wenn sie verliert. Aber ich mach mir darüber nicht größer Gedanken. Wenn ich da hin gehe, dann ist das wegen den Leuten, die ich da treffe. Ich könnte auch zu 'nem anderen Fußballverein gehen, klar. Aber das wären halt andere Leute.

Wir machen jetzt unser neues (Fanclub-) Sweatshirt bewußt nicht in den Vereinsfarben, weil wir uns davon distanzieren wollen. Und wir wollen auch von unserem Nazi-Image runter. Deshalb sollte hinten noch ein schwarzer Stern drauf, das hat aber nicht geklappt. (Die zweite Auflage dieses Sweatshirts ist doch wieder schwarz-rot, was auch die Farben der Frankfurter Eintracht sind).

Frage: Was ist für euch anders geworden, daß ihr euch von der Eintracht distanzieren wollt?

Pit: Ja, was ist anders geworden? Die ganzen Mißerfolge der Mannschaft spielen eine große Rolle, denk ich. Jedenfalls ist das Interesse am Verein ziemlich gesunken. Das heißt, im Moment steigt das Interesse eigentlich, obwohl die Eintracht so schlecht spielt. Aber eben nicht Interesse am Verein, sondern an eigenen Unternehmungen.

Auf einer Demo ist es halt besser, weil man von der Polizei erstmal unerkannt bleibt. Meistens unerkannt, häufiger als beim Fußball. Und daß man irgendwie einen Sinn darin sieht. Daß man was verändert, daß man was gegen den Staat macht.

Frage: Worauf käme es dir an, was zu verändern?

Pit: Worauf? Ich bin schon fast verzweifelt. Früher hab ich irgendwie an die Leute hier geglaubt, die ganze Bevölkerung hier. Das ist die reine Ellenbogengesellschaft, so 'ne Mentalität.

Frage: Findest du nicht, daß Fußballrandale gerade ein ganz extremes Beispiel für Ellenbogengesellschaft ist?

Pit: Fußball hat nichts mit Politik... Fußballrandale hat überhaupt nichts mit der Gesellschaft zu tun. Das sind Leute, die außerhalb der Gesellschaft Späßchen treiben – oder was sie unter „Späßchen" verstehen. Aber das spielt sich alles am absoluten Rande der Gesellschaft ab.

Frage: Du könntest dir also für dich vorstellen, in einem bestimmten, abgesonderten Zusammenhang den Spaß an der Gewalt zu genießen und sonst im Leben ein ausgesprochener Pazifist zu sein?

Pit: Haha, nicht schlecht. Ja. Darauf hab ich schon gewartet, das du das fragen würdest. Ich werde auch nie irgendeinen Menschen auf der Straße anmachen. Oder wenn mich hier in Frankfurt jemand anmacht, werde ich auf jeden Fall erstmal einer Schlägerei aus dem Wege gehn. Aber beim Fußball ist es irgendwie was anderes. Wir wollen es – und die andern wollen es ja auch.

Frage: Hast du schon mal bei 'ner Fußballrandale was abgekriegt?

Pit: Hmja, schon des öfteren. Aber meistens von der Polizei. Von gegnerischen Fans weniger, da kriegt man nicht so viel ab. Du mußt das mal sehn: Da kommen hundert Frankfurter und da hundert Düsseldorfer. Da gibts jetzt ne Schlägerei. Da stehn vorne fünf Düsseldorfer und fünf Frankfurter, und die hauen sich um, und die anderen schmeißen Steine. So sieht es aus. Also, es sind immer nur höchstens 20 Leute, die vorne stehn. Und die stehn eigentlich auch immer vorne. Es sind immer die gleichen.

Das geht alles unheimlich schnell. Du stehst Aug' in Aug'. Und das ist eigentlich der einzige Moment, wo du dich so'n bißchen besinnst, wenn du deinem Gegner ins Auge schaust, wenn er vor dir steht.

Der Schiß ist auch heute immer noch dabei. Das ist weniger geworden, aber das ist jedes mal dabei. Grad das macht es aus – dies Gefühl, dieses Wanken... Ich denk in dem Moment überhaupt nicht, wenn ich draufrenne. Und ich kann mich nachher auch nur an wenige Sachen erinnern. Ich erlebe den Moment irgendwie – körperlich.

Das ist ein Gefühl, das man irgendwie nicht beschreiben kann. Vielleicht ein Gefühl der Macht – auch wenn das schmutzig klingt. Macht ist schlecht, ist auch nicht das richtige Wort. Eben so ein völliges „Aus sich raus gehen", ein Abbau von Aggressionen. Und dann macht man was, was nicht jeder tut, man erregt Aufsehen.

Frage: Und du bist immer ganz vorne?

Eigentlich schon. Da kriegst du auch nicht so leicht einen Stein ab, denk ich mir. Ich steh immer vorne, ziemlich vorne. Ganz vorne – da hast du auch nicht immer so richtig die Gelegenheit dazu. Manchmal ist es mir auch recht unsympatisch, ganz vorne zu stehen.

In Bochum jetzt, beim Bundesliga-Spiel, da waren wir 15 Leute. Dann kamen 30 Bochumer, und nur 2 von uns sind stehen geblieben. Die haben sie dann gekriegt. Aber sie haben auch ausgeteilt. In solchen Momenten, wenn du alleine dastehst und kriegst dann auf die Fresse, dann denkst du: „Nee, nie mehr Fußball! Was machst du? Stellst dich hin und riskierst für die anderen deine Gesundheit!“ Spätestens vierzehn Tage später kommst du dann darauf, daß du es eigentlich doch für dich tust.

Identität und Identifikation

Die Fans und „ihr Verein"

„Hooligan", den Namen haben die deutschen Rabauken aus dem Englischen angenommen. Die dortigen Rabauken hatten ihn bereits aus der Sprache ihrer Gegner übernommen: ein ursprünglicher Schimpfname wurde positiv gewendet, das Stigma zum Markenzeichen gemacht. Von sich selbst zu sagen: „Wir sind häßlich, brutal und gewalttätig", das läßt die Wucht der moralischen Ächtung zunächst ins Leere laufen, aber zu dem Preis, daß die Konfrontation, „wir hier – ihr dort", zum Programm wird.

Ein Gruppenname oder „Gattungsname", eine kollektive Identität ist in dem Maße unverzichtbar, wie Vereinzelung regiert – und in der Krawallszene herrscht Vereinzelung. Wo die Ideologie „Wenn es drauf ankommt, ist jeder sich selbst der Nächste" nicht offen ausgesprochen wird, drückt sie sich zum Beispiel darin aus, daß immer wieder Situationen hergestellt werden, in denen Zusammenhalt und Schutz der Gruppe getestet und formelhaft abgefragt werden: Bleiben die anderen (Hooligans der eigenen Partei oder „Front") stehen, wenn es zum Zusammenstoß mit den Gegnern kommt, oder rennen sie weg? Für viele Hooligans beschränkt sich die Gruppengeselligkeit auf die Treffen zur Fußballrandale, während sie unter der Woche kaum miteinander zu tun haben.

Die Selbstbestimmung über Gewalt entspricht auch einem Bedürfnis nach Eindeutigkeit, Gewißheit und Klarheit in der Fanszene überhaupt und bei den Fußballgewalttätern besonders: „Wir oder sie", „Entweder sind wir die Besseren, oder wir sind es nicht", „Wenn es keine Alternativen gibt, hau ich eben zu". Wer „wir" ist, das ist normalerweise durch den Fußballverein vorgegeben, dem man anhängt.

Wie sehr im Bewußtsein von Hooligans und anderen Fans ihre eigenen Aktivitäten mit denen des Fußballvereins identisch sind, beweist der gleichbedeutende Gebrauch von Begriffen und Namen, der für Außenstehende verwirrend ist. „Als wir in Bremen gespielt haben...“ heißt genaugenommen: „Als die Borussia bei Werder Bremen spielte und wir als ihre Fans dabei waren.“ „Wir sind (von der Polizei am Bahnhof) zusammengepfercht worden und sollten zum Stadion laufen“, berichtet Frank. „Wir hatten schon gehört, daß die Nürnberger, die vorher dort gespielt hatten, in Busse reingedrängt und dann ins Stadion gefahren worden waren.“ Gespielt hatte, genaugenommen, die 1. Liga-Mannschaft des 1. FCN. In Busse gedrängt und abgefahren wurden die Nürnberger Hooligans. Wenn Pit sich überlegt: „Nee, nie mehr Fußball“, dann heißt das, strenggenommen: Nie mehr Fußballkrawall.

Der Bezugsverein ist für den Fan/Hooligan zunächst etwas Absolutes, sonst wär man ja kein Fan. Aber die Identifikation ist nicht gleichermaßen distanzlos wie bei den Kutten. Gespräche mit Hooligans zeigen, daß sie wesentlich nüchterner darüber denken.

Auf Fragen wie „Stell dir vor, du würdest nicht hier, sondern beispielsweise in Köln wohnen“, reagieren die klassischen jungen Fans (wenn es beispielsweise welche der Frankfurter Eintracht und nicht eben gerade welche vom 1. FC oder Fortuna Köln sind) eher mit einem „Dann wär ich trotzdem Eintracht-Fan“ oder „Ich weiß nicht; aber Köln-Fan wär ich bestimmt nicht“, wenn sie nicht völlig abblocken und mit „Das kann ich mir überhaupt nicht vorstellen“ antworten.

Hooligans sehen das ganze meistens etwas nüchterner: Es müßte eben der Heimatverein sein – egal welcher. Auch jeder Hooligan betont: „Egal ist mir das nicht, wie die Eintracht spielt.“ Dagegen stehen dann wieder Aussagen wie: „Der Verein geht mir doch am Arsch vorbei“ oder Gesänge wie „Fußball int'ressiert uns nicht, dudei, dudei...“. Wie geht das zusammen?

Zum einen ist diese gewisse Nüchternheit einfach Ernüchterung. Das Mißverhältnis zwischen dem enormen Aufwand, den Fans treiben, um „ihren“ Verein zu unterstützen und dem geringen Interesse, das die meisten Vereine für ihre Fans zeigen, ist nirgendwo so scharf wie bei den Gewalttätern.

Sie kämpfen für ihren Verein unter Einsatz ihrer Gesundheit, gehen höchste Risiken ein, und dafür werden sie nicht nur von der Polizei bedrängt und verfolgt, sondern auch von ihren eigenen Vereinen beschimpft: „Das sind doch gar keine richtigen Fans, das sind doch Kriminelle." Und wenn dieser Verein dann noch schlecht spielt oder sich mit Skandälchen beschmiert, dann steht die Identifikation schon mal auf dünnem Eis.

Wer aber sind „die Vereine"? Das bleibt oft nebulös. Mal sind im Bewußtsein der Fans damit die Spieler gemeint, öfters der Vorstand einschließlich Geschäftsführer oder Manager, seltener der Verband Sport treibender Menschen, die mit entsprechenden Organisations-Strukturen amtsgerichtlich als Verein eingetragen sind. Manche Fans haben eine deutliche Filosofie darüber: „Für mich zählt nur der Verein. Ich verehre keinen Manager, keinen Trainer, keinen Schatzmeister, keine Spieler. Mir geht es nur um den Verein. Deswegen geh ich hin." Dieser idealisierte Verein ist wenig greifbar, am ehesten noch in Gestalt von Fahnen und Emblemen.

Solch eine Identifikation ist typisch nicht nur für Fans, sondern für den Sportbetrieb überhaupt. Ja, es ist ganz die Regel, daß der Verein nicht nüchtern als Zweckverband für Leibesübungen angesehen, sondern emotional hochbesetzt wird. Jedoch der quasifamiliäre Zusammenhang unter den Mitgliedern, die selbstverständliche Vertraulichkeit wie unter Nachbarn seit Generationen, die Gleichsetzung mit Heimat, all das wird immer unhaltbarer, je größer der Verein wird und je höher seine Mannschaften in der Stufenleiter der Spielklassen aufsteigen.

Auf dem Niveau von Profi-Mannschaften löst sich dieser Zusammenhang zwischen der Mannschaft und ihrem Umfeld vollends auf, und der Bezug zur Alltagswirklichkeit der übrigen Vereinsmitglieder oder gar der Zuschauer und Fans wird immer dürftiger. Im Grunde wird diese Fiktion nur getragen vom Wunsch des Publikums, daß es diesen Zusammenhang doch geben sollte, daß „unsere Jungs" tatsächlich welche von uns wären.

Bezahlung entscheidet bis weit in den Amateurbereich, wer in welchem Verein bleibt oder anderswohin wechselt. Im Berufs-Sportlertum reduziert sich die verschworene Gemeinschaft der elf Freunde günstigenfalls auf ein gutes Betriebsklima. Ihre Verbundenheit mit „ihrem" Verein und sein Umfeld beschränkt sich oft auf vertraglich festgelegte PR-Auftritte. „Es sind immer nur die selben paar Spieler, die auch mal bereit sind, einen Fanclub zu besuchen", klagen auch Vereinsfunktionäre, die selber ehrenamtliches Engagement „für die Sache" gewohnt sind; aber auch die sind immer nur die „selben paar".

Die emotional so hoch besetzte Fiktion „Der Verein!" ist nur noch bruchstückhaft verbindlich für Manager, Trainer, Profi-Spieler oder Hooligans. Wenn vom Vereinsmanagement Beschwörungsformeln an die Adresse der Fans abgesetzt werden wie „Wir müssen alle hinter unserer Mannschaft zusammenstehen in dieser schweren Zeit", wenn es nämlich dem Abstieg entgegengeht und die Publikumsunterstützung für den Verein ausbleibt, merkt man die Absicht. Schmus wird denen erzählt, die gerne daran glauben möchten.

Den meisten Fußball-Randalisten ist die Geschichte vom Weihnachtsmann nicht mehr recht zu verkaufen. Wenn sie sich von „ihrem" Verein abwenden, „mit denen nichts zu tun" haben wollen, keine Kutten oder Trikots in Vereinsfarben mehr tragen, dann ist das auch eine Demonstration ihrer Enttäuschung. Wenn sie sich räumlich oder in ihrem Kleidungsstil von den traditionellen Fans absetzen und sie als „Kutten-Affen" verhöhnen, dann heißt das auch: „Wir sind nicht so blöd wie die."

Und doch ist auch diese Absetz-Bewegung ambivalent. Zumindest beim Auswärtsspiel, in der Regel aber auch sonst, stehen im Stadion Hooligans und Kuttenfans nahe beieinander. Da ist immer noch etwas, was sie verbindet. Mißbilligend kommentieren die Randalisten: „Nix mehr los bei den Kutten" oder anerkennend „Viel Stimmung heute im (Kutten-)Block". Nur wer etwas wünscht, kann enttäuscht werden. Der Wunsch ist der nach Identität mit dem Verein.

Was „der Verein" eigentlich ist, ist selbst in den Vereinen so unklar, daß es manchmal brisant wird. Für Vorstände (+ Geschäftsführer + Manager) ist der Verein oder „wir" oft ein Plural majestatis: Sie meinen damit einfach sich selbst. Oder, nicht selten, die Fußball-Profimannschaft des Vereins (+ sich selbst). Damit sind oft die Vertreter der anderen Sportarten, namentlich die Amateure, unzufrieden. Denn die Verteilung der Mittel läuft dann entsprechend:

Die Profi-Abteilung bringt viel ein, verbraucht aber oft noch mehr, und die vielen anderen Mitglieder des – dem Namen nach – gleichen Vereins gucken in die Röhre.

Auch für ihre Fans haben die meisten Vereine wenig übrig, für die Randalisten schon gar nichts. Selbstherrlich, so ahnungslos wie desinteressiert, werden die als „selbsternannte Fanclubs“ abgetan (welcher Fanclub ist schon ernannt worden?), werden als „keine wirklichen Fans, sondern Kriminelle“ abgeschoben und der Polizei überantwortet. Daß Vorstände, Spieler und Mitglieder der Vereine in der Randale keine Unterstützung für den Verein erkennen können, ist verständlich. Aber sie selbst sind auch nur ein Teil des Gesamtphänomens „Fußball“; die Randalisten gehören ebenso dazu.

Geläufig ist die These, daß die Bereitschaft des Publikums, sich mit einem Verein zu identifizieren, abhinge von der Konstanz des Spielerkaders. Es soll nicht alles vom Einkaufen und Verkaufen und überhaupt vom Geld abhängen, sondern man möchte das spezifisch Eigene sehen, am liebsten die eigenen Spieler: die aus der Amateur- oder gar der Jugendmannschaft des Vereins. Und statt des Geldes soll auch den Spieler, nicht nur den Fan, eine herzliche Bindung an den Verein motivieren, für den Verein im Spiel Einsatz zu zeigen.

Ein paar Amateurvereine haben in dieser Hinsicht ein ausgeprägtes Image. Sie sind stolz, daß bei ihnen wirklich niemand für Geld spielt, sogar die Übungsleiter unbezahlt zum Wohl der Gemeinschaft wirken. Für diesen Stolz zahlen solche Vereine damit, daß sie kaum je in höhere Spielklassen aufsteigen werden.

Auch Werder Bremen pflegt zumindest ein solches Image, zum Beispiel durch langfristige Verträge mit Spielern und Trainer – was in der Branche eben als „lang“ gilt. Damit setzen sie sich (zumindest im Bild der Öffentlichkeit) vom FC Bayern ab. Der, als inkorporierte Macht des Geldes, kann sich jeden Spieler zu jedem Preis leisten, den er will, kann sich quasi die Meisterehren kaufen. So denkt man.

Ein Blick in die Statistik der vergangenen Jahre bestätigt, daß oft die Vereine mit dem billigsten Spielerkader zum Saisonschluß

im Frankfurter Waldstadion

absteigen. Eintracht Braunschweig, nach der spektakulären Mast-Kur auf einen Marktwert von 2,5 Millionen abgemagert, rauschte durch die zwote Liga in die Oberliga Nord. Sie kreuzte kurz den Weg des FC St. Pauli. Der war nicht ganz der billigste in der Saison 88/89, wurde aber auch nur teurer geschätzt als die Stuttgarter Kickers, die ja auch wirklich abgestiegen sind. Die Bochumer, billigstes Team der Saison 87, kamen durch, zuvor Blauweiß Berlin und FC Saarbrücken eben nicht.

Am höchsten taxiert wird sicher der FC Bayern München. Denkste! In den vergangenen fünf Jahren war der FCB nur zweimal der Verein mit dem teuersten Kader – wurde allerdings zu Beginn der Saison 88/89 mit der Rekordsumme von 30 Millionen eingeschätzt. Zuvor waren es der (inzwischen total verschuldete) Hamburger SV und – schau an! – Werder Bremen!

Tatsächlich integriert Werder Bremen aber viele eigene Amateure in seine Erstliga-Mannschaft: im besagten Fünf-Jahre-Zeitraum zehn von neunzehn Neuzugängen insgesamt. Bei den Bayern waren es in der gleichen Zeit nur sechs von 28. Nur oder immerhin! Vergleichen wir diese Zahlen einmal mit der Frankfurter Eintracht, aus vergangenen Zeiten berühmt für ihre A-Jugend und aus derselben hervorgegangen die „junge Mannschaft", die den MSV Duisburg in der Relegation niederrang. Ja, damals... Seit 1984 sind bei der SGE von ebenfalls 28 Neuzugängen insgesamt nur ganze zwei „Eigengewächse".

Daß einer kein Hesse ist, ist an sich kein Makel. Als aber Herr Ohms, der des hessischen Idioms nicht andeutungsweise mächtig zu sein scheint, im Winter 88/89 zum Präsidenten der SGE kandidierte, entblödete er sich nicht, in gestochenem Schriftdeutsch zu dozieren: „Wer Frankfurterisch spricht und gut Fußball spielt, der muß bei der Eintracht bleiben!" Er wurde gewählt.

Auch mit der Nachwuchsarbeit ist es so eine Sache. Der FC Bayern, soll mal einer gesagt haben, kauft lieber für teures Geld die guten Spieler der Bundesliga, statt wie die Konkurrenz über die Dörfer zu tingeln und die „Talente" mit Mopeds zu ködern. Aber für ein Moped läuft heute fast nirgendwo mehr was.

„Ich bin mit unserer Nachwuchsarbeit alles andere als zufrieden", wird der Frankfurter Trainer Berger zitiert. Ein halbseitiger Artikel in der Frankfurter Rundschau saute am Ende der Saison 88/89 ebendiese „Nachwuchsarbeit" bei der SGE herunter: Einen vielversprechenden Freiburger Jugendspieler ließ man sich von Bayer Leverkusen wegschnappen, zwei Berliner vom BVB Dortmund, einen aus Frankfurt ließ man gar zum VfB Stuttgart fortgehen. Die Nachwuchsarbeit, deren Niedergang beklagt wird, ist auch nichts anderes als Einkaufspolitik.

Irgendwie ist es rührend, wenn Frankfurts Kapitän Karlheinz Körbel den Wechsel seines Ex-Kollegen Detari nach Piräus kommentiert: „Das kann ich einfach nicht begreifen. Er hat das nur des Geldes wegen gemacht. Das paßt nicht zu seiner großen sportlichen Einstellung, an die ich immer geglaubt habe." Jaja, der „treue Charly". Der glaubt noch dran, und wenn er der allerletzte ist.

„Ich geh dahin, wo ich das meiste Geld verdiene" antwortete im Interview Körbels Ex-Kollege Nachtweih, der gerade von Bayern München wegstrebte, auf die Frage nach dem „Wohin?". Der Moderator im ZDF-Sportstudio wurde darob geradezu enthusiastisch: Endlich mal einer, der nicht behauptet, es ginge ihm um bessere sportliche Möglichkeiten, sondern der sagt, wie es ist. Ein Pfui über alle, die noch mal etwas anderes behaupten!

Nur den Hooligans wird vorgeworfen, sie seien keine richtigen Fans und es gehe ihnen nicht um Fußball, wenn sie nicht treudoof alle Scheinheiligkeiten schlucken, die der Profisport als public image verkauft.

„Frank Ordenewitz demonstrierte ein Stück hoher Bundesligistenmoral", schrieb im Frühjahr 89 die Zeitung *Die Welt*, „ab der nächsten Saison wird Köln der Arbeitgeber des Werder-Stürmers sein"; der hatte nämlich gerade dem 1. FC Köln, der noch Titelhoffnungen hatte, das 1:0 reingesemmelt. „Bundesligistenmoral", das heißt: Der Fußballspieler verkauft seine Arbeitskraft an einen Arbeitgeber, der dann (offenbar auch moralisch) einen absoluten Anspruch darauf hat. Noch zahlt Werder, der 1. FC Köln hat Ordenewitz schnuppe zu sein. Daß einer persönliche Vorlieben für einen bestimmten Verein hätte, wäre Bundesligisten-Unmoral.

Nur ein „richtiger Fan“, von dem erwartet man das. Man kann es sogar erwarten. Fans denken oft und gerne in Kategorien, die nach den Maßstäben der geltenden Bundesligamoral einfach weltfremd sind. Für einen „richtigen“ Fan wäre der Einsatz von Ordenewitz sicher Anlaß zu glauben, der sei doch im Grunde ein richtiger Werderaner, auch wenn er des Geldes wegen wechselt.

Vielleicht stimmt es in diesem Fall sogar, was weiß ich. Ganz ohne Freude am Sport ist nicht mal Profifußball denkbar. Die Sache ist nicht so eindeutig, weder so rum noch so rum. Jedenfalls sind Hooligans nicht dermaßen weltfremd, sondern oft viel nüchterner, ernüchterter. Eigentlich sind Hooligans, die sagen „Der Verein geht mir am Arsch vorbei“ genau die Fans, die die Bundesliga verdient.

Der Bänker und der Mob

Ein älterer Fußballfan, mit Sitzplatz und Dauerkarte, ist im Alltag Geschäftsmann. Eines Tages begegnet er in einer Bank unvermutet seinem Platznachbarn aus dem Stadion. Dort würden sie sich natürlich sofort erkennen. Hier aber schiebt sich ein Moment des Zögerns vor die Begrüßung, ein Überlegen: „Woher kenn ich... – wie, der auch?“ Diese kleine Szene ist aus dem wirklichen Leben reportiert. Sie könnte aber, so typisch ist sie, genau so gut erfunden sein.

Die Stadionsituation, „der Fußball“, ist eine fest umrissene Ausnahme-Situation. „Hier bin ich Mensch, hier darf ich's sein.“ Hier darf mann sich auch mal, in den sonst bestimmenden Kategorien des Alltags gesprochen, „danebenbenehmen“, mal laut werden und rumpöbeln. Dabei verwechselt kaum einer, weder die gesetzteren älteren Vereinsanhänger noch die radikaleren jugendlichen Fans, „Feiertag“ und „Alltag“. Der „Fußball“ ist nicht die „Wirklichkeit“, und wenn sich beide Sphären durchdringen (etwa in der oben geschilderten Begegnung), verblüfft das die Beteiligten selbst. Der Gegensatz muß zunächst von beiden bearbeitet und bewältigt werden, auch wenn es dazu nur einen kurzen Moment braucht.

„Das Publikum feiert sich selbst", erklärte der Präsident des FC St. Pauli einmal, und das ist nicht nur im Millerntor-Stadion wahr. Der „Auftritt" des Fans ist eine Selbstinszenierung, er spielt eine Rolle. Auch wenn er sich das nicht bewußt macht, weiß er es: Unser Mann drückt es präzise aus, wenn er mit Blick auf die randalierenden jungen Fans sagt, sie machten wieder „Theater". Allerdings haben die jüngeren, die „echten" Fans, weniger Abstand zu ihrer Rolle, wenn sie den „Asozialen" spielen. „Asso" ist im Sprachgebrauch der Szene wechselweise triumfale Selbst-Etikettierung („Am Samstag machen wir mal wieder 'ne richtige Asso-Fahrt") und mal Beschimpfung („Das sind doch alles Asoziale"). In der Bezeichnung der Gegner etwa als „totaler Asso-Mob" schwingen gleichermaßen Bewunderung wie Verachtung mit.

Der Spieler Michael Frontzeck wechselt von Borussia Mönchengladbach zum VfB Stuttgart. Deshalb feiert er beim Fanclub Wuppermönche, wo er Ehrenmitglied ist, seinen Ausstand mit Sekt. Dabei „stellte unser Ehrengast fest, daß wir Kulturbanausen wären, da wir den prickelnden Fürsten (Metternich) wie Wasser runterspülten und locker mit Bit nachspülten. Tja, was so eine richtige Proletentruppe ist, die weiß, was sich gehört" (aus dem Mönchengladbacher Fanzine „Nordkurve", Mai 89).

Manche junge Fans halten aber auch unter der Woche an ihrer Fan-Identität fest. Sie gehen in Kutte zur Schule oder Arbeit oder sie tätowieren sich mit den Vereins- bzw. Fanclub-Emblemen, und manche Hooligans halten unter der Woche an ihrem Rabauken-Image fest. Hier vermischt sich die eine gesellschaftliche Ausnahmesituation des „Heranwachsenden", des „Noch nicht Erwachsenen", mit der anderen Ausnahmesituation „Fußball" zur Fan-Identität.

Die erscheint dem „vernünftigen", erwachsenen Fan als überzogen, unangemessen, verrückt. Die jungen und die alten Fußballfreunde teilen das Bedürfnis, zum Wochenende einmal auszusteigen und den Anzug gegen die Kutte zu vertauschen, im unmittelbaren oder in einem übertragenen Sinne. Die Anerkennung der anderen Rolle, der Rolle „Alltagsmensch“ als nicht „Theater“, sondern Ernst des Lebens, als höherrangige Wirklichkeit, teilen sie jedoch nur begrenzt.

Diese Spaltung der Personen in Bürger werktags und Bürgerschreck samstags fällt jedem bald auf, der sich mit der Fanszene beschäftigt. Wer sich intensiver damit beschäftigt, dem wird darüber hinaus auffallen, daß dieser Doppelcharakter in formelhaften, stereotypen Wendungen beschrieben wird: als „Pöbel“ und „Assos“ beim Fußball einerseits, „in Schlips und Kragen“ beziehungsweise Anzug „in der Bank oder der Versicherung“ andererseits.

Im zitierten Fall wird die Formel „in der Bank“ deshalb verwendet, weil es eben so gewesen ist. Dennoch hat sie als Stereotyp zusätzlich einen hintergründigen Sinn. Das wird sofort deutlich, wenn man die Geschichte willkürlich etwa so verändert: „Neulich kam bei mir zuhause der Getränkewagen und brachte Limo und Bier. Als ich dem Fahrer die Tür aufmachte, dachte ich: den kennst du doch...“. In dieser Form wäre die Geschichte vielleicht auch ganz nett, aber ein gewisses spannendes Element würden wir vermissen. Deshalb wird sie so normalerweise nicht erzählt. Nicht, weil sie so nicht vorkommt! Eher, weil sie so nicht wahrgenommen wird. Jedenfalls transportiert sie inhaltlich nicht das gleiche wie der „Schlips & Kragen“ in der Bank, ihr fehlt der Clou.

Wenn sich die gleichen Personen einmal als Fußballfans begegnen, ein anderes Mal als Bankangestellter und Geschäftsmann, erleben sie das als nicht zusammengehörig, als Widerspruch. Die beiden Rollen, die sie beide spielen, werden als streng voneinander geschieden, sogar als entgegengesetzt erlebt. Sie markieren soziale Gegensätze, das ist offensichtlich. Was aber bewegt einen Mann, der „Schlips & Kragen“ als Ausdruck seines normalen Lebensstils versteht, beim Fußball sozialen Abstieg zu spielen?

Der „gute Anzug“ signalisiert nicht nur, daß einer „es“ hat, sondern auch, wie er dazu gekommen ist: Durch Disziplin, Sauberkeit und Ordnung, durch Einschränkung der Bewegung, durch Verzicht auf körperliche Heftigkeiten aller Art: Halt die Luft an! Das macht ein trauriges Herz und schreit nach Entlastung. Der Mob im Stadion hingegen lebt sich hemmungslos aus – zumindest scheint es so.

Auch die formelhaft erwähnten Orte sind Chiffren: „Bank" steht für Sparsamkeit und ökonomische Verwendung der vorhandenen Mittel. „Versicherung" steht für die Angst vor den Risiken des gelebten Lebens (die Unfallversicherung verhindert keine Unfälle, sondern mindert die ökonomischen Folgen und vor allem die Angst davor). Auch hier steht der Stadion-Pöbel für das Gegenteil: Hier wird Geld, Zeit und Energie verschwendet, hier werden keine Risiken bedacht.

Fußball und Politik

Bilder in Fanzines und auf Aufklebern

Die Herausgeber von Fanzeitungen verwenden zur Illustration fast nie eigene Werke, sondern bekannte Comic-Figuren als Vorlagen, sei es, daß die direkt kopiert, sei es, daß sie zeichnerisch nachempfunden werden. Sehr beliebt sind dabei die Trunkenbolde Werner und Hägar.

Hooligans veröffentlichen ebenfalls gelegentlich Fanzines, und fast alle haben Aufkleber, Stempel oder Visitenkarten mit ihren Markenzeichen. Auch dazu werden stereotyp (mehr oder weniger populäre) Comic-Figuren verwendet: Micky Maus, Alf oder Werner werden dazu mit aggressiven Gesten oder Accessoirs aufgepeppt. Weit verbreitet ist auch die sogenannte „Chelsea-Dogge", die nicht nur als Dogge schon ungemütlich wirkt, sondern auch durch den Bezug auf die als besonders brutal verschrienen Chelsea-Fans.

Der aggressive Gehalt des „Clockwork Orange"-Signets ist nur dem offensichtlich, der das Buch oder den Film kennt. Allgemein

beliebt ist das Stilmittel, besonders harmlose Figuren, Kinderkram gewissermaßen, mit besonders brutalem Beiwerk zu kombinieren wie Äxten, Keulen, Baseball-Schlägern. Auch etwa ein Schriftzug wie „Hooligans Aachen, Fußball und Gewalt" ist sorgsam gestaltet und spielt mit dem Widerspruch von Form und Inhalt.

„Bilderdienst" der Neonazis

Bei der „Taunusfront" verwischen die Grenzen zwischen Fußball-Randalismus, Skins und Rechtsradikalismus. Sie veröffentlicht Bestellisten für Broschüren, Aufkleber und Plakate für diese Gruppen. Auch die rechtsradikale politische Szene (und man tut der Taunusfront kaum Unrecht, wenn man sie dazuzählt) bringt selten eigene Werke, und die sind fast immer von äußerst dürftiger Qualität. Alles, was inhaltlich über „Ausländer raus" und künstlerisch über anspruchloseste Strichmännchen hinausgeht, lebt von fremden Anleihen.

Dabei ist man nicht wählerisch. Amerikanische Science-Fiction der 40er Jahre plus „Superheroes" illustieren „Europa erwache", den „deutschen Arbeitnehmer" illustriert ein Gemälde aus der Hit-

lerzeit. Für die „Aufrüstung zum Bürgerkrieg“ müssen die Bilder von mit der Polizei konfrontierten Autonomen herhalten; da aber der Kampf doch gegen die Chaoten von Wackersdorf oder Startbahn West gehen soll, wird der abgebildete Kämpfer vereinnahmt, indem man ihm ein „W“ (wie „Widerstand“) auf die „Haßkappe“ malt. Bild und Titel sind vermutlich komplett aus einer Illustrierten ausgerissen und dann mit „Taunusfront“ unterzeichnet.

Die Faust mit dem Schraubenschlüssel, die auf der Linken weitgehend ausgedient hat, kommt bei der Taunusfront zu neuen Ehren: mit dem Keltenkreuz als Hintergrund. Auch hier gibt es einen Aufkleber mit dem Bild von Alf, gestützt auf einen Baseballschläger, zu kaufen; Text „Fußballrandale? Man gönnt sich ja sonst nichts!“ Wem das gefällt, der wird vielleicht auch nichts dabei finden, daß dieser Alf in ein Keltenkreuz-T-Shirt gesteckt wurde.

„Wo Unrecht zu Recht wird, wird Widerstand zur Pflicht“, viele Linke werden sich an dieses Verslein noch erinnern; die Taunusfront hat es sich angeeignet; der Zusammenhang ist nun „Deutsche Arbeitsplätzte für deutsche Arbeitnehmer“ oder „Rassenmischung ist Völkermord“.

Als ich zum ersten Mal den Aufkleber „Hooligans gegen das Robbensterben“ sah, hielt ich das für einen Witz, ähnlich der Ver-

wendung von Gestalten wie Donald Duck oder Pumuckel für die Randaleszene. Mich wunderte nur die scheinbar sinnlose Unterzeichnung durch die Taunusfront, mit Angabe der Postlagerkarte. Von dort hätte ich nämlich auch Aufkleber „Skinheads gegen das Robbensterben“ oder „Nationalisten gegen das Robbensterben“ beziehen können.

Von Humor sind diese Leute weit entfernt. Sie wollen einfach einen billigen politischen Auftritt mit einem unproblematischen Thema haben – wer ist denn schon für das Robbensterben? Bei der Gelegenheit versuchen sie, Skins, Hooligans und Nationalisten in der Öffentlichkeit als eine Einheit darstellen. Aber auch die weniger Nachdenklichen aus diesen Gruppen können dem Eindruck erliegen, daß die Nazis doch das Gleiche wollen wie sie selbst. Mißverständnisse sind wohl erwünscht. Ein ähnliches Angebot wie die Taunusfront, erweitert um Stiefel, Fahnen, T-Shirts mit und ohne Aufdrucke, bietet ein Laden in Kiel an, der seinen Versandkatalog „Fankurier“ nennt (nicht zu verwechseln mit Anjo Scheels gleichnamigem Fanzine).

Hofheim
Taunusfront

NS.: In letzter Zeit wurde des öffteren gefragt ob wir eine
Schwester Organisation der Anti-Sozial-Front aus Offenbach seien.
Sicherlich gehen einige unserer Kameraden zum Fußball nach Offenbach . Doch gehen auch andere nach Frankfurt, Mannheim, Schalke
Saarbrücken, Kassel, Hamburg, Berlin usw..
Bei uns ist es halt egal was jemand in seiner Freizeit macht und
drucken bzw. vertreiben tuen wir für JEDE DEUTSCHE Organisation
Also bis demnächst....

Eure TF-Kameradschaft

Hooligans, Autonome, Neonazis

Das EM-Halbfinale in Hamburg

Zum Halbfinalspiel der Euro 88 (BRD-Holland) reiste ich mit einigen Fans aus Rüsselsheim nach Hamburg. Ein Teil unserer Gruppe, nämlich der mit Eintrittskarten, fuhr mit der S-Bahn ins Hamburger Volksparkstadion. Auf dem Heiliggeistfeld in St. Pauli stand ein großes Festzelt, auf dem an diesem Tag das Halbfinalspiel BRD gegen Holland live auf eine große Leinwand projiziert werden sollte. Dorthin ging ich mit den anderen.

Das Zelt war schon ziemlich voll, die Stimmung lag zwischen Stadionatmosfäre und Warten auf den Auftritt einer berühmten Rockband. Der Disc-Jockey des Zeltes und Moderator dieser Veranstaltung kannte sich offenbar in der Fußballszene wirklich aus. Er bediente sein Publikum nicht nur mit Parolen zum kommenden Spiel, sondern auch musikalisch mit der in allen Fußballstadien beliebten Schunkelschnulze „We are the Champions". Dann endlich war es soweit, wir sahen auf der Leinwand die Mannschaften einlaufen; im Zelt wurde gerade so gejohlt und getutet, als wären wir unmittelbar dabei. Die Nationalhymne wurde gespielt, der Diskjockey forderte zum Aufstehen auf: Alle, mit wenigen Ausnahmen, standen auf und sangen mit. Deutschland, Deutschland...

Das Spiel über war eine tolle Atmosfäre im Zelt, das muß man schon sagen, mit der Einschränkung: soweit es der Spielverlauf zuließ. Die deutsche Mannschaft, der ihre Kritiker angehängt hatten, sie würde nur mit Kraft spielen, fand in den Holländern genau auf dieser Ebene ihren Meister und verlor. Als wir hinausgingen, war es früher Abend, noch angenehm warm. Wir gingen wieder zurück zur Reeperbahn, um dort an der S-Bahnstation erstens auf die unsrigen und dann auf den holländischen Mob zu warten.

Wieder dauerte es die eine oder andere Stunde, es wurde dunkel. Nach und nach kamen die deutschen Hooligans mit Autos oder S-Bahn an und erzählten vom Stadion: Dort seien holländische PKWs und Reisebusse auf den Parkplätzen beschädigt worden. Die

Polizei, die einschreiten wollte, habe man zunächst in einer wilden Attacke überrannt, sei dann aber vor der nachrückenden Verstärkung geflüchtet. Einer aus unserer Gruppe, der dabeigewesen war, fehlte jetzt. Ich machte mir Sorgen, er wäre verhaftet worden. Tage später erfuhr ich, daß er voll mit Speed gewesen wäre und Paranoia gekriegt hätte, die Polizei könnte ihn gesehen haben und wiedererkennen. Bis spät in der Nacht wartete er in Altona, wo seine Mitfahrer ihr Auto abgestellt hatten, auf die Rückfahrt.

Bis dahin sollte in St. Pauli noch einiges passieren. Die holländischen Hooligans blieben im großen und ganzen aus. Aber für einen Teil der deutschen Hooligans galt das Motto: „Und nachher in die Hafenstraße." Sicher, man hatte vorher schon davon gemunkelt, und es soll auch Flugblätter der Hamburger Hooligans gegeben haben mit dem Aufruf, nach dem Spiel dieses Tages gemeinsam gegen die ehedem besetzten Häuser in der Hafenstraße zu ziehen, die nur wenige Minuten von unserem Treff bzw. der S-Bahnstation entfernt lagen.

Ich hatte das zunächst nicht recht ernst genommen, weil alle die Hooligans, die ich kannte, sich für die Hafenstraße entweder gar nicht interessierten oder sogar Sympathien für die Autonomen-Szene hatten. Nun stand ich mit Presserkern und Freunden an der *Bierquelle*, die abwarteten, was der Abend noch bringen würde. Holländische Fußballrabauken blieben nach wie vor aus, aber von den besetzten Häusern kam die Nachricht, die Autonomen dort würden sich zur Schlacht rüsten. Darauf schien es nun hinauszulaufen.

Ziemlich blauäugig und vom Sinn meiner sozialarbeiterischen Aufgabe beseelt machte ich mich in die Hafenstraße auf, um Kontakte, Gespräche zu vermitteln, solange noch Zeit war. Ich hätte es besser wissen können: Erstens war, ein Minimum an Offenheit bei beiden Seiten vorausgesetzt, längst keine Zeit mehr. Zweitens gab es keinen Grund, diese Offenheit je vorauszusetzen. Beide Seiten wollten genau das haben, was dann kam.

Vor den Hafenstraßenhäusern standen einzelne und kleine Gruppen beisammen, Modefarbe Schwarz überwiegend, der Frauenanteil und das durchschnittliche Alter etwas höher als bei den Hooligans. Genau wie bei jenen waren viele zum erwarteten Ereignis von Auswärts angereist, und nun stand fast jede(r) mit einer Dose Bier in der Hand in gespannter Erwartung. Sie wollten den Kampf gegen die „Nazis".

Die Ungeduldigeren hatte es schon nicht mehr gehalten, sie waren schon weiter vorn in Richtung S-Bahnstation in der Balduinstraße, und von dort erscholl bald das vertraute „Hooligans! Hooligans!", man hörte zwischen dem allgemeinen Geschrei Glasflaschen zerbersten, Leuchtkugeln flogen: „es knallte", wie es im Jargon heißt. „Die Nazis kommen!", es war also soweit, ich zog mich aus der Hafenstraße an unseren Treff in der Davidstraße zurück.

Später hörte ich von Fußballfans: Leute aus der Hafenstraße hätten plötzlich die an der S-Bahn stehenden Hooligans attackiert, mit orangenen Schals als holländische Fußballfans verkleidet. Sie hätten die deutschen Hooligans, die eigentlich mit der Hafenstraße nichts oder nicht viel im Sinn gehabt hätten, dorthin und gewissermaßen in die Falle gelockt. Obwohl ich diese Geschichte unabhängig voneinander von zwei Personen gehört habe, gibt es Gründe anzunehmen, daß hier verschiedene Ereignisse in der Erzählung vermengt worden sind. Dafür spricht folgender dritter Bericht:

„Wir standen da an der S-Bahnstation und haben gewartet. Da haben sich im Laufe des Abends immer mehr Leute gesammelt. Inzwischen waren es 50 oder 100, darunter viele Hamburger, totale Faschos. Die wollten als allererste gegen die Hafenstraße gehen, auch Karlsruher waren dabei. Ich habe da auf einem Garagendach gestanden mit einem Dortmunder und zwei Münchnern, die ich kannte, und noch so 30 Leuten. Die hatte alle keinen Bock dazu gehabt, weil sie auch nichts haben gegen die Leute aus der Hafenstraße. Da haben wir auch 'autonome Hooligans' gebrüllt.

Später, als es oben an der Hafenstraße gerade abging, sind auch so etwa 30 holländische Hooligans gekommen, aus Utrecht. Die kamen auf einmal aus einer Seitenstraße raus, angelockt durch dieses Geschehen, und haben sich unter die deutschen Fans gemischt. Aber sonst haben sie sich rausgehalten."

Auch darüber berichtet ein Vierter etwas anderes: „Vor einer anderen Kneipe hieß es: 'Da sind Holländer drinnen!' Jemand hat was in die Fensterscheibe reingeschmissen, dann sind die Holländer rausgekommen und haben mit Bierkrügen und Stühlen zurückgeschmissen. Danach hat sich ein Mob von uns gesammelt, so fünfzig bis sechzig Mann, und ist auf die drauf gerannt. Die haben sich da verteidigt, angegriffen worden sind sie schon. Das waren die einzigen, die was gemacht haben. Sonst waren nur normale holländische Zuschauer da. Das hat nicht lange gedauert, da waren auch gleich wieder die Bullen da."

Der ganze und wirkliche Verlauf der Dinge wird sich kaum rekonstruieren lassen. Die einen schweigen sich aus, die anderen wissen nur vom Hören-Sagen. Selbst die, die direkt beteiligt waren, wissen nur Ausschnitte genau, anderes müssen auch sie interpretieren und vermuten. Nicht erst in der Erzählung, schon in der Wahrnehmung vermengen sich die Ereignisse.

Wie dem auch sei, tatsächlich kam immer mehr Polizei ins Viertel zwischen Reeperbahn und Hafenstraße, wo inzwischen das allabendliche Publikum unübersehbar von Fußballfans durchsetzt war. Von denen saßen oder standen viele in den Kneipen oder davor, um besser mitzukriegen, wenn „was abgeht". Andere zogen durch die Gassen, um dann selber dabei zu sein. Oberhalb unseres Treffs, an der Ecke Bernhard-Nocht-Straße, besetzte jetzt die Polizei die Kreuzung, um Hafensträßler und Hooligans auseinander zu halten.

Die Hooligans, die gerade an der nächsten Ecke, in der Balduinstraße, abgeschmettert worden waren, rückten nach, stellten sich hinter der Polizei auf und skandierten: „Rotfront, verrecke!" Darauf flogen von den Autonomen Steine und Molotow-Cocktails, die zumeist nicht die Hooligans erreichten, sondern mitten in die Polizei flogen. Die rückte darauf gegen die Hafensträßler vor, wärend nun aus ihrem Rücken die Hooligans mit Steinen und Flaschen schmissen. Aus der Perspektive der Autonomen stellt sich diese Szene übrigens so dar: „Wieder greifen die Bullen in diesem Moment ein, stürmen von Seiten der Nazis auf uns zu" (Flugblatt Hafenstraße). Schließlich sperrte die Polizei den Kreuzungsbereich. Es gab nichts mehr zum Gucken.

„Rechte“ und „linke“ Gewalt

Es war schon ziemlich spät in der Nacht nach dem Halbfinalspiel. Die Kämpfe zwischen den Bewohnern und Freunden der Hafenstraße und Fußballrabauken andererseits waren schon abgeflaut. Ich gönnte mir eine Kaffeepause in einem Schnellimbiß an der Reeperbahn. Die Frau hinter dem Tresen, eine ältere Person, begann auf die Hafenstraßen-Leute zu schimpfen, die immer so viel Ärger machten. Bemerkenswert war dabei nicht nur, daß sie von den näheren Umständen des „Ärgers“ an diesem Abend gar nichts mitbekommen hatte und hier eigentlich nur ihr Vorurteil ausbreitete. Erstaunlich, zumindest für den Außenstehenden, war dabei der deutliche Unterton ihrer Schimpftirade, der sagte: Mit denen gibt es immerzu Ärger, aber sie gehören zum Stadtteil dazu wie alles andere in diesem Viertel auch.

St. Pauli hat die einzige Fangemeinde der Bundesliga ohne eine abgespaltene Rabaukenszene. Eigentliche Hooligans, also Fußballrabauken modernen Typs, die gelegentlich am Millerntor auftauchen, kommen vom HSV, um bei den Spielen des FC St. Pauli den auswärtigen Fans oder Leuten aus der Hafenstraße aufzulauern.

Gewiß, der oft genannte „Schwarze Block“ vom Millerntor-Stadion fällt sicher etwas aus dem Rahmen: Fanblöcke bilden kaum je eine optische Einheit dadurch, daß die Individuen darin sich in einer vorherrschenden Farbe kleiden. Selbst wenn zwischen buntbenähten Kutten oder unspezifisch Gekleideten zahlreiche Fans in Vereins-Trikots stehen, machen sie einen Fanblock eher bunt als uniform. Das uniforme Schwarz dieser großen Gruppe von St. Pauli-Fans ist nicht direkt fußballspezifisch, ebensowenig wie Bomberjacken oder ähnliches anderswo. Es ist die Uniform einer Szene, die sich vorrangig politisch definiert – in diesem Falle links, was beim Fußball die große Ausnahme ist. Die Piraten-Fahne mit dem Totenkopf, die sie in den Katalog der bundesdeutschen Fan-Utensilien eingeführt haben, ist auch als politische Distanzierung von den Reichskriegsflaggen oder Keltenkreuz-Fahnen gemeint, die in anderen deutschen Fußballstadien weit verbreitet sind.

Der Titel „Sympathisanten der Hafenstraße“ wird ihnen sicher nicht zu Unrecht immer wieder verliehen. Deswegen sind sie aber noch nicht „die Randalisten vom Millerntor“! Auch die Vereinsführung vom FC St. Pauli hat sich schon mehrfach öffentlich (zum Beispiel per Leserbrief im *Kicker*) in diesem Sinne vor seine Fans gestellt. Sie suchen die Randale nicht beim Fußball, weil der in ihrer Werteskala nachrangig ist. Natürlich gilt auch hier, daß ein „richtiger“ Fan nicht ausweicht, wenn er provoziert oder angegriffen wird: „Thomas K. (HSV-Hooligan) ließ es sich nicht nehmen, mit ein paar Idioten seiner Sorte vor der Ostkurve auf ca. 10.000 St. Pauli-Fans zu warten. Daß unter seinen Schlägerfreunden etliche kurzgeschorene Köpfe gesichtet wurden, stört uns weit mehr als ihre Dämlichkeit, einen Angriffsversuch zu wagen“ (aus dem St. Pauli Fanzine „Millerntor Roar! Fans, Fußball, Viertel“ Nr. 2, 1989).

Fußball-Gewalttäter empfinden sich als die Elite unter den Fußballfans, als die „Guten“, besser als die „Kuttenaffen“. Politische Gewalttäter empfinden schon den Vergleich mit Hooligans als eine Beleidigung, fühlen sich um vieles besser als jene. Ihre politisch definierten Inhalte, in deren Namen sie die action suchen, gelten ihnen als unvergleichlich höherwertig als die Identifikation mit einem Fußballverein.

Ich erinnere mich an eine Fernsehsendung Anfang der 80er Jahre über Autonome und Hausbesetzer. Im großen Saal eines besetzten Gebäudes in Göttingen traf sich die Szene, um sich im TV gespiegelt zu sehen. Ein Wutschrei ging durch den Raum, als bekannt wurde, in der einen Hälfte der Sendung gehe es um Hausbesetzer, in der anderen um die randalierenden Fußballfans. Mit denen auf eine Stufe gestellt zu werden, wurde von vielen schlimmer als jede politische Verleumdung empfunden.

Im Lauf der folgenden Jahre haben sich Fußball-Randalisten, oft über die Spaltung zwischen Punks und Skinheads, zu gleichrangigen Gegnern für die autonome Szene entwickelt. Sei es, indem sie sich selbst politisch definierten, nämlich rechts, sei es, daß ihnen Politik wurscht war, sie aber ihrerseits die Polit-Randlisten als gleichrangige Gegner ausmachten. So vermischte sich auch die

Szene der Hooligans, die im Juni 88 die Hafenstraße angriff: die einen politisch motiviert (oder zumindest mit politischer Symbolik ausgestattet), die anderen wollten einfach austesten, wer den besseren Mob hat.

Was das politische Weltbild betrifft, gibt es zwischen beiden Lagern sicher Differenzen. Das „rechte Weltbild", wie es sich etwa im Gespräch mit Frank darstellt („Damals bei der ANS"), ist vielleicht nicht repräsentativ für die Szene der Fußball-Krawallanten, in der es auch „Grüne" oder „Autonome" gibt, aber untypisch ist es nicht. Jeder mag sich seinen Teil denken, wo auf dieser Ebene die Unterschiede zwischen Rechten und Linken liegen.

An dieser Stelle jedoch sollen mehr die Differenzen oder Übereinstimmungen in der Form interessieren, in Stil und Habitus, wie in der Kleidung und im Musikgeschmack, vor allem aber in der Einstellung zur Gewalt und in der Lust an der Macht. Wenigstens einige Elemente daraus gibt es in der linken Szene ebenso wie in der rechten. Nur, auf der linken sind sie meistens moralisch geächtet und dennoch vorhanden: verdrängt und verleugnet. Schmerzlich ist es, wenn der Finger auf „Rechtes" bei den „Linken" zeigt, ein Wutschrei der Empörung folgt sicher, wenn die ganz anderen als (in einiger Hinsicht) Gleiche angesprochen werden.

Das Verhalten der Verteidiger der Hafenstraße war der Form nach das eines Fußball-Mobs. Der „Randale-Bericht", den die Hafensträßler hinterher verbreiteten („zum Angriff der Faschisten auf die Hafenstraße nach dem EM-Halbfinalspiel") unterscheidet sich von den typischen Erlebnisaufsätzen in den Randale-Heften der Hooligans nur durch Teile des angehängten politischen Statements. Dadurch, daß Hooligans und Skinheads die Hafenstraßen-Bewohner immer wieder angegriffen haben (ebenso wie andere Jugendlichen-Subkulturen), haben sie jene auf ihre Ebene gezwungen, auf die Ebene von Konkurrenzkämpfen zwischen verschiedenen „Mobs". Umgekehrt haben die Polit-Randalisten, indem sie alle Hooligans pauschal als „Faschisten" ansprechen, diese ebenfalls auf ihrer Ebene legitimer Kämpfe als „satisfaktionsfähige" Gegner angesiedelt.

Wenn Skins oder Hooligans mit befreundeten auswärtigen Randalisten gegen die örtlichen linken Hochburgen ziehen, dann hat das zunächst den Effekt, daß man sich vereint stärker fühlt (und stärker ist). Darüber hinaus – für die Betroffenen mag es zynisch klingen – ist es wie im gut bekannten kleinen gallischen Dorf, wo man auswärtige Gäste zu einer Schlägerei mit den Feinden als einem besonderen Amusement einlädt.

Anfang der 80er Jahre, als wieder einmal der HSV bei der Frankfurter Eintracht spielte (die beiden Fangemeinden waren schon damals befreundet), attackierten Frankfurter Fußball-Skins gemeinsam mit Hamburgern die linke Diskothek Batschkapp. Umgekehrt luden die Hamburger ihre Gäste zu einem Angriff auf die Hafenstraße ein. Und sie tun es, scheint's, heute noch.

Nach dem Spiel Deutschland gegen Holland im Juni 88 wollten viele der in Hamburg versammelten Hooligans sehen, wer den besseren Mob hat. Längst nicht alle wollten das, denn die Autonomen haben auch in der Fußballkrawall-Szene einige Sympathien. Viele aber an diesem Abend wollten es wissen – und die Hafensträßler wollten es genauso. Hinterher wurde übrigens ungeteilt anerkannt, daß die Hafenstraße den besseren Mob hat: härter, schlagkräftiger und besser organisiert.

Für Fußball-Krawallanten gibt es eine Rangfolge, welche Gruppe als Gegner wertgeschätzt werden. Das sind zuallererst die Hooligans anderer Fußballvereine. Dazu kommen in zweiter Linie auch andere jugendliche Subkulturen: Punks, Psychobillies, Türken, Autonome. Drittens, und meistens nicht freiwillig gesucht, die Polizei. Schließlich, auch wenn Hooligans wirklich vorzugsweise ihresgleichen suchen, Gegner und nicht Opfer, kann es Zufällige treffen.

Daß der Kombattantenstatus auch an „linke Chaoten" verliehen wird, ist nicht nur in Hamburg so. Zu den „Feinden" der Bremer Hooligans zählen, mit Ausnahme derer von Hertha BSC, Groningen und Rot-Weiß Essen, alle anderen Hooligans sowie die Bremer Punks oder Autonomen. Die ihrerseits halten es genauso. Die „Outsiders" beispielsweise überfielen 1988 eine Fete von „Psychos" in Delmenhorst (wobei auch die Kleinen und Frauen verprügelt wurden) in der irrtümlichen Annahme, es handele sich um Skins. Hinterher verkündeten sie stolz, sie hätten „Faschos aufgemischt".

Von allen ähnlichen Gruppierungen sind die Bewohner der vormals besetzten Häuser in der Hamburger Hafenstraße die bekannteste und am weitesten in das Beziehungsgeflecht der Fußball-Randalierer integrierte. Wenn etwa der KSC in Hamburg spielt, steht für die Karlsruher Hooligans die Hafenstraße ziemlich fest auf dem Programm. Anderswo sind die Strukturen aber ähnlich, und ähnlich schwierig ist es überall, darüber anders als borniert parteiisch zu sprechen oder zu schreiben.

In Gießen brachte der 30. April 88 eine unruhige Nacht. Einmal war Walpurgisnacht, und die Gießener Feministinnen hatten mit der Polizei vom Vorjahr eine Rechnung offen. Und die Braunen Adler, eine Gruppe von Fans der Frankfurter Eintracht, die sich ihren Namen durchaus politisch bewußt gewählt hatten, wollten zum 1. Mai eine große Skinhead-Fete mit Freunden von auswärts organisieren. Da war aber eine antifaschistische Allianz, von der Gießener Autonomen-Szene bis zu DGB davor, so daß die Stadt den Braunen Adlern die erwünschte Grillhütte verweigerte; die Fete wurde abgeblasen.

In den beiden Gießener besetzten Häusern hatte man Sorge gehabt, aus dieser Skinhead-Fete heraus angegriffen zu werden – zu recht oder zu unrecht, das sei dahingestellt. Es wäre nicht das erste Mal gewesen. Die „Adler" wußten zum Beispiel auch, in welchem der Häuser es nur bis zum 1. Stock die Treppe hoch ging, weil die „linken Schweine", aus Erfahrung klug, dort eine Stahltür hingebaut hatten.

Die Auseinandersetzungen zwischen politisch definierten Jugendlichen-Gruppen, im Jargon der Hooligans gesprochen: zwischen linkem und rechtem „Mob", funktionieren gerade im selben Schema wie die Konkurrenzen zwischen verschiedenen Fußball-Mobs. Für die These spricht jedenfalls, daß die Gießener Autonomen-Szene nicht die Unterstützung der links-liberalen Öffentlichkeit suchte, die doch just aus gegebenem Anlaß antifaschistisch bewegt war. Die Hausbesetzer verstärkten sich mit Freunden von auswärts und warteten auf heiße Kämpfe mit dem Nazi-Mob, in denen die

Gewerkschafts-Opas nur stören würden. Diese Auffassung wird jedenfalls vom Ablauf der folgenden Ereignisse gestützt. Die Braunen Adler sagten den geplanten Auftritt einer Musikgruppe ab und luden ihre Gäste wieder aus. Unschwer hätten sie ihren Frust wegen der geplatzten großen Fete auflösen können, wenn sie mit der allseitig beliebten Parole „Jetzt erst recht!“ ihren zahlreichen Gesinnungsgenossen statt Musik eine Randaleprogramm angeboten hätten. Das aber haben sie nicht gemacht, und die Autonomen in den besetzten Häusern fühlten sich um den versprochenen Krawall betrogen. Anders vermag ich es nicht zu verstehen, daß von dort aus der PKW eines der wenigen dennoch am Ort erschienenen „Faschos“ mit Farbbeuteln beworfen wurde. Damit war der zündende Funke, die notwendige Provokation zu dem gegeben, was man angeblich befürchtet hatte und mit Gewalt zu verhindern angetreten war.

Eine Gießener Stadtzeitung, die gratis in den Kneipen der alternativen Szene ausliegt, brachte in ihrer nächsten Ausgabe Berichte über die Vorfälle, dazu ein Interview mit den Braunen Adlern. Daraufhin zogen Leute aus der Besetzer-Szene durch die Lokale, griffen sich alle greifbaren Exemplare der Zeitung, nahmen sie mit und warfen sie auf den Müll. Dem Genossen, der das Interview gemacht und den Artikel geschrieben hatte, wurde später in einer Art Tribunal nahegelegt, zukünftig auf öffentliche Kritiken der Autonomenszene zu verzichten.

Dabei hatte der Autor keineswegs für die Braunen Adler die Werbetrommel gerührt. Er hatte sie beispielsweise danach befragt, was sie denn gegen die Autonomen haben und warum. Das aber war den Gießener Antifaschisten schon zuviel. Das ist den Antifas fast überall schon zuviel. Sozialpädagogen, die in Jugendhäusern, Fußballfanprojekten oder anderswo mit politisch rechts orientierten Jugendlichen arbeiten, werden immer wieder als „Steigbügelhalter der Neonazis“ oder zumindest als „Verharmloser“ angegriffen.

Ähnliches geschah im Frühjahr 88, als ein Fernsehteam des SWF in Hannover einen Film über Skinheads drehen wollte. Es erscheint mir sinnvoll, naheliegend, fast selbstverständlich, dazu auch mit den Betroffenen selber, in diesem Falle also den hannoverschen

Skinheads, zu sprechen. Hätte es jedoch in der Macht der hannoverschen Antifas gelegen, sie hätten es den Fernsehleuten (und den hannoverschen Fanprojektlern) verboten. Sicher ist gerade Hannover ein heikles Pflaster, wo die rechtsradikale FAP und einige Hooligans innigen Kontakt pflegen. Sicher war die Situation gerade besonders gespannt, nachdem Skinheads oder Hooligans gerade in jenen Tagen in der besetzten Sprengel-Fabrik einen Punker halbtot gestochen hatten. Die „antifaschistische" Philosophie des Berührungsverbots gilt aber unabhängig von Konjunkturen.

Zur Randale um die Hafenstraße wären auch Berichte aus der Perspektive der Bewohner dieser Häuser möglich gewesen. Sie liegen vor, standen aber für dieses Buch nicht zur Verfügung. Unter Kollegen, die sich mit der Fanszene beschäftigen, sind die Ansichten darüber geschieden, ob der Kern der Auseinandersetzungen zwischen Fußball-Gewalttätern und Hafenstraßen-Bewohnern in der Frage „Welches ist der bessere Mob?" liegt, oder ob die Hafenstraße ein ebenso unterstützenswertes wie bedrohtes alternatives Lebensmodell darstellt. Wie unschwer zu erkennen ist, neige ich persönlich der ersten Ansicht zu. Beide Ansichten nebeneinander zu stellen und jede für sich sprechen lassen, das wäre mein Wunsch gewesen. Die andere Partei aber scheint nicht nur die möglichen Ergebnisse, sondern schon den Versuch als eine unerträgliche Zumutung zu empfinden. Eine Diskussion findet nicht statt.

Damals, bei der ANS.

Im Alter von etwa 17 Jahren war Günter über die Fußballrandale zu politischen, nämlich rechtsradikalen Gruppen gekommen. Später wendete er sich enttäuscht ab, denkt aber „auch heute noch in vielem anders als der Normalbürger". Er entwickelt im Gespräch ein „rechtes Weltbild", das viele junge Männer, gerade viele Fußballfans mit ihm teilen.

Günter: Damals, als die Adlerfront ihren Treffpunkt an der Hauptwache hatte, gab es die ANS, Aktionsfront nationale Sozialisten. Die haben Flugblatt-Aktionen an der Hauptwache gemacht. Es waren auch welche im Stadion, waren auch ein paar Eintracht-Fans drunter. Ein paar Leute haben sie auch echt für ihre Ziele gewonnen, aber so richtig eingeschlagen hat das nicht.

Vorher war mir Politik eigentlich egal gewesen, ich hatte noch keine Steuern zu bezahlen. Von den Eltern bin ich auch in keiner Richtung beeinflußt worden. Aber was die Nazis da gebracht haben, das fand ich ganz gut: gegen Ausländer! Das ist echt zuviel geworden mit den Kanaken; da bin ich schlecht drauf abgefahren. Nazimäßig hat es halt immer Streß mit den Bullen gegeben, wenn wir irgendwo eine Feier gehabt haben, Sommersonnenwend-Feier oder Führer-Geburtstag. Das war in Mainz-Gonzenheim bei der Familie Müller, „Nazi-Müller". Da haben wir immer gefeiert, und freitags war Kameradschaftsabend.

Da haben wir Lieder gesungen und auch Sachen erzählt gekriegt. Andere Sachen halt, von der Gegenseite: judenmäßig, zahlenmäßige Belege. Wie die Nazis das von ihrer Seite aus sehen.

F.: Damit beschäftigen die sich tatsächlich immer noch?

Günter: Jaja, klar. Geschichtslügen – was da so verbreitet wird in der Medienlandschaft heutzutage. Und wie manche Sachen wirklich waren. Von dem, was in den KZs war, wird dauernd berichtet. Aber von anderen Greueltaten, gegenüber Deutschen, Soldaten oder anderen, darüber hörst du nichts. Warum immer nur die Deutschen, die bösen Deutschen? Die Russen haben genauso deutsche Frauen vergewaltigt, Dinge niedergebrannt und geplündert und gemacht. Und darüber wird nichts berichtet. Das waren keine Kriegsverbrecher, das waren nur die Deutschen, anscheinend!

Wir haben den Krieg verloren, das ist es nämlich. Deswegen sind wir immer die gefickten. Wir sind doch kein eigenständiges Land, wir sind ein besetztes Land. Darüber müssen sich die Leute erst mal klar werden. Ich meine, wir leben im goldenen Käfig, sonst garnichts.

F.: Macht das für dich einen Unterschied?

Günter: Nein. Ich versuche, mein Leben so gut zu gestalten, wie ich kann. Ich weiß selber, daß ich hier nichts zu sagen habe, als Deutscher in diesem Land. Da hast du nichts zu melden. Wenn ich sag, „das wird so gemacht", und der Ami sagt, „das wird so gemacht", dann läuft es so, wie's der Ami sagt.

F.: Aber für dein tägliches Leben macht das keinen Unterschied?

Günter: Nein, das nicht. Aber ich habe halt ein bißchen Nationalstolz, oder wie du das nennen willst. Ich will halt in meinem Land mehr Rechte haben als andere. Mehr Rechte als Aussiedler, als Asylanten oder Amerikaner. Und die haben einfach mehr Rechte.

Das ist so, das krieg ich täglich bewiesen. Ob das auf dem Arbeitsamt ist oder anderswo. Da kommt so ein polnischer Aussiedler hier rüber, kriegt dreitausend Mark Rente in den Arsch gesteckt. Und der Deutsche, der geschafft hat und seine Beiträge immer einbezahlt hat, oder 'ne deutsche Oma, die kriegt viel weniger. Das ist doch nicht gerecht.

Das sind so Sachen, wo ich die ganze Politik verdamme, das ganze Kasper-Kabinett. Wenn andere drankommen, ist es genauso Scheiße. Da kriegen wir immer noch mehr von dem Pack rein. Es gibt halt irgendwie keine... Politik ist für mich immer irgendwie korrupt. Wenn einer an der Macht ist, dann probiert er, an der Macht zu bleiben, mit aller Gewalt.

F.: Hast du dir von den Nazis versprochen, daß das mit denen anders würde?

Günter: Ja, irgendwie schon. Die Kameradschaft und die Ehrlichkeit, das hat mich am Anfang beeindruckt. Da hat jeder zu jedem gestanden. Aber mit der Zeit hab ich doch Durchblick gekriegt, daß das mehr Machtkämpfe sind untereinander, unter den einzelnen Gruppen und Gruppierungen. Jeder will dann ein Führer sein oder Führer spielen. Jeder versucht, den andern in die Scheiße zu reiten.

Ich hab auch beim Kameradschaftsabend gesagt: „Was seid ihr so blöd? Was streitet ihr euch schon wieder? Wir haben doch den selben Gedanken! Entweder, wir machen es so, wie es gesagt wird, und alle halten wirklich zusammen, oder... Wir sind eh bekämpft von allen Seiten! Ob das von den Linken ist oder von den Bullen oder vom Staat. Wir sind doch die Minder-Gruppe. Wenn wir uns noch untereinander bekämpfen, dann wird das doch gar nichts"!

Aber das ging immer so weiter, da hab ich mir gesagt: Hier, komm, das ist mir echt zu blöd. Da habe ich dann auch aufgehört. Gut, ich habe auch heute noch ein gewisses Nationalbewußtsein und denke auch heute noch in vielem anders als der Normalbürger. Ich hab halt schon ein paar andere Sachen gelesen und gehört als in den normalen Medien; ich kann das auch belegen.

F.: Was ist für dich persönlich an der Geschichte vom dritten Reich wichtig?

Günter: Ja, was ist mir wichtig? Wichtig ist mir zumindest, daß nicht immer Lügen verbreitet werden über so viele Sachen. Daß die Deutschen nicht immer schlecht hingestellt werden und heute noch, wenn man als Deutscher stolz ist auf sein Vaterland, daß man dafür verurteilt wird und als Nazi abgestempelt wird. Warum soll ich darauf nicht stolz sein? Ich bin auch stolz, wenn die deutsche Nationalelf gewinnt. Oder wenn irgendein Deutscher eine Heldentat vollbringt, einen Nobelpreis kriegt oder sonst irgendwas.

Wenn du Deutscher bist, bist du immer der Geleckte. Immer wird aufs Dritte Reich zurückgegriffen, „die schreckliche Vergangenheit". Kuck mal, die ganzen Juden, das Weltjudentum, was da abgeht. Der Deutsche wird sich nie davon befreien können, weil die Juden die Macht haben. Da kannst du sagen, was du willst. Die Juden bestimmen in Amerika, was für Politik gemacht wird, und die Amerikaner bestimmen bei uns. Die Juden sind reich, haben Imperien. Überhaupt, die ganze Politik wird doch nur noch von der Großindustrie gemacht. Und wer sitzt in der Großindustrie? Die Juden! Deshalb wird sich ein Deutscher nie frei entfalten können. Auch in den nächsten Jahren noch nicht.

„Männer wie wir“

„Fußball war immer rechts“

Zu den Zielen, die sich das Fanprojekt Mönchengladbach e.V., ein Verein von Fans der Gladbacher Borussia, selber gesetzt hat, gehört ausdrücklich die Entpolitisierung des Fanblocks. Dazu erläutert die Zeitung des Vereins, die „Nordkurve“ (März/April 89): „Bekanntlich hat es in der Vergangenheit mehrmals Kontroversen um die 'Nazis raus'-Haltung der Nordkurve gegeben. Dazu eine Klarstellung: Unser Fanprojekt will die Entpolitisierung der Fanszene erreichen. Das gilt natürlich für beide Seiten des politischen Extremismus, also für rechts und links gleichermaßen!!! Dummerweise hat es bisher nur die eine Seite wirklich versucht.“

Das wirkt nun etwas gewollt, wie ein Zugeständnis an die beleidigten Rechten in der Fanszene: Wir würden auch gegen linksradikale Agitatoren in der Szene auftreten – wenn es denn welche geben würde. Es gibt sie aber praktisch nicht. Daß sich die traditionelle Feindschaft zwischen Fans der Darmstädter Lilien (Hansa-Punks) und Offenbacher Kickers (Anti-Social-Front) als politische Konfrontation zwischen Autonomen und Nazis darstellte, ist erstens fragwürdig und zweitens schon Geschichte. Auch der „schwarze Block“ vom Millerntor in St. Pauli ist bestenfalls die Ausnahme, die die Regel bestätigt.

„Ich sage dir eins“, erklärt Rupert im Gespräch (s. Kapitel: „Die Jungen sind nicht mehr so“), „Fußball war immer rechts. Oder, besser ausgedrückt, er war nie links und wird auch nie links sein.“ Wofür die Begriffe wie „links“ und „rechts“ hier stehen, das ist zunächst kaum definiert. Trotzdem, gewissermaßen „gefühlsmäßig“, gibt es eine Basis der Verständigung. Irgendwie weiß jeder, was das „Rechte“ oder „Linke“ ausmacht.

Also muß man versuchen, hinter die Fassade der plakativen politischen Parolen wie „Kanaken raus“ oder „Faschos raus“ zu schauen, die mit Filzstift oder Sprühdose übermalt, „korrigiert“, umgewendet werden. Als ein bestimmendes Element, welches das „Rechte" ausmacht, benennt Rupert den „Kampf Mann gegen Mann". Und damit trifft er wohl ins Schwarze. Militante Jungmännerbünde, egal ob sich das Schwarz ihrer Klamotten an die politische Tradition der Anarchisten oder an die faschistische anhängt, finden im Fußballstadion ihren Platz. Die Fußballszene ist eine Gesellschaft junger Männer. Daran ändert zunächst nichts, daß es auch Frauen-Fußball gibt und Mädchen zumindest in der Werbung des DFB gleichberechtigt angesprochen werden.

Daß den Fußball-Gewalttätern eine politisch rechte Gesinnung unterstellt wird, ist nicht ganz grundlos. In vielen dieser Gruppen pflegen Einzelne ihr Nazi-Image und prägen damit das der ganzen Gruppe, auch wenn es nicht wirklich repräsentativ ist. Das unterscheidet sie aber nicht von der Masse der jugendlichen Fans. Es sind gerade die „Farbentragenden", die zwischen die Fanclub-Transparente an den Stadionzäunen auch die Keltenkreuz-Fahne hängen, den Hakenkreuz-Ersatz, oder die Reichs-Kriegsflagge. Als im Winter 88/89 der türkische Pokalsieger, Sakaryaspor, in Frankfurt gegen die Eintracht spielte, wurde im traditionellen Fanblock des Waldstadions angestimmt: „Deutschland den Deutschen – Ausländer raus". Es waren einige Hundert, die da begeistert mitschrien. Im K-Block, der „Heimat" der Krawallanten, wurde nicht mitgeschrien. Das wiederum beweist nicht, daß es dort oder sonstwo im Stadion keine Sympathie für diese Parole gegeben hätte.

Es ist in den einzelnen Städten mit Profi-Fußballvereinen (und entsprechenden Fangemeinden) sehr unterschiedlich, ob und in welchem Maße organisierte Rechtsradikale in Stadion oder Umfeld aktiv sind, unterschiedlich ist auch, ob und wie sie in die Fanszene integriert sind. Die NF (Nationale Front) sowie einige verwandte Gruppierungen treten an verschiedenen Orten auf. In Hannover zum Beispiel zogen im vergangenen Jahr FAP-Mitglieder gemeinsam mit einigen Fußball-Randalisten zu Überfällen auf Kneipen aus, in denen vorwiegend Linke und Ausländer verkehren.

In München verteilten vor einem Jahr die jungen Nationaldemokraten zum Beginn der vorigen Saison Spielpläne vor den Stadien – mit den Emblemen der Vereine (FC Bayern und TSV 1860) und dem ihrer Partei; Gerichtsverfahren und Strafen schreckten sie nicht, der Werbe-Effekt machte auch das bezahlt. Rechte Politik und Fußball gehen gut zusammen.

Fast nirgendwo unter Fußballfans bilden politisch Rechtsradikale Mehrheiten, doch sind sie mit ihren Ansichten und in ihrem Auftreten in den Fußball-Zusammenhang integriert. Das vordergründig „Rechte", das politisch rechte Weltbild von männlichen Jugendlichen (die meistens auch Fußballfans sind), ist ein Thema. Ob dahinter aber noch andere, grundlegende Einstellungen wirksam sind, die man möglicherweise ebenfalls als „rechts" bezeichnen könnte, ist auch aus ausländerfeindlichen oder ähnlichen Parolen nur mittelbar herauszulesen.

Fußballfreunde sind nicht Nazis, und sie sind beileibe nicht die einzigen, die mit jenen etwas gemeinsam haben. Trotzdem ist das stereotype „Die haben mit Fußball nichts zu tun!" nicht tragfähig, mit dem gegen offen auftretende Rechtsradikale wie gegen die unverhohlen randalefreudigen Hooligans Grenzen gezogen werden. Das Kämpferideal, das im Sport zuhause ist, ist dem militärischen durchaus verwandt, und gerade das Fußball-Kämpfertum ist der Soldaterei nicht fern. Die Brutalität, mit der Fußballprofis miteinander umgehen, ist vorbildlich für Hooligans. Identifikation mit einer Nationalmannschaft setzt ein Mindestmaß an Nationalismus beim Publikum voraus.

Beliebt sind die „Männer der starken Faust", Trainer, die endlich mal hart durchgreifen: Rolf Schafstall „machte sich den Vorwurf, 'hier einigen Spielern nicht den Garaus gemacht zu haben'", weil sie sich zuwenig angestrengt hätten. Zitate wie dieses aus dem *Kicker* lassen sich in endloser Kette aneinanderfügen. Der Begriff „Straftraining", was oft öffentlichkeitswirksam nach mißratenen Spielen über die Spieler verhängt wird, klingt nicht umsonst wie „Arbeitslager", und die sadistische Genugtuung des Publikums, daß „den satten Profis endlich mal in den Arsch getreten wird", folgt nahtlos. Hochgeschätzt sind nicht Dichter & Denker, sondern Macher. Für die mißratene Bundesliga-Reform gab es wenig vernünftige Argumente, aber: „Hauptsache, es wird mal gehandelt und nicht immer nur geredet".

Im Fußball gibt es den Hang zum Pathos und Quasi-Religiösen: „Ich bekenne mich zur Bundesliga“, sagt Andy Möller, der doch nicht zu Juventus Turin abwandert. „Erst, wenn unsere Spieler durch dieses Fegefeuer gegangen sind“, verkündet Uli Hoeneß, „können wir wieder nach den Sternen greifen.“ Bis zum „Stahlbad,“ in dem unsere Männer zu „internationaler Härte“ heranreifen, ist es nicht weit. Die schwülstige Metaforik der Nationalsozialisten war zu ähnlich, als daß man jede Beziehung leugnen könnte.

Alarm im Stadion: Schale war weg

Nach 5:0 über Bochum: Hoeneß flog ins Wasser

tz, 19.6.89

Feindbilder in der Fanszene

„Schwul, pervers und altersschwach,
das sind die Fans von Offenbach“

Zu den erklärten Feinden der Fans zählen in erster Linie die gegnerischen Fans. In zweiter Linie oft auch die Polizei. Dieses Feindbild ist jedoch wenig fußballspezifisch, es signalisiert eher den Einbruch der „Normalgesellschaft“ in den geschlossenen Bereich, dessen Werte und Maßstäbe rund um den Fußball geordnet sind. In dritter Linie folgen dann „gesamtgesellschaftliche Feinderklärungen“: Schwule, Asoziale, Juden, Asylanten, Ausländer, Türken, Kanaken, Neger. Sie sind in unserer Gesellschaft Außenseiter, zum Teil politisch so definiert. Die Namen dieser „Feinde“ werden gewissermaßen von den konkreten Menschengruppen abgelöst und danach wieder auf die fußballspezifischen „Feinde“ übertragen:

„Herbert Waas ist homosexuell, homosexuell, ...“, zu singen nach der Melodie von „Yellow Submarine“, gemünzt auf Spieler der je gegnerischen Mannschaft. „Ihr seid Kölner, asoziale Kölner! Ihr schlaft unter Brücken oder in der Bahnhofsmission“, zu singen nach „It's a heartache“ und beliebig auf die Fans jeder jeweils anderen Mannschaft anzuwenden. „Jude, Jude“, gegen Schiedsrichter, ist in den letzten ein, zwei Jahren seltener geworden. „A-sy-lanten!“ dagegen, auf die gegnerischen Fans gezielt, ist der Hit der Saison.

Es ist natürlich nicht zu übersehen, daß diese Beschimpfungen in etwa deckungsgleich sind mit dem politisch rechten Standard-Repertoire. Ein Aufkleber „Vorsicht, Zivis!“, unterzeichnet mit „Ffm Hooligans“, der 1988 im Frankfurter Stadionbereich verklebt war, zeigt drei Männer, die über den Rand einer Zeitung linsen. Trotzdem sehen diese Männer keineswegs wie Zivilpolizisten aus, sondern wie Juden in einer alten Karikatur der Nazis. „So ist das nicht gemeint“, wurde mir auf Nachfragen erklärt; vielleicht nicht bewußt, möchte ich ergänzen. Daß diese Jugendlichen überhaupt auf den Gedanken kommen, mit gewissermaßen klassischen antisemitischen Karikaturen gegen ihre Feinde zu polemisieren, be-

Auf ein Plakat im Frankfurter Hauptbahnhof, das für den Beruf des Zugschaffners wirbt, hat jemand mit Filzstift das Wort „Adlerfront“ geschrieben; dabei ist der Buchstabe „O“ als Keltenkreuz gestaltet. Jemand anders hat seinerseits, ebenfalls per Edding, den Wortteil „-front“ ausgestrichen und „cunt“ dafür eingesetzt, amerikanisch für „Fotze“. Unbeteiligte Passanten nehmen diese Kritzeleien gar nicht zur Kenntnis. Für den Insider sind sie voller Informationen.

Ob im „eigenen“ oder fremden (= feindlichen) Territorium: Fußballfans setzen ihre Marken. Ein Mitglied oder Sympathisant der Frankfurter Adlerfront hat den Namen der Gruppe als Signet hinterlassen. Es signalisiert dem, der es zu lesen versteht, Risiko- und Kampfbereitschaft, Herausforderung; das Keltenkreuz unterstreicht das und bietet ein zusätzliches Provokationselement. Im Plakattext ist es zwischen den Worten „Wir bieten:“ und „– einen krisensicheren Arbeitsplatz“ geschickt kontrastreich plaziert. Das Plakat als Untergrund war also beliebig, aber gut geeignet.

Der Jemand, der „cunt“ für die Front eingesetzt hat, hat damit die Aussage in ihr Gegenteil verkehrt. Die betont soldatische, also männliche Selbst-Präsentation wird radikal „verweiblicht“, aus der prahlerischen Selbstdarstellung eine Schmähung. Dieses Verfahren, das Umwenden von Parolen, ist gewissermaßen eine Verschriftlichung der rituellen „Ruf und Antwort“-Wechselgesänge, mit den die gegnerischen Fangemeinden in den Fußballstadien miteinander kommunizieren. Die einen skandieren beispielsweise „Hier regiert dier SVD“, die anderen rufen zurück „Kommt nur her, wenn ihr euch traut; dann werden wir euch schon zeigen, wer hier regiert“.

Der Bahnhof als Ort für diese Kommunikation ist ebenfalls relativ beliebig, aber doch geeigneter als andere. Er ist fast exterritorial (z.B. mit eigener Polizei), die Nicht-Heimat schlechthin, der Ort der Fremden. Er bietet sich als Ort der Kommunikation wie der handfesten Auseinandersetzungen zwischen gegnerischen Fans an. An dem hier hingeschriebenen „Adlerfront“ gehen Tausende vorbei, ohne es überhaupt zur Kenntnis zu nehmen. Andere Hooligans, vielleicht welche aus dem benachbarten und „feindlichen“ Offenbach, sehen es und reagieren sofort. Auch ihre drastische Schmähung bleibt eine Insider-Chiffre und dem normalen Publikum unverständlich, „unsichtbar“.

deutet zumindest, daß ihnen die Nazipropaganda und ihre Stilmittel geläufig sind, daß es inhaltliche Bereiche gibt, in denen Fußballfans und politische Rechtsradikale übereinstimmen.

Eine andere Art der Randalisten, besonders den berühmten Frankfurter (ehemals „Kontakt"-) Beamten Wehrum zu schmähen, waren abgewandelt jener Gesang: „Wolfgang Wehrum ist homosexuell..." oder Sprechchöre „Wehrum hat Aids!", was auf das gleiche hinausläuft. Die einzige Grundlage dieser Unterstellung ist die Absicht, die Person des Zivilpolizisten herabzusetzen und zu kränken.

Daß einer die Normen der Männlichkeit nicht erfüllt, ist in der Ideologie der Fans das vernichtende Urteil. Hier werden die Männer von den Knaben geschieden! Die Felder, auf denen sich der Proband bewähren muß (zumindest mit dem Maul), und in der Gemeinde anerkannt zu werden, sind natürlich die Sexualität, weiter der Kampfesmut und die Arbeitsfähigkeit; diese Kategorien beziehen sich, wie angemessen auch immer, auf die biologische wie die soziale Reproduktionsfähigkeit des einzelnen oder der Gattung: Nachkommen zeugen, eine Familie ernähren. „Schwule" und „Altersschwache" fallen also in mindestens einem Punkt der Prüfung durch.

Ein anderer ist der „Landbesitz". Ein übliches Kriterium, nach dem die Völkerkunde matriarchale und patriarchale Gesellschaften unterscheidet, ist die Erbfolge des Familienbesitzes von der Mutter auf die Tochter oder aber vom Vater auf den Sohn. Daß die Familien mit Hausrat und Sparkonten gesegnet sind, die es nach dem Tode der Eltern zu verteilen gibt, ist geschichtlich noch nicht so alt. Das Eigentum, das im Grunde zählt, ist das Eigentum an Produktionsmitteln, mit denen sich die nächste Generation ernähren kann. Arme Leute hatten (oder haben) nur sich selbst zu eigen bzw. ihre Kinder. Wer wirklich etwas hatte, der hatte Landbesitz. Auf symbolischer Ebene ist auch heute noch, bewußt oder unbewußt, Land der Besitz schlechthin. „Herrschaft über das Land" und „Herrschaft über die Frauen" verstehen sich so auch heute synonym.

Wenn Fußballfans eine Fete oder ein Fußballturnier organisieren, werden ohne Zögern die Frauen oder Freundinnen eingeplant:

Grillen, Essensausgabe und Kasse. Als ich bei so einer Gelegenheit einmal einwandte, ob man die Betroffenen nicht wenigstens vorher erst mal fragen sollte, antwortete einer grinsend: „Nicht nötig. Hier herrscht noch das Patriarchat." Die allerwenigsten Fans haben davon ein Bewußtsein. Aber fast ausnahmslos denken sie so.

So fügt es sich zusammen, daß die regelmäßigen Vorwürfe, mit denen „die Ausländer" als Feinde erklärt werden, immer in diese Richtung gehen: „Wir haben in unserem eigenen Land nichts mehr zu bestimmen", „Die Ausländer nehmen uns unsere Arbeitsplätze weg" und „Die Kanaken machen unsere Freundinnen an" bzw. (bei Älteren) „... nehmen unsere Frauen weg".

Sexualneid, der gelegentlich unterstellt wird, hat eine reale Grundlage. Die jungen Türken, Italiener, Spanier und Araber schaffen ein Ungleichgewicht, weil sie sich in der deutschen Gesellschaft (also auch Mädchen gegenüber) relativ frei bewegen, wärend ihre Schwestern in strengerer Kontrolle durch ihre Familien bleiben. Darüber hinaus sind sie in der Macho-Rolle, die auch bei deutschen Mädchen normalerweise gut ankommt, besser trainiert und mit ihr identischer als ihre deutschen Konkurrenten.

Vergessen wir nicht: In Deutschland gab es keine nennenswerte Revolte gegen die Nazi-Herrschaft. Wir haben nur den Krieg verloren. Die antimilitaristische Lektion haben wir gelernt: Kaum ein Land irgendwo mit einer so breiten Friedensbewegung wie Deutschland, kaum ein Land, in dem das Militär so wenig öffentliches Ansehen genießt, Nationalismus so wenig kultiviert wird, und so weiter.

Aber wir haben diese Lektion mit dem schlechten Gewissen des ertappten Sünders aufgenommen, als Verlierer, Versager, Unterworfene, die von den Siegern (mit welchem moralischem Recht auch immer) getadelt und geschulmeistert wurden.

Und nun kommen die vielen Ausländer, die alles das haben und dürfen, was uns verboten ist! Was Wunder, daß viele (zumal männliche) deutsche Jugendliche sich für die Nazizeit interessieren: daß sie vor '45, in der Hitlerzeit, etwas Positives vermuten, das unserem Volk verlorengegangen ist; daß sie die Geschichtsschreibung nicht akzeptieren, sondern die „Ehre der deutschen Soldaten" wieder herstellen wollen? Entsprechende Aussagen von Fußballfans, sei es aus Interview-Texten, aus Gesängen oder Parolen, müssen also doppelt gelesen werden. Sie sind meistens gleichermaßen Nachrichten über Tatsachen (richtig oder falsch) als auch Chiffren, die für etwas anderes, Unbewußtes oder Unaussprechliches stehen. Die Darstellung vom Juden beispielsweise, der insgeheim „die Macht" hat, und der sich dabei an zentralen, aber fernen und obskuren Orten verbirgt, bleibt unverständlich, wenn sie einfach auf ihre faktische Richtigheit überprüft und danach angenommen oder verworfen wird. Was „den Juden" oder „die Ausländer" so bedrohlich oder verächtlich macht, wird man daraus nur unzureichend entnehmen.

Die deutschen Linken, zumal wir „68er", haben sich mit ihrer angenommen Vorkriegs-Tradition identifiziert, der KPD Thälmanns o.ä. Als Kommunisten waren wir doch nun genauso Verfolgte wie die Juden. Und damit waren wir fein raus: Schämen mußten sich die anderen! „Wir" waren Opfer, nicht Täter. Als „Internationalisten" waren wir eigentlich nicht mal richtig Deutsche. So haben wir das unangenehme Erbe unseres Volkes einfach ausgeschlagen und immer nur die anderen zur Vergangenheitsbewältigung ermahnt.

Es war aber nicht jedes KZ ein Vernichtungslager, auch solche nicht, in denen sehr viele Menschen umgebracht worden sind. Die Impulse und auch die Effekte, mit denen die Nazis des dritten Reiches ihre Feinde verfolgten, waren nicht gleich. Die Nazis haben unterschieden und sortiert: Konkurrenten um die politische Macht waren als Gegner anerkannt. Andere Gruppen waren für die Nazis nur Opfer, ablesbar an ihrer Bestimmung zur Vernichtung oder an der besonders verächtlichen und erniedrigenden Behandlung: Juden, Zigeuner, Homosexuelle, Geistesschwache. Und irgendwo dazwischen: katholische Priester, Alkoholiker, Asoziale, russische Kriegsgefangene, Pazifisten, Anarchisten, Bibelforscher. Alle, die nicht Konkurrenten um die politische Macht und damit respektable, satisfaktionsfähige Gegner sind, tragen im Verständnis ihrer Verfolger Züge des „Unmännlichen":

Anarchisten und Pazifisten verleugnen endweder den Machtanspruch des Staates oder zumindest seine Machtmittel. Bibelforscher, vergleichbar mit den Zeugen Jehovas unserer Zeit, verleugneten beides; kein Kaiser oder Führer hatte neben ihrem Gott Autorität. Auch den Juden kann man in dieser Hinsicht nicht trauen. Zigeuner mögen zwar männliche Burschen sein (das Operetten-Klischee genügt für unsere Zwecke), aber sie sind es ohne Landbesitz, sind notorisch staatenlos. Die Juden sind (zumindest vor der Gründung des Staates Israel) das Volk ohne Land schlechthin. Zigeuner (immer noch genügt das populäre Klischee) arbeiten nicht, sondern stehlen oder handeln. Auch den Juden meinten die Nazis in den KZs „das Arbeiten beibringen“ zu müssen: Sie leben vom Handel und vom Wucher, wollen uns etwas wegnehmen! Zumindest in der Karikatur und im Witz, also dort, wo Konfliktbereiche berührt werden, erscheinen Juden wie auch katholische Geistliche entweder als zartgliedrige, intellektuelle oder aber als rundliche, „weibische“ Erscheinungen. Der Pfaffe hat zudem keine eigene Frau und wird immer wieder als Kastrat dargestellt, als Schwuler, oder umgekehrt als zügelloser Schürzenjäger („nimmt uns unsere Frauen weg“). Auch in der zeitgenössischen rassistischen Karikatur wird der „Asylant“ als unmännlich, als rundliche Person mit Hakennase und wulstigen („sinnlichen“) Lippen dargestellt, in wallenden Gewändern und Pantoffeln.

Die „Lebensborn“-Unternehmung der Nazis ist allgemein bekannt und wird wenig diskutiert. Zu sehr hat sie immer pubertäre Puff-Fantasien beflügelt. Sie ist aber einmal wichtig, wenn man das Dritte Reich als Versuch einer „Rebellion gegen Gott“ interpretiert, in der unausgesprochen der Anspruch erhoben wurde, selber *Herr über Leben und Tod* zu sein. Mit dem zweiten Teil dieses Anspruchs sind die Nazis bekanntermaßen weit gediehen, während der erste nicht über das Stadium eines Dumme-Jungen-Witzes hinaus gekommen ist. Die Absicht aber, die „Bedrohung durch minderwertige Rassen“ durch arische Reinzucht zu bekämpfen, drückt wieder diese Angst aus: die wollen uns an die Eier!

Dieses soll auch den „eigenen“ Frauen nicht gestattet werden! Männerbündische Gesellungsformen, aus denen die Frauen ausgeschlossen sind, werden hochgehalten. Umgekeht ist der propagierte Typ „BDM-Mädel“ keine sonderlich erotische Versuchung und entsprechend keine Bedrohung der (zu beweisenden oder zu bewahrenden) Manneskraft.

Ich betone nochmals: der „typische“ Fußballfan (oder Hooligan) ist nicht der „wirkliche“ Fan, sondern eine Idealisierung, die einzelne Auffälligkeiten zusammenfaßt, die von der Masse der Fans deutlicher herausgekehrt werden als vom Rest der Bevölkerung – oder als von den nämlichen Fans im Alltag, außerhalb des „Fußballs“. Es gibt auch ausgesprochen linksradikale, „autonome“ und entschieden antifaschistische Fans. Aber erstens weniger als im gesellschaftlichen Durchschnitt, und zweitens bleibt die Frage offen, wie weit die Stilelemente einer linksradikalen politischen Jugendkultur sich mit denen ihrer Gegner decken. Zumindest ein Berührungspunkt sind der Männlichkeits- und Kämpferkult.

Bei einer Veranstaltung über Nationalismus und Rechtsradikalismus unter Fußballfans schlug ich vor: Um wirklich zu verstehen, was diese Leute bewegt, müsse man versuchen, den „kleinen Nazi in sich selbst“ zu erkennen, schauen, was wir von „denen da“ selbst in uns haben. Spontan sprang ein Teilnehmer darauf an und meinte: „Klar, ein KZ-Wächter konnte doch so richtig die Sau rauslassen“, und wer möchte das nicht mal? Nun, ich bezweifle, daß die alten oder neuen Nazis „die Sau“ wirklich rauszulassen fähig sind. Der Sehnsucht nach Entgrenzungs-Sensationen steht doch gerade in diesem Millieu eine hohe Angst vor Kontrollverlust entgegen.

Die Männerrolle, auf die hin Jugendliche konditioniert werden, ist ja keineswegs die reine Glücksverheißung. Die Identifikation mit einem „Blut, Schweiß & Tränen"-Programm verlangt einen enormen Aufwand an Energie, und der Erfolg ist nicht auf Dauer gewiß. Das „Unmännliche", das „Weibliche" oder einfach das undiszipliniert Sinnliche ist eine tückische und subversive Macht, die hinter jeder Ecke lauert. Allein schon die Existenz „unmännlicher" Männer stellt die Werte der patriarchalen Ordnung in Frage. Und das ist nicht nur frustrierend (wozu macht mann sich die Mühe?), sondern auch bedrohlich. Ständiges Mißtrauen, Abwehranstrengung und gegenseitige Bestätigung der ideologischen Standards (zum Beispiel beim Fußball!) sind notwendig.

Im Suff oder in der Randale kommen Fußballfans der doppelgesichtigen Verheißung „Entgrenzung/Kontrollverlust" zwar nahe, aber gerade das macht sie so wenig brauchbar für politische Organisationen. Auch wenn die Idee, die alten oder neuen Rechtsradikalen könnten wirklich „die Sau rauslassen", nur ein Projektion ist, führt uns das weiter zum „kleinen Nazi in uns", denn: was eigentlich stellen wir uns darunter vor?

Gewalt im Fußball

Der Fußball ist eine Sozialisationsinstanz. Spieler oder auch Fan zu sein, ist ein Stadium im Leben junger Männer auf dem Weg zum Erwachsensein, ebenso wie die Konfirmation oder die Wehrpflicht. Biografische Interviews mit Fußballfans enthalten normalerweise unter anderem die Frage: „Wie bist du zum Fußball gekommen?" Wenn Frank im Gespräch („Die Jungen sind nicht mehr so") sagt: „Früher hat der Vater seinen Sohn mit ins Stadion genommen und der wieder seinen Sohn", dann umreißt dieses Bild recht präzise diese Funktion des Fußballs: Einführung der Knaben in die Welt der Männer.

Freilich stilisiert dieses Bild die Generationenfolge zum idealtypischen hin. Es sind im selteneren Fall die leiblichen Väter, sondern „Paten", die das übernehmen: der Vater eines Schulkameraden oder ein Onkel. Bei Frank war es ein Nachbar der Familie, bei mir selbst war es der große Bruder. Oft muß dieser Schritt, der allen Jungen unauslöschlich im Gedächtnis bleibt, sogar gegen die eigenen Eltern durchgesetzt werden. Auch das gehört schließlich zum Erwachsenwerden. Nach alledem ist es kein Wunder, wenn die Akteure auf dem Rasen, die Fußballspieler, eine mittelbare Erzieherfunktion haben für die jugendlichen Zuschauer. Sie sind Vorbilder. Sie geben vor, wo es langgeht, wer erfolgreich ist und auf welche Weise.

Jedes Jahr wieder kommt es mal vor, daß selbst Profi-Spieler dem Schiedsrichter gegenüber ein reklamiertes Handspiel zugeben, das der nicht gesehen hat. Oder ein zu Unrecht gegebener Freistoß wird nicht ausgenutzt, sondern ins Aus geschlagen. Dann geraten alle Kommentatoren schier aus dem Häuschen ob dieser fairen Geste. Mit Littbarski und Herget hat man sogar zwei (aus fast tausend) gefunden, denen man für ein Propaganda-Foto ohne Scham das „Fair geht vor"-Fähnchen in die Hand drücken konnte.

Die meisten anderen sind auf der „Gewalt-Tour". „Gebt meiner Tochter den rohesten Knecht", sang Franz Josef Degenhardt vor Jahren, „der zur Not nicht nur Brot mit den Zähnen aufbricht." Über die Entwicklung im Fußball unserer Tage sagt Thomas Allofs: „Heute spielen schon in der Jugend eher die Robusten als die Starken." Das ist zwar sehr fein formuliert und auch wirklich nicht das selbe wie Degenhardts Vision einer Neuauflage von Faschismus und Krieg. Aber Welten liegen auch nicht grade dazwischen.

„Der Erfolgsdruck in der Liga ist groß", erklärt Thomas Allofs, „das Risiko muß so klein wie möglich gehalten werden." Dabei ist die Rede vom Risiko der Fußballmannschaft, zu verlieren oder gar abzusteigen: Lieber mit Hängen und Würgen weiterwurschteln, als mit Pauken und Trompeten unterzugehen. Dafür braucht's rohe Knechte, die im zeitgenössischen Fußball blühen wie Pickel im Gesicht des Pubertierenden. Selbst bei einem Nachdenklichen wie Allofs ist nicht die Rede vom Risiko der einzelnen Fußballspieler.

Er versteht seinen Hinweis als eine Mahnung an „alle Verantwortlichen, damit sich diese Entwicklung in den nächsten Jahren nicht noch negativer auswirkt, als sie es ohnehin schon tut" – wenn es denn einzelne Verantwortliche an dieser Entwicklung gibt. Gibt es überhaupt wirklich eine solche Entwicklung? War Fußball nicht immer schon ...?

Doch, Fußball war immer schon ein etwas härteres Spiel. Heinrich Hess, Leiter der Projektgruppe Sportmedizin im DFB, hält Fußball dennoch für gesundheitsfördernd, obwohl sein Anteil an allen Sportunfällen über 40% ausmacht (Reiten und Skifahren sind, gemessen an der Zahl der Sportinvaliden, gefährlicher): In Behandlungskosten ausgedrückt kommen die Krankheiten in Folge von Bewegungsmangel zehnmal teurer (20 Milliarden Mark pro Jahr) als alle Sportunfälle (2 Milliarden Mark). Die angesprochene Entwicklung aber sieht auch Hess, der betont, daß die Härte im Amateurbereich zunimmt, daß in der Kreisklasse brutaler in die Zweikämpfe gegangen wird als in der Bundesliga. Die aber ist das Vorbild. Schließlich ist es der Traum vieler Amateure, einmal Profi zu werden, nur selten ist es umgekehrt.

Es stimmt aber auch, daß Fußball schon immer etwas härter war. Die Umgangsformen zwischen Kickern sind nicht die von Zivilpersonen. Im Prinzip ähnlich der Kirche und dem Militär, vielleicht noch ausgeprägter als jene, haben der Fußball und sein Umfeld einen gesellschaftlichen Ausnahmecharakter, der nötig ist, um junge Männer aus dem Jugendlichen-Status heraus durch eine Übergangszeit zum Erwachsenen-Status hinzuleiten. Schon das „Mitgenommenwerden ins Stadion" ist ein Initiationsritus, in dem junge Menschen in einen neuen Lebensabschnitt eingeführt werden oder symbolisch gar in ein neues Leben. Alle diese Riten haben etwas magisches, und der Fußball hat all diese Elemente. Aber sie werden übergangen wie etwas unanständiges; niemand möchte sich das bewußt machen.

Dabei geht der Ausnahmecharakter der Fußballwelt, gerade in Hinsicht auf die Härten der Spieler gegeneinander, so weit, daß sie den juristischen Rahmen der Rest-Gesellschaft verlassen. Das heißt, es herrscht hier kein rechtsfreier Raum, sondern es herrschen (nicht nur beim Pokal-Spiel) eigene Gesetze.

Fußballer zum Beispiel, die durch Gegenspieler schwer verletzt wurden und vor bürgerlichen Gerichten klagen (man erinnere sich an den Fall Klinsmann gegen Illgner), haben kaum eine Chance. Die Sondergerichtsbarkeit des Sports wird auch von den „ordentlichen Gerichten" nicht oder nur widerstrebend angetastet. Eher wird (der geschädigte) Klinsmann zum bösen Buben, weil er ein Problem am falschen Ort austrägt, nämlich öffentlich.

Der besondere Rechtsstatus des Fußballs ist gesamtgesellschaftlich anerkannt, aber stillschweigend, nicht offen. Deshalb werden die kritischen Spitzen der Ereignisse normalerweise kaschiert. In den Formulierungen der Sportler und nicht zuletzt der Sportberichterstatter wird verharmlost, verleugnet, oder einfach für normal erklärt.

Im bürgerlichen Recht ist es beim „Treten mit beschuhtem Fuß" gerade der Umstand, daß der Fuß beschuht ist, der aus der einfachen von vornherein eine schwere Körperverletzung macht; dabei ist von Stollenschuhen noch gar nicht die Rede. In unserem Zusammenhang nennt man diesen Sachverhalt „Nicklichkeiten". Daß ein Fußballspiel „hektisch" wird, hören wir, wenn zum wiederholten Male Spieler umgetreten worden sind. Wo „die Grenzen des Erlaubten gestreift" werden, da „hat jeder begriffen, worum es geht" (Fußballtrainer Werner), nämlich um „zielgerichtete Härte" (Handballtrainer Ivanescu). „Ich haue dazwischen", verspricht Klaus Augenthaler; damit meint er wahrscheinlich, daß er voll draufhaut und keineswegs dazwischen. Kohler verteidigt „konsequent" oder gar „erschreckend konsequent". Was will uns der Dichter damit sagen? Wahrscheinlich, daß „Völler was auf die Knochen" kriegt, „hart, aber fair". Wenn es heißt, es habe „Schwerstarbeit für die Masseure" der Mannschaften gegeben, ahnt man schon, daß es in dem Spiel wohl „ganz schön zur Sache" ging. Dabei ist Kohler „kein Kind von Traurigkeit" und Altobelli , verrät Herr Figgemeier im Fernsehn, „hat wieder Spaß gefunden am Fußball, hat Blut geleckt".

Eine besondere Spielart dieser Gewaltverherrlichung oder -verharmlosungen ist, die Verletzung des Spielers als eine Art Selbstverletzung darzustellen. Sie vertuscht nicht nur ein Geschehen, das außerhalb des Stadions strafrechtlich relevant wäre, sondern unterstellt auch eine Art Mutprobe des Initianden, eine mannhaft zu ertragende (Selbst-)Verletzung. „Fast wären wir aus dem Pokal geflogen", zürnte Trainer Feldkamp, „weil Möller sich vor seinem Wechsel nach Dortmund nicht verletzen wollte". So einer sollte denn auch besser gehen! Eine ähnliche Variante der sprachlichen Entsorgung: „Es passiert", gewissermaßen ungeschlechtlich, wie von selbst: Dickgießer „zog sich eine Gehirnerschütterung zu", Bruns desgleichen eine schwere Bänderdehnung. Buchwald „erlitt einen Nasenbeinbruch", Kutzop hat sich wiederum etwas „zugezogen" und Schatzschneider „ist ins Krankenhaus gebracht worden", Jochbeinbruch und Gehirnerschütterung. Ob er etwa „unglücklich gefoult" wurde?

Aber „man konnte kein anderes Spiel erwarten", meint Herr Grashoff. Schlindwein, „im Austeilen wie Einstecken gleichermaßen leistungsfähig", sagt über Kollege Hughes: „Der weiß schließlich auch, wie es geht. Selbst, wenn der Ball weit weg war, hatte ich seine Finger in meinen Ohren und seine Hände an meinem Hals. Das ist normal."

Mit der sprichwörtlichen asiatischen Zurückhaltung äußert sich Bum Kun Cha: „Die Technik kommt heute zu kurz, es wird mehr gerannt als früher. Und: die Abwehrspieler gehen härter zur Sache, manchmal sicherlich auch absichtlich." Viel direkter sagte es der holländische Spieler Koemann vor der Euro 88 in einem Interview: Im Profifußball sei es nicht nur normal, einen Gegenspieler ganz bewußt zusammenzutreten, sondern unabdingbar! „Es handelt sich schlicht um eine allgemeingültige Auffassung in unserem Sport."

Nicht, daß man sich sowas nicht schon gedacht hätte. Trotzdem gab es nach Koemanns Äußerungen peinlich betretenes Geraune. Nicht daß es nicht stimmen würde; aber so etwas soll nicht in der Öffentlichkeit verhandelt werden. Millionen von Außenstehenden sollen sich ihre Illusionen machen können, die Eingeweihten des inneren Kreises wissen Bescheid. Warum fallen durchschnittlich immer weniger Tore in Bundesliga-Spielen? Frank Mill erklärt es: „Die Stürmer sind zu feige. Sie wissen, daß es jedes Mal was auf die Socken gibt, darum suchen sie nicht jedes Mal ihre Chance." Damit nimmt der Stürmer die Schuld wieder zurück auf sich und seinesgleichen. Nicht ihr persönliches Risiko zählt. „Die Sache" steht darüber; da darf man nicht feige, da muß man opferbereit sein.

Der Fußball ist eine Erziehungsinstanz, er vermittelt Werte. Aber er hat diese Werte nicht unbedingt selbst erfunden. Sportler, die ihre Gesundheit zu Markte tragen (und das tun fast alle Spitzensportler), tun damit, was (fast) alle tun, nur „spitzenmäßig". Sie vollziehen gesamtgesellschaftliche Prozesse mit. Nicht nur im Fußball gehört „Härte einfach dazu, und Konkurrenzkampf untereinander auch" (Beckenbauer).

Wenn im Sport (wie in der Politik) von „Verantwortlichen" die Rede ist, dann ist das meistens nur ein anderes Wort für „Prominente". Es sind die Visagen, die man im Fernsehn sieht, diejenigen, die gefragt oder ungefragt immer das große Wort führen. Vielleicht sind aber gerade deshalb Leute wie Mayer-Vorfelder doch verantwortlich zu machen. Oder auch Herr Beckenbauer, wenn er „internationale Aggressivität" fordert. Oder Herr Schlappner, der von seinen Spielern verlangte, die Stars aus München nicht um Autogramme zu bitten, sondern „ihnen gegen die Schienbeine zu treten". Und so weiter und so fort.

Profisport verkauft, trägt sich selbst zu Markte. Und „Markt" ist schon immer ein Inbegriff von Öffentlichkeit. Wenn eine Gesellschaft mit „besonderen Gesetzen" ihren besonderen Raum verläßt, kollidiert sie zwangsläufig mit den Regeln der „Normalität". Die Nachricht, daß „die Soldaten die Kaserne verlassen", hört man lieber aus fernen Ländern. Wenn religiöse Fanatiker das öffentliche Leben bestimmen, brechen für viele harte Zeiten an.

Der Profifußball verläßt seinen besonderen Raum in dem Maße, wie er – medienvermittelt – im öffentlichen Raum gegenwärtig ist. Beide Bereiche durchdringen sich, die Grenzen gehen verloren. Aber auch die inneren Grenzen, die eigenen Werte lösen sich auf unter dem Druck des Marktes. Die Pause zwischen den Spielzeiten (jede Religion hat auch ihre Fastenzeiten) wird seit ein paar Jahren mit Hallenturnieren oder Ersatz-Sportarten aufgefüllt. Die internen Regulative, zum Beispiel für Gewalt, zerbröseln.

Die Entwicklung, vor der ein Allofs warnt und die ein Hoeneß ankurbelt, ist vielleicht zwangsläufig. Auf jeden Fall ist sie kein Hirngespinst. Und daß es wirklich so ist, daran haben die Medien erheblichen Anteil. „Gewalt ist ein Unterhaltungsfaktor, Gewalt gehört zum Geschäft", befindet H. Stollenwerk im Gutachten „Darstellung der Gewalt im Sport in dem Medien". Getretener Hund jault – die Branche heult auf und will wieder „schwarze Schafe" vorschieben.

Da die besonderen „eigenen Gesetze" in die Öffentlichkeit eindringen, geraten sie auch in die öffentliche Kritik. An Beckenbauer kritisiert eben jener Hans Stollenwerk, daß er das Foul am Gegner bewußt einkalkuliere. Da muß „der Wissenschaftler wohl etwas verkehrt verstanden haben", kontert dummfrech der Journalist. Der glaubt wohl, sein Ohr am Puls des Lebens zu haben, während „der Wissenschaftler" am Schreibtisch vertrocknet und keine Ahnung hat, und er belehrt ihn: „Beckenbauer kalkuliert das Foul (des Gegners) ein, er fordert nicht zum Foulspiel auf." Das kann er nun einem erzählen, der die Hose mit der Kneifzange anzieht.

Ein anderer Effekt der „aufgelösten Grenzen" ist, daß Fußballfans die martialischen Prinzipien ihres Sports aus dem Stadionbereich herausgelöst und auf die Straßen getragen haben. Der Druck der Ordnungskräfte, sowohl der sportinternen wie der hereingerufenen öffentlichen (Polizei und kommerzielle Ordnerdienste), hat diese Abspaltung beschleunigt und verstärkt.

In der Folge kämpfen die Fußballrandalisten ihre Kämpfe an Orten, die im ursprünglichen Sinne „mit Fußball nichts zu tun" haben. Was da vor sich geht, wenn in der City einer Stadt der Mob eines Fußballvereins auf den andern trifft, das ist für Außenstehende nicht mehr erkenntlich. Mit ratlosen Gesichtern registrieren sie ein plötzliches, scheinbar zielloses Gerenne oder brutale, scheinbar grundlose Schlägereien.

Aber auch für die Randalisten selber werden dabei die Zusammenhänge verschwommener. Es sind vor allem die Älteren, die verlangen, die Polizei sollte sich bei ihren Kämpfen heraushalten, weil sie das im Grunde gar nichts angeht. Damit bestehen sie auf den „eigenen Gesetzen", die ihnen in ihrem besonderen sozialen Raum „Fußball" traditionell zustehen. Für die Jüngeren, für die diese Tradition nur noch in Resten konkret erfahrbar ist, wird der Ort für den Spaß an der Gewalt tendenziell beliebig.

„... du bist ein Fußballgott!"

Kein Dorf in Brasilien ist „so klein, so unbedeutend, so verfallen, als daß dort nicht zwei mächtige Festungen des Glaubens stünden: eine Kirche, dienend dem Himmel, und ein Fußballplatz dienend der Erde." „Die (italienischen) Fans sehen die beiden Deutschen als eine Person, als den langersehnten Messias, der dem Verein und den Fans den Himmel auf Erden bringt. ... Selbst für den Trainer sind Brehme und Matthäus so etwas wie Heilsbringer." „Ribbeck ... als Personifizierung des Guten schlechthin, ... als Heilsbringer und Messias, als leuchtende und funkelnde Lichtgestalt".

Alle drei Zitate sind aus einer Ausgabe des Kicker genommen, dem Zentralorgan der Fußballgläubigen. Und sie stammen von drei verschiedenen Schreibern. Mit Begriffen aus der christlichen Mythologie zu arbeiten, wenn es um Fußball geht, ist also nicht die private Verschrobenheit eines einzelnen. Es ist nicht mal eine Besonderheit des *Kicker*, auch wenn etwa die Tagespresse grundsätzlich zurückhaltender formuliert. Aber auch die *Frankfurter Rundschau* nennt die Ansichten von Klaus Augenthaler eine „Heilslehre".

Wenn die Fans beim Spiel zum rhythmischen Klatschen „Sieg!" rufen, dann ist das „Heil!" immer schon da. Wenige rufen es dem „Sieg!" wirklich hinterher, und es ist auch nicht nötig. Der Zusammenhang mit dem Nationalsozialismus (über die Lust an der Provokation hinaus) liegt darin, daß auch die Nazis die christliche

Tradition beerbt haben – um sich selbst an ihre Stelle zu setzen.

Daß Fußball die gesellschaftlichen und emotionalen Orte der Religion besetzt, ist dermaßen offensichtlich, daß sich die Frage aufdrängt, weshalb sich kaum jemand Gedanken darum macht? „Fußball ist meine Religion“, so steht es klipp und klar auf vielen der Aufnäher, die sich Fans aller Vereine auf die Kutten nähen. Wieviele Trainer sind schon auf den Transparenten der Fans zum (Fußball-)Gott erhoben worden – bevor man sie in die Wüste schickte; und selbst das noch ist der rechte Ort für Profeten, Rufer und Sucher.

Fußballfans sind keine Sucher. Sie haben gefunden. Sie haben Leitlinie und Sicherheit. Ihre Sehnsucht (nach Messias, Lichtgestalten und Idolen) wird erfüllt, sie haben „sichere Festungen“. Und die haben sie nötig. Denn Existenzfragen werden im Rahmen des Fußballs gelöst – und ebendort immer aufs neue gestellt. Das existenzielle Drama wird wird immer neu herbeigerufen.

Unter einem Foto mit „Käpt'n Augenthaler“, wie er zum Schluß der Saison 88/89 mit Meister-Schale und überdimensionaler Sektpulle im Wasserbecken der Mannschaftsräume planscht, stand in der Münchner *tz*: „Mit ihm geht Bayern nicht unter“. Der Kalauer gehört zu den üblichen, und es fällt auf den ersten Blick nicht auf, wie hirnrissig er ist: Gerade hatten die Bayern, die bereits vor dem Spiel als Meister feststanden, den VfL Bochum mit 5:0 abgeschwartet, da entblödet man sich nicht, die Möglichkeit ihres Untergangs heraufzubeschwören! In Wirklichkeit liegt nichts ferner als das. Aber wo, wenn nicht in eben dieser Möglichkeit, liegt die Seele der Fußballbegeisterung?

Jürgen Friedrich, bis Mitte 89 Manager der Frankfurter Eintracht, beschrieb die Haltung seiner unseligen Mannschaft so: „Es geht um die nackte Existenz, aber die Spieler merken es nicht.“ Der 46jährige, also in den härtesten Nachkriegsjahren aufgewachsene Friedrich konkretisiert auch, was er damit meint: Die Spieler haben „doch Häuser gebaut und Familien gegründet. Nur über ihren eigenen Zaun schauen sie nicht. Sie vergeigen zigtausende von Mark und denken überhaupt nicht an ihre Zukunft.“

Mit dieser Beschreibung sagt er zwar viel über die Verständigungs-Schwierigkeiten zwischen zwei Generationen, für die auf Grund ihrer Lebenserfahrung die Garantie des täglichen Auskommens kaum noch vergleichbare Bedeutung hat. Geht es ihm aber wirklich nur darum? Versucht er nicht auf diesem Umweg, Unaussprechliches zur Sprache zu bringen?

Mit seinem „Es geht um die nackte Existenz“ greift er selbst zu einem Vokabular, das hinausweist über die ökonomische Ebene. Jedem, der diesen Satz hört oder liest, müßte eigentlich klar sein, daß für die Frage „Erste Liga oder zweite?“ der Begriff viel zu hoch angesetzt ist. Es geht nicht wirklich um die wirtschaftliche Existenz des Vereins oder seiner Spieler, und um die „nackte Existenz“ geht es schon gar nicht. Die Dringlichkeit, die Friedrich empfindet und vermitteln möchte, besteht auf einer Ebene, die unendlich schwer zu vermitteln zu sein scheint. Die Mahnung, die Zukunft zu bedenken, belegt diese Schwierigkeit beispielhaft: im Zusammenhang wird auch das Beschwören der Zukunft reduziert auf materielle Absicherung, heißt gewissermaßen: „Jungs, denkt auch mal an eure Rente!“ So versucht der Fußball-Manager, die Existenz-Frage auf einer rationalen Ebene zu etablieren. Natürlich geht es im Sport um Geld. Das ist längst so klar, daß andere Gedanken fast als unzulässig erscheinen.

Der Profi-Verein als Wirtschaftsunternehmen ist jedoch nur die historisch-konkrete Form, in der sich etwas anderes ausdrückt. Etwas „Substantielles“, etwas, wegen dem das Publikum eigentlich zum Fußball (oder zu vergleichbaren Anlässen) geht. Dasjenige, das es Friedrich und Kollegen erlaubt zu sagen, es ginge um die Existenz, ohne daß er als verrückt angesehen wird. Ja, es geht um die Existenz, und zwar nicht um die einer Person oder eines Kollektivs, sondern um die nackte, die Existenz schlechthin.

Die Saison ist ein symbolischer Ritus, ein kultisches Spiel vom Leben, mit „Arbeits-Siegen“ und „Fußball-Festen“. Das ist beim Fußball prototypisch für jede organisierte Sportart. Die überall im Jahresrhythmus ausgetragenen Meisterschaften ermitteln nicht nur den neuen Heros für die nächste Periode. Mit Aufstieg oder Abstieg in die nächsthöhere oder -tiefere Liga vollziehen sie im gleichen symbolischen Ritus auch den Zyklus von Geburt, Tod und Wiedergeburt nach. Insofern, und nur insofern, ist Friedrichs Wort von der Existenz angemessen. Nur so kann es überhaupt verstanden werden. So aber kann es nicht gesagt werden, denn die historische Form, in der dieser Kult sich gestaltet, ist die von Wirtschaftsunternehmen. Die Existenz, auch die nackte, ist ansprechbar nur als materielle, ja nur als wirtschaftliche. Vor dem Seelenheil kommt die Rentenversicherung, und die wiederum wird zur Chiffre für jenes.

Es ist aber doch nicht die ganze Existenz, die in diesem Kult angesprochen wird. Es geht darin nur um das spezifisch männlich gestaltete und erfahrene Leben.

Polizei und/oder Sozialpädagogik in der Fanszene

Die Polizei – der dritte Mob?

Die Aufgabe der Polizei ist es, Straftaten aufzuklären bzw. zu verhindern. Vieles von dem, was zwischen rivalisierenden Fans geschieht, ist nach bürgerlichem Recht als Straftat oder Ordnungswidrigkeit definiert und kann oder muß geahndet werden: Das fängt an beim Pissen außerhalb der dafür vorgesehenen Örtlichkeiten, geht über das „Abnehmen“ (formalrechtlich: Stehlen) von Schals, Fahnen oder Kutten, über das Demolieren von PKWs oder Bussen gegnerischer Fans oder Spieler bis hin zu Fußballkrawallen mit wechselseitigen Körperverletzungen. Solche Kämpfe können zu schweren Verletzungen führen oder sogar zu Todesfällen. Die Beteiligten kennen das Risiko, wenn sie sich gegenseitig mit Steinen beschmeißen; der Bremer Adrian Maleika, in der Öffentlichkeit stets als das arme Opfer übler Fußball-Gewalttäter gehandelt, ist der berühmteste Fall. Andere Fälle hingegen können nur als Morde bezeichnet werden, wie z.B. vor wenigen Jahren ein Raubmord, bei dem die Anhängerschaft des Opfers zum „falschen“ Verein (nämlich Werder Bremen) offensichtlich die Hemmschwelle der Täter senkte. Auch der Tod eines Saarbrücker Fans im Block der Schalker scheint nicht zur Kategorie unglücklicher Folgen normaler Kämpfe zu gehören. Solche Differenzierungen gehören aber nicht zu den Aufgaben der Polizei, zumindest nicht der einzelnen im Einsatz befindlichen Beamten. Dieses Problem ist grundsätzlicher Art und nicht an besonders erschreckende Fälle von Fan-Gewalt gebunden.

Beleidigungen und Provokationen des Gegners gehören für Fußballfans zum Showbusiness. Für die Polizisten aber bleibt es oft im dunkeln, wer warum als Gegner angesehen wird. Wenn es sie selber trifft, reagieren einige cool, während andere austicken. „Da haben wir die provoziert“ – so beschreibt Frank ein übliches

Ritual. Fans auf Auswärtsfahrt in einer fremden Stadt provozieren alles und jeden, den sie dieser Stadt zuordnen: Ihre unmittelbaren Gegner, die Fans der gegnerischen Mannschaft also, aber auch die Polizei oder beliebige Bürger, Autofahrer mit dem „falschen" Kennzeichen. Das ist ein ritueller Standard und bedeutet normalerweise keine besonders zugespitzte Situation, die irgendwelche Eingriffe erfordert.

Das Bemühen der Polizei, Ordnungswidrigkeiten bzw. Straftaten im allgmeinen und Schlägereien unter Fußball-Randalisten im besonderen zu unterdrücken, hat einen doppelten Effekt: einerseits vermindert sie die Belästigung oder Schädigung von Unbeteiligten wie auch von selbst Beteiligten: Fans, die selber gerne den Gegnern deren Fanclub-Fahne abnehmen, scheuen sich nicht unbedingt, die Hilfe der Polizei in Anspruch zu nehmen, wenn sie ihre eigene an Gegner verloren haben. Schon auf dieser Ebene wird aber ein im Sinne der Fankultur ordentliches Verfahren (dem Feind die „Ehrenzeichen" abnehmen) kriminalisiert. Ob das ein Gewinn ist, ist fraglich.

Noch fragwürdiger ist die Intervention der Polizei auf der Ebene der Gewalt: Um Gewalt zu verhindern, wird mit dem Knüppel dreingeschlagen. Auch die hier versammelten Erzählungen von Fans belegen ausführlich, was Pit auf die kurze Formel bringt: Abgekriegt habe er bei der Fußball-Randale schon öfter was, „aber meistens von der Polizei. Von gegnerischen Fans weniger, da kriegt man nicht so viel ab."

Meine persönlichen Eindrücke in mehreren Jahren sozialpädagogischer Fanarbeit waren genauso: Wer sich bei der Fanrandale nicht selber einmischt, wird in der Regel auch nicht hineingezogen. Bei der Polizei ist man da wesentlich weniger sicher. Von Fans aus ist mir nie etwas passiert, von der Polizei habe ich einmal Schläge gekriegt (Berlin) und einmal CS-Gas ins Gesicht (Kaiserslautern). Die zahlreichen Berichte von Fans über grundlose oder maßlos überzogene Einsätze der Polizei sind mir daher im großen und ganzen glaubwürdig.

Zweifellos gibt es sie, die Gewalttäter in Uniform, die nur zufälligerweise auf der Seite des Gesetzes agieren – ebenso wie bekanntermaßen die wüstesten Rabauken oft nur verhinderte Ordner sind. Das Problem ist aber ein strukturelles, weniger eins der persönlichen Unzulänglichkeit einzelner Beamter. Die Polizei muß sich an Gesetze halten, und im großen und ganzen tut sie das auch. Es gibt Situationen, in denen Fans zumal die krawallfreudigen, bei ihren Auseinandersetzungen mit der Polizei den Eindruck gewinnen, sie würden, anders als andere Bürger dieses Staates, willkürlich und als Rechtlose behandelt: Wenn sie an die Wand gestellt und durchsucht werden, in ihren Reisebussen nicht auf Autobahn-Raststätten oder -Parkplätze gelassen werden, wenn sie nach dem Spiel nicht aus dem Stadion herausgelassen oder sogar schon vor dem Spiel von der Autobahnabfahrt direkt in den Polizeigewahrsam chauffiert werden – „zur Abwehr einer drohenden Gefahr". Ja, sie ahnen nur nicht, daß es für all das, was sie als unrecht und auch als ungesetzlich empfinden, durchaus gesetzliche Grundlagen gibt: Es sind zumeist die vor gut zehn Jahren, im sogenannten „Deutschen Herbst" eingeführten Gesetze, mit denen der linke Terrorismus bekämpft werden sollte.

Je mehr die Polizei „den Fußball" zu ihrer Sache gemacht hat, sei es, daß ihr diese Aufgabe zugeschoben worden ist, sei es daß sie sich diese Aufgabe selbst zueigen gemacht hat, desto mehr mußte sie sich praktisch zwischen die Fronten der gegnerischen Mobs stellen. Je mehr die Polizei sich aber zwischen die rivalisierenden Fußball-Randalisten drängt, desto mehr wird sie selber zur Zielscheibe der Kampfeslust, wird sie im Bewußtsein der Hooligans zum „dritten Mob".

Dabei verschiebt sich für die Hooligans der Maßstab für Erfolgserlebnisse: Bei Auseinandersetzungen zwischen den Fans können sie zahlenmäßig vergleichen, wer den größeren Mob zusammenbringt, und sie können austesten, ob die jeweils anderen „Lutscher" sind oder „Gute", und sie können letztlich ausboxen, wer die „Besseren" sind.

Durch die rigide Polizeikontrolle sind diese direkten Vergleiche weitgehend unterbunden. In der Folge haben einige Hooligans resigniert, was von der Polizei ja auch angestrebt ist: „Es hat ja keinen Sinn mehr, du kommt ja gar nicht mehr an den Gegner ran."

Oder aber sie leben ihre Lust an der Gewalt in anderen gesellschaftlichen Bereichen aus, die unspezifischer, undurchsichtiger und regelloser sind. Wenn der soziale Zusammenhang, den die Konkurrenz der Hooligans bedeutet, abstirbt, werden die Formen der Auseinandersetzungen entsprechen brutaler und kriminell. Molotow-Cocktails auf die Reisebusse gegnerischer Fans sind schon eine schlimme Sache. Molotow-Cocktails in eine Privatwohnung, in der Jugendliche nach einer Party ihren Rausch ausschlafen (so geschehen in Bremen) ungleich schlimmer.

Aber auch für die, die nach wie vor ihre Kämpfe im Umfeld des Fußballs suchen, ändern sich die Bedingungen. Zusammenstöße mit Gegnern müssen in Sekundenschnelle realisert werden, der Einsatz von „Distanzwaffen“ nimmt zu; dieser Begriff aus dem Polizeijargon für Leuchtmunition oder Steine ist in den der Hooligans übernommen. Und schließlich finden sich die gegnerischen Fans, die an ihren Kämpfen gehindert werden, gelegentlich (und zwar am häufigsten bei Länderspielen) unter der vereinigenden Kampfparole „Auf die Bullen!“ zusammen. Trotz gelegentlicher Kampferfolge („... da mußten die Bullen mal wieder Fersengeld geben“) ist die Polizei für die Fans nicht nur der falsche, ein untergeschobener, sonder auch ein ungleich überlegener Gegner.

Durch ihre Einmischung hat sich das Maß der ungesetzlichen Gewalt vermindert, das Maß der Gewalt insgesamt vermehrt. Die Zahl der kämpfenden Parteien hat sich ebenfalls vermehrt. Das Selbstverständnis der Hooligans wird in Richtung „Kriminelle“ gedrängt, eventuelle Verbindungen indirekt bestärkt. Auch die Maßstäbe der Krawallanten für Erfolg und Mißerfolg werden deformiert: Die Erfolgsberichte der Hooligans lesen sich dann so, daß man dem Kontrollauge des Gesetzes doch mal wieder durch die Lappen gegangen ist, doch wieder einen Krawall angezettelt hat:

„Kommentar zum Zeitungsbericht ('Aufgebot von 300 Polizisten verhütete Zusammenstöße'): Wenn die Polizei so gut aufgepaßt hätte, wie kommt es dann,

1) daß ca. eine Stunde vor Spielbeginn auf einem großen Platz mit Kreuzung in der Innenstadt eine größere Schlägerei (mit Zaunlatten) zwischen Braunschweigern und Berlinern stattfand? und

2) daß fünf Minuten nach Spielbeginn auf der Hamburger Straße vor dem Stadion ca. 300 Berliner (unterstützt von Bremern und Wolfsburgern) und ca. 200 Braunschweigern (unterstützt von Hamburgern) kurz aber heftig aufeinander prallen konnten (die Berliner waren klarer Sieger)?

Der Braunschweiger Mob wurde beim Rausgehen aus dem Stadion (200 Leute, wie 'unauffällig'!) nicht von Polizei begleitet."

(Zitiert aus: „Nordkurve – von Fans für Fans". Zeitung des Fanprojekts Mönchengladbach e.V., Mai 89.)

Ganz abstrakt wird es, wenn Fußball-Gewalttäter ihre Großartigkeit nur noch darüber realisieren können, daß sie den Aufwand der Polizei taxieren, der ihretwegen betrieben wird: „Bei Bonn haben die Bullen unseren Bus gestoppt und hinter uns die ganze Autobahn abgesperrt. Dann haben sie uns direkt ins Polizeipräsidium gefahren und eingelocht. Nach dem Spiel (in Köln!) kamen wir wieder raus, und dann hieß es: 'Ihr seid hier in der Bundeshauptstadt, darum werdet ihr behandelt wie Staatsgäste: Ihr kriegt jetzt 'ne Eskorte bis nach Hause'. Und dann fuhr der Bus in Polizei-Begleitung bis nach Frankfurt. Wir durften nicht einmal – doch, am Schluß einmal – zum Pissen auf einen Parkplatz rausfahren; die waren alle von Polizeiwagen abgesperrt und unser Bus wurde immer durchgewunken."

„Daß die Bullen in Hamburg (beim EM-Halbfinale) Leute abgegriffen hätten, davon hab ich überhaupt nix mitgekriegt. Die sind eher gerannt, weil alles auf sie los ist. Da haben sie mal wieder Fersengeld gegeben. Und das ist das Geile an der ganzen Sache, verstehst du: Wenn du alleine bist, und dich halten zwei Bullen an, da können sie mit dir machen, was sie wollen. Und irgendwie rächt sich das dann wieder."

Kaiserslautern, Auswärtsspiel SGE

In manchen Bundesligastädten hat die Polizei traditionell den Ruf, besonders rau mit Fans, zumal den auswärtigen, umzuspringen. In München ist das so, in Mönchengladbach, und auch in Kaiserslautern. Lokalderby wäre zuviel gesagt, aber Spiele zwischen Kaiserslautern und Frankfurt haben für Kuttenfans wie für Hooligans ihren eigenen Reiz; wenn Frankfurter nach Kaiserslautern auswärts fahren, sind die Erwartungen immer hoch, daß es Krumpel geben wird – wenn nicht mit den Lauterer Fans, dann jedenfalls mit der dortigen Polizei.

Ende Oktober 88 war's wieder mal soweit. Die Zeitungen brachten es am folgenden Montag denkbar spektakulär: „60 x Notbremse / Eintrachtfans stoppten D-Zug / Reisende in Panik". Ich ließ mir später von verschiedenen Randalisten aus Frankfurt berichten, die dabei gewesen waren. „Stark übertrieben" war der allgemeine Tenor. Man habe sich im Stadion in die Trenngitter gehängt und gelärmt, daraufhin sei die Polizei in den Frankfurter Block gekommen und habe rumgeprügelt. Nach dem Spiel seien die Frankfurter Hooligans von der Polizei zum Bahnhof getrieben worden, wo es dann Schlägereien zwischen Fans und Polizisten gab („Es waren echt nur die Bullen, mit denen es da Randale gab"). Eine Verabredung mit den Lauterer Hooligans in der City sei deswegen nicht zustandegekommen:

„Die Lauterer hatten halt gemeint, wir sollten nach dem Spiel runterkommen zu Stalin seiner Kneipe. Der Stalin (Kaiserslauterer Hooligan) hat da mit seinem Bruder eine Kneipe. Da war ich auch selber schon drin, als in Kaiserslautern das Länderspiel gegen die Schweiz war. Daher kenne ich die. Der Bert und der Künzel waren auch mit dabei gewesen, und da haben wir uns mit den Kaiserslauterern unterhalten und einen gesoffen. Das war alles. Da sind wir auch nicht angetatscht worden. So, und jetzt wollten wir halt da runter in die Innenstadt, aber das ist nicht gelaufen, weil die Bullen alles massiv abgeriegelt haben."

Aus der ersten verabredeten Randale sei also nichts geworden. Vorsorglich habe man aber ein Ersatztreffen ausgemacht: Wenn der Zug der Frankfurter abfahren würde, dann wollten die Lauterer etwa einen halben Kilometer weiter Leuchtkugeln als Signal abschießen; daraufhin sollten die Frankfurter den Zug per Notbremse stoppen und rauskommen. Die Abfahrt sei aber durch die Ereignisse vorm und im Bahnhof verzögert worden. Bei der Abfahrt hätten die Lauterer Hools einen Molotow-Cocktail gegen den Zug geworfen, und die Frankfurter hätten den Zug gestoppt. Weil es aber noch unmittelbar im Bahnhofsbereich gewesen sei, wären auch sofort die Bullen wieder da gewesen, und letztlich hätte nix stattgefunden. Nichts zwischen den angesagten Gegnern, sonst aber mehr als genug:

„Nach dem Spiel sind wir in Richtung Bahnhof gelaufen. Schon beim Spiel ging es zwei, drei Mal ab: Die Bullen haben oberhart durchgegriffen, haben sofort draufgeknüppelt. Nach einer roten Karte (gegen einen Frankfurter Spieler) haben alle (Frankfurter Hooligans) am Zaun geklebt. Die Bullen, die hatten schon im Block gestanden; die sind da sofort gekommen, diesmal nicht mit CS-Gas, sondern mit Knüppeln. Die haben gleich draufgehauen.

Zwanzig Minuten später sind dann ungefähr 40, 50 Leute rüber in den Nachbarblock, weil da der (Frankfurter Fanpolizist) Wehrum war. Den wollten sie sich holen, ohne Scheiß! Als der Wehrum das mitgekriegt hat, ist er durch den Stadion-Innenraum auf die Tribüne geflüchtet und hat von da aus weiter beobachtet.

Nach dem Spiel sind wir mit ungefähr hundertdreißig Leuten zum Bahnhof. Also von einer Verabredung mit den Kaiserslauterern weiß ich nichts, hab ich nichts von mitgekriegt. Wir haben halt versucht, uns von den Bullen abzusetzen.

Wir sind viel gerannt, aber es waren immer Zivi-Bullen da und auch andere. Unsere Ausbruchsversuche wurden von der Polizei immer sofort gestoppt, die haben immer gleich mit dem Knüppel reingehauen.

Unten vorm Bahnhof haben wir uns dann gesammelt. Da gab es dann Provokationen gegen die Polizei, Beleidigungen, aber keine Ausschreitungen. Die Provokateure wurden von der Polizei gleich rausgegriffen und niedergeknüppelt. Richtig kraß wurden die weggeschleppt, an irgendeine Hauswand gestellt, und dann hat jeder von den Bullen reingetreten oder draufgeschlagen, vor unser aller Augen.

Einige von den Zusammengeschlagenen wurden festgenommen, aber wir haben gesagt: ‚Wir fahren nicht, bevor alle Leute wieder da sind!' Die Polizei hat uns dann aber, zwei Minuten, bevor der Zug fahren sollte, in den Bahnhof reingetrieben. Da ist dann alles panisch in den Bahnhof rein, und dort haben die ersten von uns gleich angefangen, auf die Bahnbullen draufzugehen; die hatten bis dahin mit alldem nichts zu tun gehabt. Die hatten nur die Eingänge vom Bahnhof gesichert und wurden da jetzt gleich niedergeschlagen.

Wir sind dann alle zum Gleis gerannt. In der Unterführung zu den Gleisen ging es dann auch gleich wieder ab: Die Polizei kam und hat draufgeknüppelt. Auf dem Bahnsteig wurden ein paar Leuchtkugeln auf die Polizei geschossen. Ich bin in den Zug rein und habe durchs Fenster beobachtet, was draußen weiter abging. Draußen waren etwa noch dreißig Leute, die hatten sich die ganze Zeit noch mit den Bullen rumgeschubst. Ab und zu wurde mal einer abgegriffen, dann sind alle von uns drauf und haben den zurückgeholt. Das war schon recht heftig.

60x Notbremse

Eintracht-Fans stoppen D-Zug

Reisende in Panik • Waggon verwüstet

Abendpost, Nachtausgabe Frankfurt, 31.10.88

In den Zug ist kein Bulle reingekommen. Da haben immer welche am Eingang gestanden und haben reingetreten, wenn ein Bulle in den Wagen reinwollte. Da haben die Bullen CS-Gas in den Zug gesprüht, obwohl da noch normale Reisende drin waren. Die sind dann natürlich total abgedreht und irgendwann abgehauen.

Dann kamen immer wieder Leute von uns mit solchen Platzwunden am Kopf rein. Die waren abgeführt worden, die Hände mit Handschellen auf dem Rücken fest, und die Treppe zur Unterführung runter. Und immer, wenn die Bullen gedacht haben, sie wären außer Sichtweite, dann haben sie die Leute die Treppe runtergetreten. Das habe ich selbst gesehen: Immer ein Stück die Treppe runter und – tschok!

Dann wurde halt dauernd die Notbremse gezogen. Aber irgendwann durften wir doch losfahren. Dann sind wir 300 Meter oder so gefahren, da standen die Lauterer, haben mit Leuchtkugeln geschossen und mit Steinen geworfen. Irgend jemand hat natürlich die Notbremse gezogen, und wir wollten raus aus dem Zug.

Aber von einer Verabredung weiß ich überhaupt nichts. Wir waren total verwundert, als wir die Lauterer gesehen haben. Wir waren schon gewillt gewesen, was zu machen. Deswegen waren wir auch so enttäuscht, daß wir gar keinen Feindkontakt gehabt hatten in der ganzen Zeit, nur mit den Bullen. Deswegen hat das auch so eskaliert am Bahnhof."

Karlsruhe, April 89

„Wir waren ungefähr 60 Mann, und um uns rum jede Menge Bullen. Schon in Frankfurt am Bahnhof war die Soko (Sonderkommission), und im Karlsruher Bahnhof waren bestimmt hundert Bullen mit SEK-Sondereinheit und vielen Zivis. Wir sind zusammengepfercht worden und sollten ins Stadion laufen. Wir hatten schon gehört, daß die Nürnberger, die vorher dort gespielt hatten, in Busse reingedrängt und dann ins Stadion hingefahren worden waren. Und wir sollten halt laufen. Das ist ungefähr eine dreiviertel Stunde Weg. Na gut.

Auf dem Weg waren wir von Polizei umzingelt. Hinter uns sind welche gelaufen und vor uns, neben uns Berittene. Das war schon mal der Hammer. Und dazu mehrere Wagen mit Videokameras. Die haben uns permanent aus den Wagen heraus gefilmt, mit drei, vier Kameras. Da haben schon viele Halstücher vors Gesicht gezogen oder versucht, sich wegzudrehen.

Am Anfang war da noch nichts, aber später hat die Polizei über Lautsprecher angegeben: „Hört auf, euch zu vermummen!" Ein paar von uns haben da protestiert: „Wie fahrt ihr denn ab?", „Hört auf zu filmen", so in der Art. Okay, sie haben mich sowieso schon auf Film, insofern ist es egal. Aber, was sollte das? Es war ja gar kein Krawall. Es waren keine Karlsruher (Hooligans) da und gar nichts. Wir sind nur da gelaufen. Na gut, ein bißchen geschrien: „Adlerfront!", und was so üblich ist auf dem Weg ins Stadion. Wir haben die eben provoziert.

Dann wollten sie den Oelmann rausgreifen, wegen Vermummung. Ein paar Zivis sind in unseren Mob reingekommen und haben ihn gegriffen, aber wir haben ihn wieder freigeboxt, die Zivis getreten und „Haut ab!" gebrüllt. Die haben dann zunächst mal auch nichts mehr gemacht. Später haben sie mich übel rausgegriffen. Am Anfang hatte ich mich auch richtig vermummt. Später, als von den Bullen kam, wir dürften uns nicht vermummen, habe ich mir grade mal das T-Shirt vor die Nase hochgezogen. Da hat mich ein Bulle rausgegriffen: „Oh, vermummt!" Gleich mehrere sind gekommen und haben voll brutal in mich reingeprügelt. Wie die Wilden! Ich hab gesagt: „Hier, ist gut. Ihr habt mich." Aber die sind gleich mit drei Mann auf mich, haben mir die Arme verbogen und mich an den Haaren gerissen, haben mir die Beine auseinander geschlagen und mich ans Auto gestoßen und durchsucht. Und danach gings gleich in den Knastwagen und in die Kiste.

Daraufhin haben von uns welche gerufen „Sitzstreik!", und einige haben sich auf den Fußweg gesetzt. Auf die haben die Bullen gleich eingeschrien, getreten und geprügelt. Erst war ich allein im

Knastwagen gewesen, aber da kamen gleich noch mehrere dazu. Zu sechst sind wir ins Polizeirevier gefahren und nochmal durchsucht worden. Die Schuhe mußten wir ausziehen, sogar den Ohrring mußte ich abgeben. Wir saßen also in der Kiste bis zum Nachmittag. Dann haben sie noch Didi gebracht und den „Verwesten", Steffi kam auch noch. Die Steffi, hieß es, hätte einem Bullen ein Bier über den Kopf gegossen. Die ist auch zusammengeknüppelt worden. Nach dem Spiel, sechs, halb sieben, sind wir dann freigekommen: Wieder in einen Bullenwagen rein und zum Bahnhof gefahren. Bis der Zug kam, mußten wir im Wagen hocken. Dann sind wir rausgeholt und durch den Bahnhof geleitet worden und in den Zug rein. Im Zug war auch noch ein Haufen Bullen, die bis nach Frankfurt mitgefahren sind.

Da ist nichts mehr passiert. Auch während und nach dem Spiel ist wohl nicht viel passiert. Ein bißchen halt: ein paar Karlsruher wären gekommen, hieß es. Nur ein paar kleine fights, große Krawalle sind wohl ausgeblieben."

Das Modell des Fan-Polizisten

Ende der 70er Jahre fehlte der Polizei allerorten der Kontakt zum Volk. Mit der Terroristen-Hatz jener Jahre war ihr das Image eines Freundes und Helfers abhanden gekommen, zu sehr hatte sie sich jahrelang nur als Verkörperung der Staatsmacht präsentiert. Das Kontaktbeamten-Modell wurde ersonnen.

Auch im Fußballbereich wurde dieses Modell erprobt. 1982 machten sich zwei Fan-Kontaktbeamte per Flugblatt in der Szene bekannt. Sie gingen mit den Fans in die Kneipen, kamen zu ihren Club-Versammlungen, fuhren mit ihnen zu Auswärtsspielen. „Wir sind keine Spitzel", hatten sie sich vorgestellt, „und tun nichts heimlich. Wer jedoch strafbare Handlungen begeht, kann von uns keine Nachsicht erwarten."

Man kann also nicht behaupten, sie hätten die Fans getäuscht. Es ist ihnen nur begrenzt vorzuwerfen, daß viele der immer mißtrauischen Fans sich so sehr einen Kumpel vom Typ „großer Bruder“ wünschten, daß sie später enttäuscht waren, es eben doch mit Polizisten zu tun zu haben. Andere versuchten, zu taktieren, ihre deals mit den Kontaktbeamten zu machen: Mach, daß mein Stadionverbot aufgehoben wird; daß wir von der Polizei in Mönchengladbach oder München nicht schikaniert werden; und so weiter.

Der Preis war bekannt: Informationen. Die Beamten, besonders der Frankfurter Fan-Polizist W. Wehrum, um den es hier gehen soll, verschleierten auch nie ihre Absicht, die Spreu vom Weizen, die Gewalttäter von den im Grunde braven Fans abzutrennen. Deswegen blieb die Rabaukenszene auch weitgehend resistent, für sie war „der Wolfgang“ nie ein Kumpel. Aber auch die anderen Frankfurter Fans wandten sich etwa ’86 von den Kontaktbeamten ab. Nachdem die sich einen gehörigen Fundus an Informationen über die Fanszene beschafft hatten, machten sie sich selten: Keine

männlich und weiblich gemischte Kampfeinheit der Polizei. Pokalfinale ’88 in Berlin

Sauftouren, keine Auswärtsfahrten mehr. Auch in den G-Block, zu „seinen" Kuttenfans, kam Wehrum nur noch zu Pressefoto- oder Fernsehaufnahmen.

Andere Kollegen wechselten, W. Wehrum blieb. Er blieb nicht so sehr bei „seinen" Frankfurter Jungs, aber in der Branche. Je seltener man den Fanpolizisten Wehrum (von „Kontaktbeamten" redet schon längst keiner mehr) im Frankfurter Stadion traf, um so öfter sah man ihn auswärts: Bei den Offenbacher Kickers oder den Darmstädter „Lilien", aber auch weit entfernt, endlich gar bei Länderspielen. Und dort stand er nicht in der Gesellschaft von Fans, sondern seiner Kollegen, denen er ausdeutete, auf wen sie besonders zu achten hätten. Ob die Polizei, wie die Frankfurter Fans immer wieder argwöhnten, eine „Fandatei" angelegt hat, ist kaum zu beweisen. Offiziell wird es abgestritten, vielleicht zu recht. Auf jeden Fall existiert diese Datei in Wolfgang Wehrums Kopf. Und nicht mehr nur in seinem! Je mehr sich die Frankfurter Kutten von „ihren" Beamten vernachlässigt fühlten („Der kommt nie mehr in den Block oder auswärts; wo ist der denn immer?"), desto häufiger trafen sie auch in auswärtigen Stadien auf Fan-Polizisten: Zivilpolizisten, die sich in der Szene auskannten, sowohl in ihren allgemeinen Eigenheiten wie sie auch einzelne Personen identifizierten. „In Karlsruhe lappt mich der eine Bulle an und meint: 'Bartes, du hältst dich zurück, sonst gehst du bis Spielschluß in die Kiste.' Woher kennt der meinen Namen? Ich hab nie was mit dem zu tun gehabt!"

Nun, es bestehen naheliegende Theorien, die solche verblüffenden Erlebnisse erklären. Vor allem in der Rabaukenszene ist W. Wehrum bundesweit der Buhmann. In Sprechchören wird er geschmäht, lange hing in der Frankfurter Fankurve (auch auswärts) ein Transparent „W.W. – Wunderwarzenschwein", verziert mit der gleichnamigen Comic-Figur. Dennoch hält sich gelegentlich, wenn auch nur in der Ferne, immer noch das Gerücht, daß der Fanpolizist gewissermaßen zwischen den Frankfurter Fans spazieren ginge. Es ist ein Gerücht. Auch sie erleben ihn nur noch wie auf dem Foto (im Berliner Olympiastadion beim Pokalfinale 88): In der Mitte von Kollegen, der Rabaukenszene frontal gegenüber.

Sozialarbeit in der Fanszene

Ende der siebziger Jahre beschäftigt sich die Göttinger Stadtverwaltung intensiv damit, die Penner aus der Fußgängerzone, der Konsumzone also, zu vertreiben. Dazu sollten Verwaltungsvorschriften und Polizeigewalt helfen. Außerdem wurden in dieser Zeit Sozialarbeiter auf die Alk-Szene angesetzt. So stellten sich mir die Zusammenhänge dar, als ich zum ersten Mal von „Straßensozialarbeit" hörte.

Daß die Sache undurchsichtig und seltsam ist, dafür steht auch die fremdsprachige Bezeichnung „streetwork". Heute ist das als „aufsuchende Sozialarbeit" eingedeutscht, klingt aber immer noch nach aufspüren und nach Heimsuchung. Mißtrauen ist bei fast allen verbreitet, die nicht selber in diesem Arbeitsbereich stecken oder, z.B. als Klienten, gute Erfahrungen mit dieser Art Sozialarbeit gemacht haben.

Aufsuchende Sozialarbeit, also: daß man zu den betreffenden Leuten hingeht und nicht auf dem Amt sitzt und darauf wartet, daß sie kommen, gibt es auch im Bereich der Fußball-Fanszene. Die ersten Versuche gab es wohl in München vor etwa 15 Jahren. Vor ungefähr zehn Jahren entstand in Bremen aus einer studentischen Forschungsgruppe das erste Fanprojekt als Verein. Seither gibt es in einem guten Dutzend deutscher Städte Einrichtungen, die sozialpädagogisch mit Fans arbeiten, sei es schwerpunktmäßig mit den Kutten, sei es mit Hooligans. Sie sind fast alle in der Bundesarbeitsgemeinschaft Fanprojekte zusammengeschlossen.

Auch ich selbst kam zu meinen Erfahrungen und Überlegungen, die ich hier ausbreite, durch Arbeit als Sozialpädagoge im Fanprojekt der Hessischen Sportjugend. Seit 1986 kenne ich den Fanclub Presswerk aus Rüsselsheim, verschrien als rechtsradikal und gewalttätig. Der Einstieg in die Arbeit war oft bitter. Es war zum Teil eine harte Schule, in der ich aber auch einiges gelernt habe.

Mein erster Arbeitstag mit den Rüsselsheimer Fußballrabauken war der Anfang einer Woche Bildungsurlaub mit Presswerk: In einem Tagungshaus im Walde, fünf Tage auf engstem Raum zusammen mit meinem Kollegen, zwei weiteren Helfern und einem

Schwarm finsterer Rabauken, die mal sehen wollten, was der angekündigte „Neue" wohl taugen würde. Über mich, so empfand ich es, stürzte eine Flut von Lärm, Sauferei, Aggressivität und Schmutz. Das faßbare Produkt dieser Woche war, später in Form einer Broschüre, eine Selbstdarstellung des Fanclubs.

Der Neue taugte also nicht viel. Trank und rauchte nicht, und auch sonst schien er nicht zu passen. Alte Gesprächsprotokolle zeigten, daß sich Presswerker ein Jahr zuvor schon ziemlich genaue Vorstellungen über den „Sozi" gemacht hatten, der einmal zu ihnen kommen sollte:

„Ja, vielleicht einen Betreuer. Aber net fest. So, daß er ab und zu mal vorbeikommt und mit uns babbelt. Aber net jeden Tag." „Ich würde nicht unterschätzen, daß so ein Sozialarbeiter auch einiges zu arbeiten hätte (in einem Presswerk-eigenen Haus oder Raum). Zum Beispiel Getränke besorgen, Ankündigungen malen und so was." „Er wär ein Vertreter gegenüber der Stadt, der unsere Interessen vielleicht eher durchsetzen könnte als wir selbst." „Da brauchst du auch einen, der da durchblickt. Da kannst du nicht irgendeinen holen. Find erstmal so einen. Das ist nicht so einfach." „Die Frage ist ja auch, wenn da so ein junger Hänsel kommt von 18 Jahren, der uns was erzählen will, ob die Leute von uns, die 25 Jahre alt sind, ob die sich von dem noch was erzählen lassen."

Der Hänsel war zwar deutlich älter, aber es war trotzdem nicht so einfach. Nach der ersten gemeinsamen Woche war ich nicht nur entnervt und auch entmutigt, sondern es hatte sich auch ein Schema der gegenseitigen Wahrnehmung etabliert. Grob gesagt: Sie mochten mich nicht, ich mochte sie nicht.

Etwas verzagt fuhr ich in den nächsten Wochen und Monaten ins Alexandros, die Kneipe, in der Presswerk fast jeden Freitag mehr oder weniger vollzählig war. Ein düsteres Lokal mit verrammelten Fenstern, spärlicher Einrichtung und Beleuchtung, lauter Musik, Billard-Tischen und Spielautomaten – eine wunderbare Kulisse für „Schwarze-Serie-Filme". Und darin Presswerker mit Freunden und Bekannten – und ich. Vermutlich habe ich dort genauso fehl am Platz gewirkt, wie ich mich gefühlt habe.

im Frankf. Bahnhofsviertel,
'89 vor dem Spiel Kickers Offenb.-Schalke 04

Immer wieder wurde an mich die Frage gerichtet: „Wie sieht's aus mit einem Raum für uns von Stadt?" Ich hatte, ehrlich gesagt, die Bedeutung der Raumfrage für den Fanclub nicht richtig begriffen. Es kam mir mehr vor, als sollte ich persönlich mit diesem (ziemlich aussichtslosen) Verlangen gezwiebelt werden. Von der Stadt kam nur das wenig geeignete Angebot von zwei Räumen im alten DGB-Haus, in unmittelbarer Nachbarschaft mit dem Frauenzentrum, das selber diese Räume beanspruchte. Ich befürchtete, daß das eine ungesunde Nachbarschaft werden würde, und lehnte ab. Es war aber das erste und letzte Angebot der Stadt.

Es wurde also nichts daraus, und ich war im Grunde erleichtert. In meinem Kopf herrschte die Vorstellung, in einem kombinierten Projektbüro und Presswerker-Heim als der Sozialknecht erst zum Bierholen kommandiert, später zum Feudeln zurückgelassen und zwischendrin verhöhnt zu werden. Diese Vorstellung machte mich sehr unglücklich.

Alles andere aber schien nicht zu zählen. Meine Vorstellungen etwa zur Nachbereitung des Bildungsurlaubs, zu Herstellung der oben erwähnten Dokumentation: Ein gemeinsames Wochenende in einer Jugendbildungsstätte, Diskussion der vorliegenden Textfassungen, Montage der Druckseiten, in den Pausen Spaziergänge im Wald oder ähnliches, das war wohl nicht auf die Bedürfnisse der Gruppe abgestimmt. Ich konnte mit meinen Ideen jedenfalls nicht landen. Der beiderseitige Frust wuchs, der Graben vertiefte sich.

Aus dunklen Wolken wurde ein Gewitter, die fällige Krise kam. „Die Fans sind unzufrieden. Sie machen Front gegen das Fanprojekt", berichtet mein Kollege. Ein Presswerker hatte ein Unmutspapier verfaßt, ein gegen das Fanprojekt gerichtetes Flugblatt an den Rest der Gruppe gerichtet. „Das ganze Projekt droht zu kippen. Andy will zur Stadt und verlangen, daß man uns die Mittel streicht. Und ich finde, sie haben in gewisser Weise Recht. Sie haben einen berechtigten Anspruch darauf, daß wir uns um sie kümmern." Soweit mein Kollege. Ich aber war entnervt und resigniert und meinte nur: „Die können mich mal!"

Etwas nüchterner gesagt, war ich an dem Punkt angekommen: „Wenn kein Draht da ist zu den Jugendlichen, dann mußt du den

Job halt aufgeben." Es war Trotz, was mich davon abhielt, aber auch Angst vor erneuter Arbeitslosigkeit. Irgendwie mußte ich weiter und wußte nicht wie.

Ich raffte mich noch einmal auf und fuhr zu dem Hallenfußball-Turnier, an dem auch der Fanclub Presswerk mit einer Mannschaft teilnahm. Das gehässige „Na, auch mal wieder da?", mit dem ich begrüßt wurde, war noch mit das erhebendste, was ich in diesen Stunden zu erleben hatte. Nach dem Spiel am Bierstand schob mir einer seinen Rücken vors Gesicht: Dieser Kreis war für mich geschlossen. Für mich war das ein Spießrutenlaufen, aber das war wohl der Preis dafür, daß es irgendwie weitergehen konnte, beziehungsweise richtig anfangen.

Wirklich kam es wenige Tage später zu einer gemeinsamen Sitzung in ihrer Kneipe, dem Alexandros. Welche Kritik haben die Fans am Projekt, was sind ihre Erwartungen? Was können beide Seiten zusammen machen und was nicht? Das waren die Fragen, die beredet wurden. Das Verlangen des Fanclubs war zunächst (vom eigenen Raum mal abgesehen), nicht immer nur an Fußballturnieren teilzunehmen, sondern ein eigenes Presswerk-Turnier zu veranstalten: mit Fußball-Rabauken aus ganz Deutschland, eine Riesenfete. Was wir dann schließlich gemeinsam verwirklicht haben, fiel zwar ein wenig bescheidener aus, aber der Bann war gebrochen.

Am Anfang meiner Arbeit mit Presswerk hat mich manchmal eine halbe Stunde Zusammensein mit diesen Fans die Energie eines vollen Arbeitstages gekostet, soweit das überhaupt eine faßbare Größe ist. Wie kommt sowas?

In der Gruppe ist, wie wahrscheinlich in allen ähnlichen Gruppen, ein hohes Maß an 'negativer Energie'. Das kann man nicht sehen, messen, nachweisen oder sowas, aber du kannst es fühlen: die berühmten 'vibrations' eben. Die sind 'wissenschaftlich' vielleicht nicht faßbar, analysierbar und nachweisbar. Aber: Sie sind da!

Einerseits verlangt der Job in hohem Maß den Einsatz der eigenen Person. Er besteht ja darin, mit Leuten umzugehen. Andererseits verlangt er auch Unterscheidung: Dies bin ich – das sind sie. Als einfach „ein Kumpel mehr in der Gruppe" macht soziale Arbeit keinen Sinn, für niemand.

Und es ist auch über die Arbeitsfunktion hinaus Bedürfnis: sich nicht vereinnahmen lassen, die eigenen Konturen wahren, die eigene Identität, die eigene Persönlichkeit. 'Identität' ist ein Energiefresser. Und ich kann von Glück sagen, daß ich mir den hohen Anspruch von 'politischer Identität', den ich früher gehabt hatte, schon wesentlich abgeschminkt hatte, bevor ich mit dieser Arbeit anfing. Der Rest, den ich zu bewältigen hatte, zum Beispiel der Rest an Berührungsängsten mit den 'Schlägern' oder den 'Neonazis', der war noch groß genug. Diese 'Berührungsangst' ist weniger die Angst, die Faust spüren zu kriegen, sondern mehr: in der Annäherung an jene die klare eigene persönliche und politische Identität zu riskieren.

Gruppen sind Identitätsbildner, und als Identitätsbildner sind sie Energiefresser. Sie liefern zwar ihren Mitgliedern eine nicht zu unterschätzende persönliche Stabilität, zumal in einer Lebenssituation, in der sie ein großes Bedürfnis danach haben. Aber das hat seinen Preis, geht auf Kosten von Individualität, Unmittelbarkeit und Spontaneität.

Für die Gruppenmitglieder selbst ist diese Einengung nicht unbedingt als Problem wahrnehmbar. Im Gegenteil ist es gerade diese gewisse Unbeweglichkeit der einmal anerkannten Normen, die das Gefühl von Geborgenheit und Sicherheit garantiert.

„Parteinahme für die Interessen der Jugendlichen"

Solange bei potentiellen Trägern und Geldgebern für sozialpädagogisch orientierte Fanarbeit die Werbetrommel gerührt werden muß, bekommt das Wort 'Fanprobleme' automatisch ein Übergewicht in der Bedeutung 'Probleme der Gesellschaft mit den Fans', und nicht auf 'Probleme der Fans mit der (Rest-)Gesellschaft'. Das verführt uns, die wir für die Einrichtung von Fanprojekten plädieren, manchmal zum Taktieren: daß wir entweder die Gewalt-Frage aus dem Blickfeld schieben wollen oder versprechen, Sozialarbeit könne das 'wegmachen'. Das kann sie nicht, das kann sie genausowenig wie die Polizei oder irgend jemand sonst.

Bei der Gelegenheit eine Bemerkung zu den vielzitierten Selbstregulierungsmechanismen in der Fanszene: Oft wird darüber so geredet, als handele es sich dabei um eine Art Ordnerdienst aus den Reihen der Fanclubs. Sicher gibt es so etwas auch. Aber das meint der Begriff nicht. Diese Selbstregulierung bedeutet einfach, daß die Auseinandersetzungen von Fußballrandalisten (und andere Formen ritueller Gewalttätigkeit) eine innere Ordnung haben. Durch sie werden Formen, Maß und Folgen der Gewalt in gewissen Grenzen gehalten.

Die Gewalt der Fans aus Frust irgendwelcher Art, sozialer Notlage oder aus Alkohol-Mißbrauch direkt abzuleiten, ist ein Kurzschluß. Solche Sachen können verschärfend hinzukommen. Auch die Eskalation durch die Maßnahmen der Polizei verschärft die Situation oft. Ein Münchner Kollege sagte auf einem Sozialarbeitertreffen: „Wenn sich die Rocker untereinander schlägern, sogar wenn sie dabei stechen oder schießen, geht es normalerweise weniger schlimm ab, als wenn obendrein noch die Polizei eingreifen würde." Ich kann das aus dem Bereich der Fußball-Randalisten bestätigen. Sozialpädagogik dagegen kann Vorschläge machen zur De-Eskalation, zur Entschärfung.

Sucht und Ausstieg

Es scheint so zu sein, daß die Lust an der (Fußball-) Randale ein Abschnitt im Leben junger Männer ist. Sie kann offenbar auch süchtig machen. Dafür sprechen Beobachtungen unter Fußballgewalttätern, dafür spricht das eigene Erleben, wenn man die Position des distanzierten Beobachters verläßt und die Randale miterlebt. Dafür sprechen direkt die Aussagen von Randalisten in Gesprächen:

Frage: „Du bist jetzt fast dreißig – ist für dich absehbar, daß du mal mit der Randale aufhörst?"

Uli: „1990, Weltmeisterschaft. Das wird mein letzter Auftritt. Dann hab ich mein Rentenalter erreicht. Ich bin doch jetzt schon einer von den Oldies, oder? Irgendwann ist Schluß, und 1990 ist

Schluß. Hab ich vor, jedenfalls. Weißt du, wenn du 15 Jahre dabei bist, so wie ich jetzt, dann ist das halt drin. Da kannst du drei Jahre davon weg sein, und du kommst durch Zufall in so 'ne Situation, daß es auf einmal wieder 'Klick!' macht, und du bist auf einmal wieder mitten drin. Das bleibt nicht aus. Es gibt bestimmt noch Leute, die sind 40, die ab und zu ausrasten, weil sie das von früher noch kennen."

Wenn es sich wirklich, ähnlich wie bei der Drogensucht, um eine bestimmte Fase des je eigenen Lebens handelt, dann darf man erwarten, daß die Betroffenen selber irgendwann 'aussteigen' wollen, ohne daß sie jemand dazu drängt und nötigt. Auch diese Annahme läßt sich belegen durch das, was ältere Hooligans in Gesprächen erzählt haben.

„Ich überleg mir das ja auch: Für Fußball gehe ich nicht in den Knast, das ist mir die Sache nicht wert, da seh ich keinen Sinn drin. Früher wäre ich mit aller Gewalt zu so einem Spiel (Länderspiel in Rotterdam) gefahren. Ich wäre auch stundenlang in der Stadt rumgerannt, um Gegner zu suchen. Ich hätte sonstwas für Eskapaden gemacht, nur damit es Krawalle gibt. Aber heute denk ich nicht mehr so. Heute denk ich mir: Gut, wenn es knallt, dann knallt's. Aber daß ich da noch stundenlang in der Stadt rumirre, nein. Früher haben wir das gemacht: Stundenlang die Gegner gesucht oder die uns. Das mache ich heute nicht mehr. Wenn es nicht ist, dann ist's eben nicht. Fertig, Ende.

Entweder bist du dabei, oder du bist nicht dabei. Am Anfang war es mehr die Spannung beim Rennen: 'draufgehn', 'Riesenmob' und so. Aber heut? Entweder es knallt, oder es knallt eben nicht. Klar macht es noch Spaß. Das hört nicht einfach so auf. Es läßt halt nach. Früher war ich ganz euforisch dabei, ganz aufgeregt.

Früher hätte ich's ums Verrecken noch probiert, bis in die Nacht gekuckt, was abgeht. Hätte versucht, die Leute zu animieren: Los, wir gehn noch mal da oder da hin und suchen die (Gegner) noch. Heut würde ich sagen: Gut, es ist halt nichts. Vielleicht das nächste Mal. Wenn's knallt, knallt's, wenn nicht, dann nicht.

Also, wegrennen tu ich nicht! Wenn Leute da sind, die drauf gehen, geh ich mit drauf. Aber daß ich heute nur noch wegen der

Randale zu einem Fußballspiel fahre, das hat sich ziemlich gelegt. Es klingt vielleicht doof, aber: mit der Zeit, wenn man älter wird, wird man ruhiger. Automatisch. Ich hab früher immer gemeint, das wär Gelaber von den Alten: 'Wenn du erstmal älter wirst, dann wirst du auch ruhiger.' Da hab ich gedacht: 'Ja, schwätzt ihr nur'. Aber es ist einfach so.

Auch in anderer Beziehung, nicht nur beim Fußball. Sprüh-Aktionen zum Beispiel. Früher haben wir die Wände vollgesprüht mit Nazi-Parolen. Oder geklaut, Ladendiebstähle. All so'n Dreck, alles mal ausprobiert. Heute ist mir das Risiko zu groß. Wenn du erwischt wirst...

Klar, wenn du nicht dabei warst und die Bilder im Fernsehn siehst: das Gefühl kennst du ja, wenn du ein Riesenmob bist und kannst echt alles niedermachen! Da knallt's, und du bist nicht dabei. Sitzt vorm Fernsehen und kuckst dir die Scheiße an. Da hab ich mich schon ein bißchen geärgert, logo."

Ausstieg ist für den einzelnen eine schwierige Sache: Einmal hat er über Jahre sein Selbstverständnis, seine Identität über die Fußballrandale bestimmt. Doch kommt dieser Punkt früher oder später für jeden. Man findet es dann einfach nicht mehr so toll, was einen früher so total erfüllt hatte: die Strapazen der Auswärtsfahrten, der exzessive Alkohol- und Drogenkonsum, die Identifikation mit dem Club, und so weiter und so fort. Zum Problem wird das, weil dieser Zeitpunkt ein individuelles Ereignis ist und kein kollektives. Der Erlebniszusammenhang „Fanclub" besteht „an sich" ungebrochen weiter, aber „für mich", für die konkrete einzelne Person, ist er gebrochen. Diese neue Erfahrung, diesen Bruch zu verarbeiten, ist sehr schwierig. Hier zu helfen, wenn Hilfe gewünscht wird, ist eine Aufgabe für Sozialarbeit.

Soziale und kulturelle Intervention durch Fanprojekte kann helfen, die Wege offen zu halten. Ähnlich der modernen 'suchtbegleitenden Sozialarbeit' ohne Abstinenzgebot im Drogen-Bereich müßte für Hooligans eine Art gewaltbegleitende Sozialarbeit entwickelt werden. Dazu gehört: nicht versuchen, die Leute umzukrempeln. Persönlich hatte ich meine größten Erfolgserlebnisse in der Arbeit, wenn ich nicht versucht habe, aktiv einzugreifen, sondern wenn ich beobachtet habe – sie und mich. „Da sein“ ist schon Intervention.

„Ihr wollt uns verändern, wollt uns brav machen. Aber das wird euch nicht gelingen.“ Mit dieser Haltung empfing Presswerk das Fanprojekt. „Nein, das will ich nicht; ich weiß auch, daß ich das nicht kann“, hielt ich dagegen. Aber das stimmte natürlich nur halb, vor allem nämlich die zweite Hälfte. Was soll man auch von einem halten, der nichts will? Nicht umsonst ist vielen Fans beim Umgang mit meinen Kollegen und mir unbehaglich (gewesen): „Bei den Bullen weiß man wenigstens, woran man ist. Bei euch weiß man gar nichts“, das wurde uns in aller Deutlichkeit vorgehalten.

Aber „nichts wollen“, das kann heißen: nicht mit der eigenen Vorstellung vom richtigen Leben hausieren zu gehen, nicht die Ideologie der anderen mit der eigenen verdrängen wollen, nicht umerziehen wollen, aber trotzdem „da sein“. Das kann verändern. Muß vielleicht nicht, kann aber verändern. Vielleicht, weil es eben wirklich anders ist. Denn gerade die, die am massivsten ändern wollen, erreichen oft wenig oder sogar das Gegenteil.

Nehmen wir zum Beispiel die Parole „Nazis raus!“, kennt ja jeder. Erstens wird der Titel Nazis oft erschreckend unterschiedslos angewandt. Zweitens erhebt sich die Frage: wenn „raus“, wohin denn mit ihnen? „Ausländer raus“ mag ja schon eine dumme Parole sein, aber diese, selbst wenn sie moralischer wäre, ist noch dümmer. Drittens kommt es, dem Charakter der Parole nach, ihren Vertretern nicht darauf an, etwas zum Besseren zu verändern. Sie wollen der anderen Gruppe ihren Willen aufzwingen, wollen Macht über sie ausüben. Sie wollen also genau das gleiche wie die scheinbar ganz anderen. Durch ihr Eingreifen (und auch Parolen sprayen ist Eingreifen) ändern sie im Grunde nichts, verschieben höchstens Grenzen in dem Machtgefüge, das sie insgesamt bestärken.

Fußball-Krieg

Nach Englands 1:3-Niederlage gegen Holland

Jetzt zittert Frankfurt!

Abendpost, Nachtausgabe, Frankfurt 16.6.88

Das Gewaltproblem lösen?

Umfragen haben ergeben, daß das Fußballstadion allgemein in der Bevölkerung als ein „eher unsicherer Ort" eingeschätzt wird, auch von Leuten, die sowieso nie ins Stadion gehen. Aber auch alte Stadiongänger bleiben weg, weil sie sich zunehmend unsicher fühlen. Doch auch die sind nicht unbedingt von Krawallen abgeschreckt, die sich in ihrer Nähe, im Bereich ihrer unmittelbaren Wahrnehmung abgespielt hätten, geschweige daß sie persönlich angegriffen, bedroht oder ernsthaft gefährdet gewesen wären.

Für viele normale Spielbesucher, die „Neckermänner" im Jargon der „Guten", ist die martialische Ausstattung der Bundesliga-Spielplätze beängstigend. Die Polizeidichte ist enorm, angefangen von den Verkehrspolizisten, die zu Fuß, per Motorrad oder Pferd oder Hubschrauber die Ströme der Autos und der Fußgänger zu regeln versuchen; das geht weiter über die uniformierten kommerziellen Ordnungsdienste an den Eingängen, Kolonnen von Mannschaftswagen, bis zur Einsatzpolizei in Kampfanzügen, die die Eingänge zu den Blocks bewachen oder die Durchgänge zu anderen Stadionbereichen absperren. Wer zu einem Bundesligaspiel geht, bekommt nur allzuoft das Gefühl vermittelt, er betrete militärisches Sperrgebiet.

Den Fans, Kutten wie Hooligans, schlägt daß vielleicht nicht einmal so aufs Gemüt wie den Normalzuschauern, obwohl sie außerdem noch die Zivilpolizei und die Videokameras bemerken, die den anderen entgehen, und obwohl ihnen klar ist, daß sie mit diesem Aufwand gemeint sind. Aber sie kommen selber kämpferisch gestimmt, wenn auch nicht unbedingt mit ernsthaften kämpferischen Absichten, so daß die Hochrüstung der Ordnungskräfte für ihr Gefühl eher „paßt". Sie wird als lästig, ungerecht und schikanös empfunden, sie ruiniert die Atmosfäre, aber ist nicht völlig unpassend.

Für den Normalzuschauer dagegen macht all das keinen Sinn. Er kann nicht wenigstens ersatzweise für sich Honig daraus saugen, daß man hier einen Hochsicherheitstrakt beabsichtigt, weil er so ein gefährlicher Bursche wäre: Das hat nichts mit ihm zu tun. Er kann sich nur zusammenreimen, daß diese Maßnahmen nötig sind, weil jene Fans da hinten wohl ganz üble Burschen sind. Und vor seinem geistigen Auge steigen die Schreckensbilder auf, die immer wieder von den Medien vermittelt werden.

Die Medien, Zeitungen wie Fernsehen, berichten aber nur von den Exzessen. Selten, aber gelegentlich, fühlen sich Journalisten bemüßigt, die Fanszene etwas tiefer zu recherchieren und dann auch die „guten Seiten" der Fans darzustellen, also ihren Stammtisch-Charakter und die Vereinsmeierei von Fanclubs. Normalerweise interessieren aber die anderen Extreme: Gewalt, Sachschäden für hunderttausende Mark, Verletzte und Tote. Das interessiert das Publikum. Das ist es, zugegeben, was auch die beteiligten Fußballrabauken selber am liebsten lesen. Auch wenn sie sich dann über Verfälschungen und Übertreibungen aufregen – das Blatt wird gekauft!

Die Nachrichtenhändler leben alle vom Negativen. Von den Zeitungen eine „korrekte“ Berichterstattung zu verlangen, nicht nur die Randale zu erwähnen, sondern die Fans zu schildern, „wie sie wirklich sind“, ist dummes Zeug. Das geht an der Wirklichkeit des Journalismus vorbei. Ebenso, allerdings, geht das durch die Nachrichtenmedien vermittelte Bild an der Wirklichkeit vorbei. Dabei liegt die „Schuld“, wenn es denn sinnvoll ist, in solchen Begriffen zu reden, nicht einfach bei der Bosheit oder Dummheit der Journalisten. Sie präsentieren schließlich das, was das Publikum will. Beide unterscheiden sich wenig, und dem Journalismus eine volkserzieherische Aufgabe anhängen zu wollen, wäre eine altjüngferliche Aufklärer-Moral.

Die Katastrofe von Sheffield, wo Zuschauermassen ins ohnehin überfüllte Stadion nachdrängten und die vorne stehenden erdrückten, ist im Bewußtsein vieler Leute ganz rasch unter „Fanausschreitungen“ abgespeichert worden – „Ja, ich weiß auch, daß das nichts damit zu tun hat. Aber die Leut' denken so!“ So denken viele wirklich. Zwar haben die Berichte in Zeitungen, Illustrierten und Fernsehen zu diesem Mißverständnis beigetragen. Aber diese Projektion auf „die Fans“, die schon wieder ein Blutbad angerichtet hätten, ist im Bewußtsein des Publikums bereits vorprogrammiert.

Die Angst der Bürger vor Gewalt beim Fußball steht nicht im Verhältnis zu dem, was da real passiert. Ebenso stehen die Sicherungsmaßnahmen nicht im Verhältnis zur Zahl der Fußball-Gewalttäter, wohl aber zur Angst der Bürger. Zu was aber steht die im Verhältnis, wenn nicht – zu sich selbst, zum eigenen Gewaltpotential? Haß lauert fast überall unter einer dünnen Oberfläche.

War ich damals nicht drauf und dran, den Liebhaber meiner Freundin umzubringen? Hätte ich nicht gerne meinen blöden Vermieter die Treppe runtergeworfen? Hassen nicht oft Jugendliche ihre ewig nörgelnden Eltern oder Eltern ihre immer nur fordernden Kinder? Viele Mütter hätten ihren schon wieder schreienden Säugling schon mal an die Wand klatschen mögen. Aber wer mag das zugeben? Verboten ist es, das zu tun, verboten ist es, auch nur so zu denken! Und doch ist es da, bei wem denn nicht? So werden die eigenen Haßgefühle normalerweise aus dem Tagesbewußtsein ausgegrenzt und abgeschoben in Sonderbereiche der Fantasie, in Projektionen auf ferne „andere".

Fußballfans tragen ihren gepflegten Haß („Pflastersteine auf die Schalker Schweine!") im Stadion öffentlich vor wie Hooligans ihre Lust an der Gewalt offen ausleben. Die Polizei aber steht ein für die Ansprüche der Normalgesellschaft. Seit die Grenzen zwischen der „wichtigsten Nebensache" und der „Welt" verwischt sind, kommen auf die Polizei neue Aufgaben zu, und zwar nicht nur der Menge nach. Repressionsmaßnahmen der Polizei und Gerichte „beruhigen" die Szene tatsächlich. Man überlegt sich dort schon manchmal: „Riskiere ich Knast, oder laß ich's?", oder man denkt: „Es geht ja doch nicht, die Bullen haben's unter Kontrolle." Andererseits trägt die Polizei dazu bei, die Gewalt zu eskalieren, indem sie die Verlagerung der Gewalt vom Fußball, wo sie in gewisser Weise hingehört, in die allgemeinen Bereiche der Gesellschaft fördert: praktisch mit Stadionverboten und strikten Kontrollen im Stadionbereich, ideologisch mit Kriminalisierung.

Es gibt tatsächlich eine relative Nähe der Fußballgewalt-Szene zum kriminellen Millieu, wo man oft ein wenig diszipliniertes Verhältnis zur körperlichen Gewalt hat, also auch unschwer in die Fußballrandale einsteigen kann. „Bei uns geht ein Viertel regelmäßig arbeiten", beschrieb einer, der es wissen muß, eine westdeutsche Hooliganszene, „ein Viertel arbeitet unregelmäßig, ein Viertel selten mit gelegentlichen kriminellen Sachen." Bleibt ein Viertel, das sich vorwiegend ungesetzlich ernährt.

Allgemein bildet der Drogenkonsum und -handel ein „natürliches" Verbindungsglied zwischen beiden gesellschaftlichen Bereichen. Die Grundlage gibt schließlich das Selbstbewußtsein der Fußball-Gewalttäter als gesellschaftliche Außenseitergruppe, das zu allem Überfluß von Sport- und Polizeigewaltigen oft gefördert wird: „Das sind keine Fans, das sind Kriminelle." Solche Aussagen, und die gibt es immer wieder zu hören, sind dumm und schädlich. Sie sind auch nicht gerechtfertigt. Und außerdem: Warum sollten Kriminelle keine Fußballfans sein können?

Auch die notorischen „Plünderungen“ von Autobahnraststätten bei Auswärtsfahrten von Fans (nicht nur Hooligans) sind nicht unbedingt ein Grund, die Szene zu kriminalisieren. Zum „Hägar-Syndrom“ (Randalieren & Plündern) der Auswärtsfahrer, die ihre heimatliche (Kicker-)Truppe zum Kampf ins Feindesland begleiten, kommen jugendlicher Übermut, der Reiz des Verbotenen und das Allmachtsgefühl der Gruppe. Hinzu kommt der Zorn der kleinen Leute auf die oft wucherischen Preise, denen man an diesen Stätten (als einzelner)ausgeliefert ist.

Die Regel- bzw. Gesetzesverletzung ist auf einen Ausnahmemoment beschränkt, auf männliche Jugendliche während einer Fußballtour; und sie ist als solche bewußt, was bedeutet, daß Regel und Gesetz grundsätzlich schon anerkannt werden. Insofern sind diese Akte nicht dermaßen dramatisch, wenn auch ärgerlich für die Pächter und verständlich, wenn die Polizei Raststätten zur Off-limits-Zone für Fanbusse erklärt.

Die Polizei soll die Gewalt eliminieren, das ist ihr gesellschaftlicher Auftrag. Ihr hoher personeller Aufwand (Sonderkommissionen, Einsatzkommandos etc.) erklärt sich nicht aus der großen Zahl von Hooligans. Die sind, hoch gegriffen, nur etwa zwanzig bis zweihundert pro Bundesligastadt. Sie erklärt sich nur aus der strukturellen Überforderung einer im Grunde unlösbaren Aufgabe, aus der Regelmäßigkeit und Hartnäckigkeit, mit der die Hooligans bei der Sache sind, solange es Fußballspiele gibt.

Was aber würde passieren, wenn im Stadion plötzlich keine Polizei mehr da wäre? Diese Frage kommt regelmäßig in Diskussionen an dem Punkt, wo jeder Zweifel am Sinn der Ordnungs-Strategien verspürt. Ja, was würde passieren... Vielleicht würden die Krawallanten die unverhoffte „Jahrhundert-Chance“ nutzen und ein Massaker anrichten. Vielleicht würde einfach nichts passieren. Es ist jedoch schier unvorstellbar, daß plötzlich keine Polizei mehr da ist, es sei denn, daß „verantwortliche“ Ordnungs-Strategen ein Exempel statuieren wollen zum Beweis, daß De-Eskalation zwangsläufig im Chaos enden muß. Man denke an die „Kreuzberger Krawalle“ in Berlin, Mai 89, wo offenbar Polizei-Einheiten bewußt Stunk angezettelt und ihre Kollegen dann dem Mob der Autonomen überlassen haben; hinterher kam folgerichtig das Geschrei nach mehr Härte, Schutz der Beamten vor den Chaoten und so weiter.

De-Eskalierung und die Erweiterung gewisser Toleranz-Räume ist aber sehr wohl denkbar. So habe ich es vor wenigen Jahren in Darmstadt erlebt, daß die auswärtigen Fans (Offenbacher) in der Halbzeitpause hinüberzogen in die Kurve der Darmstädter und dort eine Schlägerei anfingen. Die Polizei griff ein, aber nicht sofort, und auch nicht mit maßloser Härte. Die Jungs haben ihren Spaß gehabt, wenigstens für einen Augenblick. Die Entwicklung ist nicht einfach zurückzudrehen. Die Hooligans werden sich nicht einfach wieder in die Masse der farbentragenden Fans re-integrieren, die mal auf die Polizei schimpfen und mal über den Schutz froh sind, den sie vor einer feindlichen Übermacht fremder Fans bietet. Auch die Hooligans haben die Polizei teilweise in das Kalkül ihrer Auseinandersetzungen fest eingeplant. Aber ein behutsamer Rückbau der polizeilichen Präsenz und Intervention ist schon denkbar und sollte versucht werden.

Die Professionalisierung des Fußballs wird sich samt ihren negativen Folgen nicht wieder zurückdrehen lassen. Im Gegenteil, der moderne Fußball wird von den Veranstaltern immer weiter von einem Vergnügen des Pöbels zu einer modernen Unterhaltungs-Industrie aufgemöbelt. Der Pöbel will sich aber seinen Spaß nicht rauben lassen. Also wird es immer wieder Reibungen geben zwischen den Vertretern beider Richtungen. Fußball wird nicht fein und steril werden, das läßt sich auch mit (Polizei-) Gewalt nicht erzwingen. Die Polizei aber muß sich überlegen, wieweit sie sich benutzen lassen will für ein im Ansatz mißratenes Projekt.

Daniel Reith

Ultras – eine neue Bewegung in der deutschen Fanszene

Wer sind sie, diese Ultras? Ultras kommen aus den südländischen Fanszenen Italiens, Spaniens und Portugals. Sie sind dort eine Mischung aus Hooligans und Kuttenfans, wie wir sie auch aus Deutschland kennen. Hooligans, deren Hauptaugenmerk sich auf die Randale und Selbstdarstellung durch Gewalt und weniger auf ihren Stammverein richtet, und auf der anderen Seite die „Kutten“ mit gepatchten Jeanswesten (den Kutten) und auffällig vielen Gadges wie Schals, Kappen, Halstücher und Shirts, die sich ihrem Verein sehr verbunden fühlen und diesen auch durch Gesang, Sprechchöre etc. unterstützen.

Jene Ultra-Gruppierungen sind oftmals die einzigen Fanclubs, die ein Verein dort besitzt. Meistens gibt es eine Hauptgruppe, die, wie die Fossa de Leoni vom AC Milan, bis zu 15.000 Mitglieder fassen kann. Dazu kommen noch Nebengruppen mit deutlich weniger Mitgliedern und kleineren Gruppen aus entfernten Städten, die eigentlich keine Rolle mehr spielen. Es kommt schon aus den sozialen Begebenheiten wie z.B. Familienerziehung, daß die Menschen im südlichen Europa mehr zusammenhalten, auch bedingt durch die sozial schwache Lage. Vergleichsweise ist die Erfahrung im industriellen Norden Europas eher ernüchternd, da hier, durch den Wohlstand bedingt, mehr die Anonymität ihre charakterlichen Züge hinterläßt.

In Italien haben diese Ultra-Gruppierungen oft sehr viel Macht gegenüber dem Verein, einfach durch ihre hohe Mitgliederzahl oder, wie in Süd-Italien, dadurch daß sie teilweise von der Mafia unterwandert sind. So ist es für die meisten kein Problem, große Pyro-Shows mit Rauch und Feuer zu feiern, ohne daß es, wie hier in Deutschland, dafür Stadienverbote hagelt.

Bundesligavereine haben im Schnitt 120 Fanclubs. Diese bestehen aus mindestens einer Person, haben aber im Schnitt eine Größe von etwa dreißig Mitgliedern. Treffen sich sieben Deutsche, gründen sie einen Verein, so steht es geschrieben. Bei solch einer Anzahl von Fanclubs, wo jeder der bessere sein will, ist ein totaler Zusammenhalt innerhalb der Fanszenen eher ausgeschlossen. Eigentlich auch logisch – was nicht schon in den moralischen Infrastrukturen festgelegt worden ist, kann auch im Privatbereich nicht tragen. Aber gerade hier in Deutschland sehnt man sich immer mehr nach Zusammenhalt – just in dieser Zeit, wo die Menschen sich vom Staat betrogen und ausgenommen fühlen, wo die Harmonie in der Familie immer mehr erlischt und wo auch der Wohlstand so langsam verschwindet.

So kam es, daß die Fanszenen in Deutschland seit ca. fünf Jahren, einen Wandel durchmachen. Am Anfang waren es die Supporter und die Groundhopper, die den Fans hier von ihren Impressionen aus dem Süden berichteten. Es wurden italienische Fotos, Schals etc. von Ultra-Gruppen getauscht und gesammelt. So weckten sie das Interesse der Leute in den herkömmlichen Fanblöcken und setzten sich ein für einen innovativen Weg, raus aus den Klischees, wie sie von *SAT1-ran* und *Sport-Bild* geprägt werden. Es ist ja nicht nur der Fußball, um den es sich dreht, sondern mehr das Individuum Fan, der seine Position in der Kurve behaupten will, weil er erkennt, wie er vom Kommerz-Boom der Manager und der Medien überrannt wird. Dies sind die ersten Anzeichen von Rückgang im Wirtschaftsimperium Fußball, aber das will ja keiner der Vereinsbosse hören.

Viele haben es satt, vor allem diejenigen, die jedes Wochenende ihre Freizeit im Fußballstadion verbringen. Sie sind es satt mit anzusehen, wie die Fanszene nach und nach ihr Niveau verliert, wie diese Leute jeden Trend gutgläubig mitmachen, den die Merchandising-Fachkräfte ihres Vereins in die Welt setzen und damit die Kreativität der Fanszene nach und nach immer mehr untergraben. Die Leute, die sich dagegen wehren, werden oft von ihren eigenen Vereinen ausgehebelt, und ihnen wird zum Teil sogar vereinsschädigendes Verhalten vorgeworfen.

Auch die lange Zeit selbstständig agierende Spezies „Kutte“ ist vom Marketing überrollt worden. War es früher noch etwas besonderes, bestimmte Aufhänger zu besitzen und auf seiner Jeansweste zu tragen, kann man seit ein paar Jahren fertig gepatchte Jeansjacken in Kaufhäusern kaufen. Aufnäher gibt es mehr, als man aufnähen kann. Schwarzhändler klinken sich jeden Samstag in die Fanblöcke ein, um ihre Flut von niveaulosen Anti-Aufnähern an die meist jungen Käufer zu bringen.

Die älteren Fans aus der Stehkurve springen ab und lassen sich im Sitzbereich der Tribünen nieder. Die Generation, die ihre Fankarriere vor sechs bis acht Jahren begonnen haben, bilden jetzt den Personenkreis der Befürworter und Initiatoren der Ultra-Bewegung. Jeder hat das Ziel, sich von der Rolle „Marktobjekt Fan“ oder Kutte zu lösen. Ultras haben ihre eigenen Fanartikel, die weitaus dezenter gestaltet sind, als Kutten oder Normalfans sie bevorzugen. Meist ist es eine Bomberjacke und ein Schal. Die Lieblingsfarbe aller Ultras ist schwarz. Die meisten hier in Deutschland ansässigen Gruppen besitzen schwarze Banner mit den Namen ihrer Gruppe, die sie im Stadion aufhängen, auch wenn ihre Vereinsfarben rot/weiß sind. Ein Faible für Totenköpfe, Kämpfer und andere mystische Figuren wird wohl auch keiner von ihnen abstreiten. Mit ihren Aktionen geraten sie oft in Mißkredit bei Durchschnittsfans, Verein und Ordnungsdienst.

Ultras legen Wert auf eine großflächige, organisierte Kurvenshow, um das sinkende Niveau im Block zu kaschieren und um den Gegner eine überlegene Stärke und Kreativität vorzutäuschen. Choreographien sind oftmals eine teuere Angelegenheit. Dabei werden Figuren, Muster oder einfach nur die Vereinsfarben, mit Papier, Plastikfolien, Luftballons etc. beim Einlaufen der Mannschaften vom Zuschauer durch hochhalten dargestellt. Für eine Tribünenseite mit 15.000 Papptafeln oder farbigem DIN A2 Papier muß man schon eine Summe um die 3.000 DM hinblättern. Dazu kommen noch Spruchbänder aus Papier, Pappe oder Stoff wo entweder Provokationen zum Gegner oder Huldigungen des eigenen Vereins mit Farbe drauf geschrieben sind. Anstelle der genormten 1,50 m Fahne aus dem Fan-Shop, reizt es immer mehr Fans, sich diese riesigen 6-7 m Angelruten mit bis zu 45 m2 Fahnenstoff anzuschaffen. Man spricht von großen Schwenkfahnen, die es auch schon früher in den 70er und 80er Jahren im Stadion gab, allerdings mit festeren Stoff und kleineren Stangen, diese allerdings teilweise aus Metall, was ja heute verboten ist. Es gibt zwischen den Fans der Vereine richtige Wettbewerbe: Wer macht die größte, beste, ideenreichste und anspruchsvollste Kurvenshow. Gerade bei Derbys und Spitzenspielen ein Muß für jeden harten Fan-Kern.

Dann gab es Spiele wie Mainz 05-Eintracht Frankfurt, wo von den Frankfurtern Zuschauern ca. 30 Kg Rauchmaterial in die Luft gejagt wurden. Ein Spielabbruch wäre eigentlich gerechtfertigt gewesen. Ein paar Leute mußten aus dem kleinen, überdachten Stehplatzbereich gebracht werden, weil sie wegen der Rauchschwaden starke Hustenanfälle bekamen. Es ist natürlich nicht die Aufgabe oder das Ziel eines Ultras, die anderen Fans zu belästigen, sondern einfach nur die Faszination in Sachen Pyrotechnik, in diesem Fall mit einer gehörigen Portion Provokation anläßlich des Derbys. Wochenlang wurde anschließend in beiden Fanszenen über die Flegel diskutiert, die dem Verein Eintracht Frankfurt eine Geldstrafe eingebracht hatten. Allerdings auch, weil die Frankfurter Hooligans einen guten Kontakt mit den dort ca. 150 Ultrafans haben und in Mainz im Teamwork 29 Sitzschalen aus dem Tribünenbereich entfernen und auf die Polizei und den Ordnungsdienst schmissen.

Desweiteren ist es die Aufgabe der Ultras, den Support, die verbale Unterstützung der Mannschaft zu organisieren. Hierzu nehmen die meisten ein oder mehrere Megaphone, die sich dazu optimal eignen. Auch der Gruppenbanner wie „Commando X“, „Ultras Y“, „Brigade Z“ etc. spielt eine große Rolle, da er meistens in der Mitte des Zaunes des Heim- oder Auswärtsblockes aufgehängt wird. Er symbolisiert die Anwesenheit der Gruppe und ist ein heiliges Relikt. Die etwas militanten Namen werden in Anbetracht der Gruppenstärke gewählt, sie sollen eher Gruppendenken als Gewalt fördern.

Im Mai 1998 fand in Frankfurt ein von den dortigen Ultras organisiertes Treffen statt. Hierzu waren 30 Ultra-Gruppierungen aus ganz Deutschland eingeladen worden, um sich gegenseitig auszutauschen. Knapp achtzig Leute aus 27 Gruppen von zwanzig Vereinen waren an diesem Freitagabend anwesend. Normalerweise ein Unding, da es sich jeweils um den harten Fan-Kern des jeweiligen Vereins handelte. Jeder DFB-Funktionär hätte einen Sicherheitsdienst abgestellt, jedes Fanprojekt sich die Finger geleckt. Die Leute verhielten sich absolut friedlich, weil jeder die Materie begriffen hatte und weil die Leute die gleiche Sprache sprachen. Noch in diesem Jahr soll ein bundesweiter Dachverband für diese Ultragruppierungen gegründet werden, der sich für die Rechte dieser von allen Seiten unterdrückten Fanspezies einsetzen soll.

Ein weiteres Thema ist die oftmals unberechtigte Behauptung, Ultras wären alles Rechtsradikale, weil „Ultra“ mit „extrem rechts“ gleichgesetzt wird. Mitglieder von der BAFF, dem Bündnis aktiver (früher: antifaschistischer) Fußballfans, schießen gegen die Ultras, indem sie Beschwerdebriefe an die Vereinsführungen der jeweiligen Stammvereine dieser Gruppen schicken, und somit eine politische Hetzjagd anstacheln. Keine schöne Art. Gerade Leute, die eigentlich gegen Politik im Stadion sind, geben Bemerkungen ab, die nicht mehr nachvollziehbar sind.

Bei den Ultra-Fans in Frankfurt und München ist es der Fall, daß einige Mitglieder dieser Gruppen eine rechte Vergangenheit haben. Aber dies ist der kleinere Teil, dem man auch die Zielvorgabe „No politics“ ans Herz legt, was bei den großen Gruppen auch eingehalten wird. Die BAFF hat sich mit ihrer politischen Hektik ein Eigentor geschossen: einige Ultras hatten zunächst erwogen, Mitglied beim Bündnis zu werden, was sie aber jetzt wohl nicht mehr machen werden. Obwohl sich die BAFF für den Erhalt von Stehplätzen engagiert und auch Leute werben will, scheitert sie bei vielen Fans immer wieder an ihren zu stark politischen Nebenwirkungen, die von den harten Fanszenen in Deutschland sehr stark kritisiert werden.

Wollen wir die Entwicklung in Sachen Ultras-Dachverband erst einmal abwarten. Die Initiatoren sind sehr zuversichtlich, weil doch ein großes Potential vorhanden ist. Es sollte mit diesem Dachverband auch ein Background für Fanszenen geschaffen werden, der die einzelnen Ultra-Clubs bei ihren Problemen unterstützt – sei es wegen Stadienverboten, Choreographie-Verboten und auch bei gemeinsamen Aktionen für die Verwirklichung des Ultra-Gedankens in der deutschen Fanszene. Dazu können auch Diskussionen mit Polizei, Ordner. und DFB gehören. Der neue Weg in eine kreative Zukunft ist offen.

Rabatz beim „Freundschafts"-Spiel

Am 24. April 1996 fand ein „Freundschaftsspiel" zwischen den Nationalmannschaften Deutschlands und Hollands in Rotterdam statt. Dabei wurde der Auftritt der deutschen Fans in den Medien und von Seiten des DFB als verheerend ("Das sind Feinde des Fußballs!") wahrgenommen. Dieses Fußballspiel war Teil eines Kooperationsvertrags zwischen deutschem und holländischen Fußballverband, DFB und KNVB, eigens dazu entworfen, das auffällig gespannte Verhältnis zwischen holländischen und deutschen Fußballfans zu entschärfen: „Den letzten Anstoß gaben unerquickliche Randale-Szenen am Rande der Europapokalspiele PSV Eindhoven-Bayer Leverkusen und Feyenoord Rotterdam".[1] Zu diesem Vertrag gehörte unter anderem dieses „A-Länderspiel Niederlande-Deutschland am 24. April 1996".

Die Verbände hatten also ein Freundschaftsspiel beschlossen, aber es kam anders. Einhellig äußerten sachkundige Beobachter nach diesem Länderspiel, hier hätte sich der größte Mob gewaltbereiter deutscher Fans zusammengefunden, den sie je erlebt haben. Dem entsprach auf der anderen Seite, daß viele Fans, die sonst zu Länderspielen reisen, dieses Spiel in Rotterdam offenbar mieden: Vergleichsweise wenige „Neckermänner", normale Fußballreisende, praktisch keine Frauen und Mädchen waren im Stadion von Rotterdam zu sehen.

Vielleicht hatten die Veranstalter ehrlich geglaubt, die bisweilen beschworene völkerverbindende Kraft des Sports instrumentell einsetzen zu können: Wir organisieren ein Freundschaftsspiel und erzeugen Freundschaft (oder wenigstens etwas Entspannung) auch unter den Fans. Das hieße nur, daß sie an ihre eigenen Parolen glauben, wäre also bestenfalls naiv. Vielleicht wollten sie nicht zur Kenntnis nehmen, wie die Stimmung unter den Fans war. Wie sie wirklich war, drückte sich eben schon darin aus, welche Gruppen sich entschieden, nach Rotterdam zu fahren, und welche es vorzogen, sich das Spiel im Fernsehen anzuschauen.

„Im Stadion herrschte eine seltsame Stimmung", berichtet Thomas Schneider. „Selten zuvor bei Länderspielen, auch nicht beim Länderspiel Niederlande-Deutschland '89, habe ich eine dermaßen offenkundige aggressive Grundstimmung erlebt. Keine Deutschland-Fahnen oder -Fanutensilien waren sichtbar. Die Anzahl kahlköpfiger Kleiderschränke war erschreckend hoch." Die deutschen „Normal-Fans" waren nicht nur auf der Hut vor den holländischen Hooligans, sondern auch davor, mit diesem deutschen Mob über ihr rechtsradikales Gebaren in Streit zu geraten. Schneider: „Übereinstimmend wurde mir erklärt, daß man keine Lust auf Auseinandersetzungen mit einer gewissen Szene hätte. Hast du gesehen, was da heute für Typen sind? Übelstes Volk, Berliner Türsteherszene. Haufenweise Abgedrehte."

Dieses Publikum begleitete die Ballkontakte dunkelhäutiger holländischer Spieler mit „Urwaldgeräuschen" , Sieg Heil-Gebärden und dem Slogan: „Wir haben euch was mitgebracht: Haß – Haß – Haß"; außerdem inhaltlich unverdächtige (bis inhaltslose) Gesänge und Beschimpfungen, die zum Standard-Repertoir der Fankultur gehören. Alles in allem genug, um von DFB-Offiziellen und Medien als beschämender Auftritt von Neonazis eingeschätzt zu werden, welche die gute Absicht der Veranstalter in ihr Gegenteil verkehrt hätten. Diese Interpretation trifft jedoch nur teilweise bzw. nur oberflächlich zu.

Wie es dazu kam, kommen mußte – und sollte?

Zu allererst stellt sich die Frage, warum eine Situation, die man als gespannt bis feindselig wahrgenommen hat, durch die Ansetzung eines Länderspiels freundschaftlich werden sollte? Viel näher liegt doch die Annahme, daß diese als idealer Anlaß wahrgenommen werden könnte, diese Spannungen ausbrechen zu lassen und ein Kräftemessen zu veranstalten. Zum Thema „Wie sehen unsere Nachbarn uns Deutsche?" erklärte ein Journalist aus dem niederländischen Breda: „Das neue Deutschland ist keine Bedrohung", nicht einmal auf dem Fußballplatz. Und das ist der einzige Platz, wo der Kontakt zwischen Niederländern und Deutschen noch zu Emotionen führt. Dabei spielt ewige Wiedergutmachung eine Rolle. Aber das Talent aus den kürzlich gewonnenen Bundesländern ist so begrenzt, daß die selbstbewußte niederländische Nationalmannschaft keine Angst hat".[2]

Ich erlaube mir einmal, den ironischen Ton der Aussage zu übergehen, diese kleine Passage aus ihrer Allgemeinheit zu entführen und auf das konkrete Modell des Länderspiels zehn Monate davor anzuwenden. Dann ließe sie vermuten, daß es zumindest auf niederländischer Seite eine untergründige Haltung, eine verdeckte, wahrscheinlich nicht einmal bewußte Absicht gegeben haben könnte, diese Veranstaltung (wenn überhaupt), dann in dem Sinne durchzuführen: Kommt nur her, wir werden es euch schon zeigen! Wobei der offizielle Kooperationsvertrag, also die diplomatisch polierte Oberfläche, das Gegenteil vorspiegelt.

Natürlich ist das Spekulation, und niemand von den Beteiligten würde das je zugeben. Nein, das kann keiner gewollt haben! Und doch entwickelten sich die Tatsachen so und nicht anders. Wie konnte das passieren, was ist falsch gelaufen, wo lag der Fehler? Oder war es gar kein „Fehler"? Es ist ein ergiebiges, zumindest interessantes Verfahren auch bei größeren Katastrophen in der Geschichte, wann immer man ratlos vor der Frage steht, warum etwas so schrecklich schieflaufen konnte, zu unterstellen, daß mindestens eine der beteiligten Seiten es so gewollt hat. Unbewußt gewollt, meinetwegen. Aber das Unbewußte steuert unsere Wahrnehmung und unser Verhalten umso stärker, je mehr mehr wir als Teil einer Gruppe agieren und je größer diese Gruppe ist.

Einige konkrete Umstände im Vorfeld des Spiels, die man (wenn man das will) als unglückliche Zufälle oder „Fehler" interpretieren kann, trugen jedenfalls erheblich (und möglicherweise zielstrebig) zu dieser ungewöhnlich aggressiven Grundstimmung im Stadion bei: Das beginnt mit Einkesselung von deutschen Fans durch die Polizei seit ihrer Ankunft im Rotterdamer Bahnhof am späten Vormittag und geht so weiter bis in die folgende Nacht.

Die Behandlung aller deutscher Fans durch die holländische Polizei wird in verschiedenen Berichten als überhart und unfair beschrieben, mit rigidem Schlagstock- und Pferdeeinsatz, später mit beißenden Hunden, die ohne Maulkorb in die Menge geschickt wurden. Und diese Repressalien galten einseitig den deutschen Fans, nicht etwa den holländischen Hooligans gleichermaßen; dafür richteten sie sich unterschiedslos gegen alle deutschen Fans, mit einem entsprechenden Solidarisierungseffekten unter den verschiedenen Gruppen. Die miserable Grundversorgung mit Essen und Getränken während des stundenlangen Wartens vor, beim und nach dem Spiel wurde von allen, die dabei waren, als Unverschämtheit angesehen – und Fußballfans sind nicht verwöhnt.

Der größte „Fehler" war zweifellos die Wahl des Austragungsortes, Rotterdam. Nicht nur die Erinnerungen an das Länderspiel '89 oder das Europapokalspiel von Werder Bremen '94 in Rotterdam machten das „Freundschaftsspiel" zu einem Muß für deutsche Fußballrabauken. Die Rotterdamer Hooligans haben in den Niederlanden und (spätestens seit ihrem Sieg über die Hooligans von Tottenham Hotspur) in ganz Europa einen Ruf als besonders harte Jungs: Noch Ostern '97 wurde bei einem verabredeten Zusammenstoß zwischen den Hooligans von Feyenoord und von Ajax Amsterdam ein 35jähriger Ajax-Fan „wie ein Seehund mit Knüppeln totgeschlagen".[3]

Ein Länderspiel zwischen Deutschland und den Niederlanden in Rotterdam auszutragen war also die beste Garantie dafür, daß es knallt. Und diese Erkenntnis ist keine a posteriori! Der DFB war gewarnt und versuchte, eine Verlegung des Spiels an einen anderen Ort zu erreichen. Der Königlich-Niederländische Fußballbund KNVB bestand jedoch auf Rotterdam. Der DFB, auf gute Partnerschaft bedacht, fügte sich und die Ereignisse nahmen ihren Lauf.

Historische „Fehler"

Aus dem, was Bild und Ton im Fernsehen vermittelten (Sieg Heil-Gesten und „Haß"-Geschrei) war für die Zuschauer nicht ersichtlich, welche Folge von Ereignissen dahin geführt hatten. Und dazu zählen nicht nur die Ereignisse des 24. April 1996, sondern der letzten acht oder zehn Jahre davor. Jeder deutsche und sicher auch jeder holländische Fußballfan (das heißt: jeder Stadiongänger) wußte von vornherein, daß es in Rotterdam „knallen" würde – woraus sich die ungewöhnliche Zusammensetzung des deutschen Publikums im Stadion erklärt. Der distanziertere Teil der Öffentlichkeit (das heißt: die Fußballfreunde daheim an den Bildschirmen und auch der DFB) wußte es vielleicht nicht und zeigte sich überrascht.

In einer Diskussionsrunde mit Sozialarbeitern aus den Fanprojektlern und DFB-Vertretern erklärte ich nach den Vorfällen in Rotterdam, daß der holländische KNVB, wenn er die Absicht gehabt hätte, das „Freundschaftspiel" mißlingen zu lassen, in der Vorbereitung und Durchführung des Spiels nur genau das hätte tun müssen, was er getan hat. Der anwesende DFB-Vertreter wies das empört zurück. Das mußte er natürlich, diplomatischerweise, aber nicht nur. Was ich damals übersehen hatte, war der Anteil der deutsche Seite am Mißlingen. Und damit meine ich nicht nur die „abgedrehten" Deutschen im Stadion, sondern ebenso die deutschen Mitveranstalter, die hätten sehen können, daß sie zielstrebig in etwas hineinsteuern, was sie hinterher „eine Katastrophe" nennen würden. Sie wollten es nicht sehen. Aber ich unterstelle: sie wollten es. Sonst hätten sie es sehen müssen.

Weil wir es so wollten

„Ich wollte vor allem darstellen, warum in der Politik – wie in unserem privaten Leben – die Umstände, die wir am meisten beklagen, so oft die sind, die wir uns unbewußt wünschen, wodurch wir uns nicht selten die schmerzvollsten Ereignisse unserer Geschichte selbst bescheren", schreibt Lloyd deMause.[4] Und ein Ereignis wie jenes „Freundschaftsspiel" fasse ich hier mal mit unter „Politik". DeMause appelliert an die Geduld seiner Leser, die mit solchen Gedankengängen nicht vertraut sind: „Es ist nicht schwer zu beschreiben, was sich in Reagans Amerika ereignete. Schwer ist nur zu glauben, daß wir (Amerikaner, die ihn gewählt haben) es so wollten."

DeMause schlägt gewissermaßen vor, in all den Fällen, in denen wir uns ratlos fragen: „Wie konnte das passieren? Wie konnte es soweit kommen?" probehalber als Antwort anzunehmen: Weil wir es so wollten! Die unerklärlichen, ja oft überhaupt nicht wahrgenommenen „Fehler" in der Geschichte, die in der Konsequenz zu furchtbaren Entgleisungen führen, wären eher als kollektive Fehlleistungen verständlich. Diese Sichtweise eröffnet zumindest die Chance, auch für „Unerklärliches" Erklärungen zu finden.

Der Umstand, daß wir Deutsche (vertreten durch unsere verschiedenen „Botschafter" des guten oder bösen Willens: die Verbände, die Fans, die Polizei, die Medien) eine unübersehbare Inszenierung beschämenden Nationalismus organisieren, uns anschließend über das unvermeidliche Ergebnis aber selbst überrascht zeigen, verweist darauf, daß unsere Motive unbewußt, also verdrängt sind; sie entziehen sich naturgemäß einem unmittelbaren Zugang.

Wo immer wir Kollektive bilden, sei es als Fans unserer Nationalmannschaft, sei es als Deutsche, die von dem nationalistisch-aggressiven Auftreten dieser deutschen Fans in Rotterdam beschämt sind, dann stimmen wir uns auf die tief liegende Ebenen des gemeinsamen, kollektiven Unbewußten ein. Wenn wir uns darauf beschränken, über die Ursachen des neuen Rechtsextremismus oder den überharten Polizeieinsatz rational zu räsonieren, können wir ignorieren, wie wir zielsicher auf das zustrebten, was uns im nachhinein entsetzte.

Eine besondere Schwierigkeit im vorliegenden Fall ist, daß es in Deutschland mindestens zwei verschiedene Reaktionsweisen gab: Erstens die, die sich bestätigt sahen, daß der Schoß, aus dem das faschistische Unheil kroch, immer noch fruchtbar ist; und zweitens die, die sich bestätigt fühlten, daß die Käsköpp die miesesten Gegner sind, die einem im Fußball gegenüberstehen können. Beiden Gruppen, im Gegensatz traulich vereint, lassen sich auch als „die guten und die bösen Deutschen“ unterscheiden.

Exkurs: Urwaldgeräusche

Das als „Urwaldgeräusch“ bezeichnete rhythmisch hervorgestoßene „Uh Uh Uh“ ist in seiner rassistisch diskriminierenden Absicht klar; spätestens der angefügte Chor „Husch, husch, husch – Neger in den Busch“ beseitigt eventuelle Zweifel. Ich erinnere mich an meine Verwirrung, als ich vor Jahren einer American Football-Mannschaft beim Training zuschaute, die solch einen gemeinschaftsstiftenden Kreis bildeten, wie es neuerdings auch unsere Fußballnationalen vor dem Spiel tun, und daß sie, bevor sie diesen Kreis auflösten, dieses „Uh uh uh“ ausstießen. Ich war auf die Interpretation „rassistische Schmähung“ geeicht und fand niemanden, dem sie hätte gelten können. Schließlich ging mir auf, daß es so etwas wie eine „Energie-Pumpe“, eine dynamische Atemübung war, mit der die Jungs sich vor dem Trainingsspiel gepuscht haben.

Wenn ich nun beide Interpretationsschablonen, „rassistische Schmähung“ und „Energie-Pumpe“, übereinanderlege, wäre eine Folgerung möglich: Neger (auch die auf dem Spielfeld) gelten ihren rassistischen Feinden (möglicherweise auch ihren Freunden) als besonders, „energetisch“ und vital. Etwas, das uns abgeht, weil wir in unserer Energie beschnitten sind durch die Zurichtungen der Zivilisation. Wir haben Angst vor unserer eigenen Energie, die wir nicht leben können, weil wir sonst mit der Zivilisation (den Eltern, den Nachbarn etc.) in Konflikt kämen. Darum hassen wir die, die sich die (unterstellten) Freuden primitiver Vitalität und Triebhaftigkeit erlauben.

„Die Juden wurden nicht ermordet, weil sie ‘anders’, weil sie ‘Fremde’, weil sie ‘Immigranten’ waren“, schreibt Hanno Loewy[5], „sondern weil sie an etwas erinnerten, was untrennbar zu einem selbst, zur Geschichte der eigenen Zivilisation gehörte. Sie standen für die Nazis für die Wurzeln der Zivilisation, die überwunden werden sollten.“ Daß zum Repertoire der antisemitischen Vorurteile (genauer: Vorverurteilungen zum Tode) das Bild vom „triebhaften Juden“ gehört, der die Reinheit der arischen Frauen gefährde, ist als das exakte Gegenteil gleichzeitig auch die exakte Bestätigung, denn das Unbewußte kennt keine Negation. Der innere Konflikt, der auf die vermeintlich schlechte Rasse projiziert wird, ist der von Trieb und Triebunterdrückung, von Natur und Kultur. „Der Neger“ oder „der Jude“ wird zum Container für unsere emotionalen Gifte, und zwar gleichzeitig für den Neid, daß jener vital und triebhaft sei wie andereseits für den Haß, daß er die Zivilisation samt ihren Zwängen zu verantworten hätte.

Deutschland und Holland: Auf gute Feindschaft?

Unmittelbar nach der Machtergreifung der Nazis 1933 versuchte mein Vater, ein Militanter des sozialdemokratischen Reichsbanners, sich nach Holland abzusetzen. Schon damals gab es also die Vorstellung, die Niederlande seien ein Refugium vor deutschem Imperialismus und Naziterror. Allein, er wurde von den holländischen Grenzern zurückgewiesen. In Braunschweig wurde er dann, wie zahlreiche andere Linke, im Gebäude der Krankenkasse interniert, einem provisorischen kleinen KZ, wie es das in jenen Tagen überall gab. Dort schlugen ihm die Nazis, weil er sich weigerte, einen anderen Gefangenen zu mißhandeln, die Zähne ein.

Es stimmt, daß Holland und Dänemark später für flüchtende Juden die Türen weit offen hielten, als einzige Nationen auf der Welt. Irgendwas wird also auch historisch dran sein an dem Vorurteil, die Niederlande seien ein Hort liberaler und toleranter Einstellungen, Deutschland hingegen einer von Arroganz und Nazismus. Aber so ganz hat das schon damals nicht gestimmt, siehe oben. Es ist zumindest eine entstellende Verkürzung, in der die spezifisch niederländische Deutschenfeindlichkeit bereits die höheren Weihen von Antifaschismus erhält.

Es zeichnet sich grob eine Trennlinie ab zwischen nationalistischen Deutschen und solchen, die einen nationalen Selbsthaß pflegen. Wann immer der Nazi-Vorwurf aus dem Ausland, etwa aus Holland, kommt, bleibt wenig Raum für andere Positionen als sich entweder provoziert zu fühlen und sich tatsächlich den „Käsköppen" gegenüber in die nationalistische Pose zu werfen, oder solche anti-deutschen Attacken zu rechtfertigen und zu unterstützen. Kritische Fragen und Argumente sind dabei wenig gefragt, da geht es nur noch ums Bekenntnis. Wer da zwischen diesen Felsen durch segeln will, fährt zwischen Skylla und Charybdis und hat gute Chancen, entweder auf der einen oder der anderen anzuecken. Nennen wir sie im Folgenden die „bösen Deutschen" und die „guten Deutschen".

„... aber nicht Holland!"

Vor dem deutsch-holländischen Länderspiel in Rotterdam 1996 trafen sich Fanbetreuer zur Vorbereitung. Dabei war eine Frage, wer von ihnen mit den deutschen Fans nach Holland fahren sollte. Ein Kollege, der selbst nicht über den Weg eines sozialpädagogischen Studiums zur Fanbetreuung gekommen war, sondern über die Hooligan-Karriere seiner eigenen Jugendzeit, lehnte ab: Nach dem, was er mit Holländern erlebt habe, sähe er sich außerstande, bei den zu erwartenden Konflikten vermittelnd aufzutreten. Sonst überall gern, aber nicht Holland, da wäre er nicht der richtige Mann.

Der Versammlungsleiter lobte ihn dafür, daß er sich so offen zu seiner Befangenheit bekannte. Nur, seltsam, seltsam... Niemand im Saal fragte danach, weshalb er denn so befangen sei, was er denn mit holländischen Fans für Erfahrungen gemacht hatte, daß es für ihn nun ganz unvorstellbar war, bei Konflikten zwischen Holländern und Deutschen zu vermitteln? Falls es Gründe gäbe, wollte man sie wohl lieber gar nicht hören. So ging man elegant zum nächsten Tagesordnungspunkt über. Ich fragte ihn später.

Heino war nicht selbst beim Länderspiel '89, aber bei den Spielen Deutschland-Holland in Mailand (WM 1990) und in Göteborg (EM 1992). In Mailand, erzählte er, seien die holländischen Fans relativ friedlich gewesen. Die Spieler hingegen, insbesondere Torwart Hans van Breukelen, habe „die ganzen 90 Minuten lang die deutschen Fans provoziert", etwa indem er drohend die Faust gegen den deutschen Block reckte. Unvergessen ist in Deutschland, daß Frank Rijkaard den deutschen Spieler Rudi Völler gemein foulte und ihn bei seinem Abgang ins Gesicht spuckte.[6]

Anders bei der Euro 92 in Schweden: „Da hatte jeder, aber auch jeder Holländer ein T-Shirt an, auf dem ein Bild aufgedruckt war, wie sich der Koeman mit dem Trikot von Olaf Thon den Arsch abgewischt hat".7 Auf der Flaniermeile in der Göteborger Innenstadt riß jedenfalls ein deutscher Fußballrabauke einem holländischen Fußballtouristen dieses T-Shirt vom Leibe, und schon war die schönste Massenkeilerei im Gange.8 Zu dieser „Schlacht von Göteborg" merkte Heino an: „Bei Länderspielen findet man kaum Hooligans aus den Niederlanden, vor allem nicht die der großen Vereine wie Ajax Amsterdam oder Feyenoord Rotterdam; nur ein paar aus kleineren Städten wie Den Haag und Groningen. Die sich da mit den Deutschen rumgeprügelt haben, waren alles ‚Normalos'. Die fanden das auch voll in Ordnung, mit diesen T-Shirts rumzulaufen und verstanden überhaupt nicht, daß sich die Deutschen da drüber aufregten und daß es dann irgendwann knallte. Die holländischen Hools, die da waren, die haben eher cool reagiert, die hatten schon Verständnis dafür. Einer von denen hat nach der Polizeiaktion auch für einen deutschen Hooligan ausgesagt, daß der nicht mit einem Stuhl geschlagen hat. Das fand ich sehr fair."

Was die Einstellung zu Holländern betrifft, sind in meiner Stammkneipe lauter böse Deutsche. Wenn wir dort bei Europapokalspielen vor der Glotze hocken, sind Gerd und ich die einzigen, die gewisse

Sympathien für Ajax Amsterdam haben – weil Ajax vor Jahren den FC Bayern München zerlegt hat. Sowas freut mich immer. Aber damit stehen wir allein.

Um sein Ressentiment gegen die Holländer zu begründen, erzählte mir Ingo, daß er bei seinen touristischen Auslandsreisen in Frankreich und Spanien und der Türkei als Nazi beschimpft worden sei – weil er eben Deutscher ist. Und Ingo ist weit davon entfernt, ein Nazi zu sein. Beschimpft wurde jedoch nicht von Franzosen, Spaniern oder Türken, sondern jedes Mal von holländischen Touristen. Um genau zu sein: Von Holländern unter 30 Jahren. Diese Altersgrenze könnte daran liegen, daß es in der Regel Jungmänner sind, die zu nationalistisch gefärbten Provokationen neigen.[9]

Die Clingendael-Studie

„Unverständlich ist, daß gerade auch das Deutschland-Bild von (holländischen) Jugendlichen so von Vorurteilen belastet ist, wie jüngst eine Umfrage ergab“[10], rätselt ein Reiseführer. Mit der Umfrage ist die sogannte Clingendael-Studie gemeint, die nach ihrem Erscheinen im März 1993 Furore machte. Dabei waren ihre Ergebnisse keineswegs überraschend. Die Studie versah einfach das, was eh jeder wußte, mit Prozentzahlen und machte es gewissermaßen offiziell.

Das Ergebnis ist schnell zusammengefaßt: „Die Einstellung von (holländischen) Jugendlichen zu Deutschen und Deutschland ist im Vergleich mit der Einstellung zu anderen EG-Ländern und -Völkern mit Abstand am negativsten“, nämlich mit 56%. Große Mehrheiten sehen Deutsche als dominierend und arrogant an (71%), beinahe die Hälfte betrachtet Deutschland als „kriegslustig“ (46%) und als „ein Land, das die Welt beherrschen will“ (47%). Was von den „guten Deutschen“ so gern als objektiver Hintergrund für dieses schlechte Ansehen der Deutschen in Holland angeführt wird, der Zweite Weltkrieg oder ausländerfeindliche Exzesse in der BRD, darauf beziehen sich nur 20% oder weniger der Befragten. Der Umfrage zufolge hat eine große Minderheit (42%) der befragten Jugendlichen „minimale Kenntnisse über Deutschland“, und vergleichsweise „besteht geringes Interesse an Deutschland“. Je höher das Bildungsniveau der Befragten, desto weniger bestand die Neigung, sich auf eine entschiedene Meinung über das Nachbarland festzulegen.

Feyenoord Rotterdam – Werder Bremen 1994

Fußball-Hooligans verstehen sich als militante Avantgarde ihres Vereins, ihres Bezugsortes, letztlich ihrer Nation. Damit sind sie die Lautsprecher zumindest großer Teile dieser Nation, selbst wenn die sich von ihnen distanziert. Denn sie sprechen, sie schreien es heraus, was andere sich vielleicht nicht mal zu denken getrauen. Im Fall der holländischen Hooligans ist die Kluft zwischen ihnen und der „schweigenden Mehrheit" zumindest in der Frage der Deutschfeindlichkeit gering.

Nach den wüsten Auftritten Rotterdamer Fans in Bremen im Herbst '94 antwortete Rudi Carell auf die Frage eines Interviewers, ob es stimme, „daß die holländischen Hooligans von den holländischen Medien praktisch zur Randale aufgefordert worden sind?" zurückhaltend mit: „In gewisser Weise schon. Ich habe selbst an einer Live-Schaltung im Rundfunk teilgenommen, da wurde natürlich viel gewitzelt. Und irgendwie kam es doch rüber, daß man es den Deutschen in Bremen mal zeigen könne".[11]

Zuvor beim Hinspiel in Rotterdam unterstützten nicht nur die holländischen Medien ihre Rabauken. Schikanen gegen Werder-Fans kamen dort selbst von höchster Stelle: „Es war abgesprochen", wird Willi Lemke, der Manager von Werder Bremen, zitiert, „daß angereiste deutsche Fans noch Karten bekommen. Doch dann hat Rotterdams Bürgermeister am Mittag (des Spieltages) verboten, daß Fans ohne Ticket auch nur in die Nähe des Stadions kommen. Hier ist einkassiert worden, wer deutsch sprach".[12] Im gleichen Zusammenhang erboste sich Lemke über die Feyenoord-Fans, die am Stadion die Werder-Offiziellen mit „Heil Hitler"-Rufen und Steinwürfen empfingen sowie über unsportliches Verhalten der Feyenoord-Spieler („Das habe ich in 13 Jahren als Manager noch nie erlebt.") und über den Schiedsrichter, der die Bremer grob benachteiligte. Daraufhin hielt das Bremer Fanprojekt in seiner Presseauswertung dem Werder--Manager vor, er hätte sich „über die emotionalisierende und eventuell nationalisierende Wirkung seiner Worte im Klaren sein können".[13]

Und schon wieder ist der Deutsche schuld am Verhalten der Holländer.

Während, wie der Fußball-Poet Klaus Hansen schreibt, der böse Deutsche auf die Sichtweise festgelegt ist: „Holland! Da fallen einem alle Sünden ein!", sehen es die guten Deutschen als ihre Aufgabe an, „bei der hiesigen Fanszene eine größere Sensibilität gegenüber niederländischen Reaktionen zu fördern"[14], beziehungsweise „der bundesrepublikanischen Seite die Ursachen der antideutschen Ressentiments bei den Niederländern verständlich zu machen".[15] Es ist wohl legitim, beide Formeln zusammenzufügen: „Sensibilität" wäre demnach, für die Ressentiments Verständnis zu zeigen und sie hinzunehmen; schließlich sind sie nur „Reaktionen" – was bedeutet, daß die eigentlich Ursache dafür bei uns Deutschen selbst liegt.

Letzten Endes wird von dieser Seite jede aggressiv-nationalistische Attitüde von Holländern gegen Deutsche mit den historischen Erfahrungen der Holländer aus dem Zweiten Weltkrieg gerechtfertigt. So zitierte der Weser-Kurier (2.11.94) nach dem Europapokalspiel von Werder Bremen in Rotterdam einen Fanprojekt-Mitarbeiter: „Auch für die speziellen Aggressionen in Rotterdam, wo etwa der Werder-Bus mit ‚Heil Hitler'-Rufen empfangen wurde, glaubt Hafke den Hintergrund zu kennen: ‚Rotterdam war die einzige holländische Stadt, die im Zweiten Weltkrieg von den Deutschen bombardiert worden ist'". Dieser Verweis ist ein moralischer Vorschlaghammer, aber kein Argument.

Mit dem Rücken zum Feind?

In der erwähnten Sendung des Hessischen Rundfunks bestätigte der holländische Journalist die Aussagen der Clingendael-Studie, die Holländer würden die Deutschen im Grunde nicht kennen und sich auch nicht für sie interessieren. Ihr Blick sei viel mehr nach Westen gerichtet: Auf die Deiche, auf das Meer und nach Amerika. „Denn Niederländer sind wie Deutsche: sie glauben ebenfalls, daß aus dem rückständigen Osten nichts Gutes kommen kann."

Verständnisvoll kommentierte das der Schriftsteller Peter Härtling: „Die Holländer haben es ja nun wirklich schwer mit uns in ihrer Geschichte gehabt. Sie waren ein böse besetztes Land. Die holländischen

Juden sind verschleppt worden, die deutschen Emigranten, die dort geschützt wurden, sind auch verschleppt worden und umgebracht worden. Das lastet noch immer auf der Erinnerung vieler Menschen. (...) Es ist besser mit dem Rücken zum bösen Nachbarn zu stehen als mit dem Gesicht".

Böses Foul, böses Foul! Da ist doch einiges faul. Welches im Krieg besetzte Land war denn nicht „böse besetzt"? Und was ist das für eine Logik, die besagt, daß es besser wäre, einem bösen Nachbarn den Rücken zuzudrehen? Wenn er wirklich böse ist, sollte man ihn doch besser im Blick behalten.

Daß aus dem rückständigen Osten nichts Gutes komme ist eine Meinung, die sicher auch viele Deutsche haben. Sie öffentlich zu äußern ist jedoch geächtet. Härtling übergeht diese Polemik geflissentlich, weil sie von einem Holländer gegen die Deutschen geäußert wird. Er würde sicher protestieren, wenn sie von West- gegen Ostdeutsche ausgesprochen würde oder von Deutschen gegen Polen. Vielleicht würde er wieder taktvoll schweigen, wenn sie von polnischer Seite gegen Russen eingesetzt würde. Möglicherweise hat die These vom „rückständigen Osten" sogar einen diskussionswürdigen Gehalt. Der Unterschied, der hier gemacht wird, ist, daß solch eine polemische Arroganz einem Holländer zugestanden wird, einem Deutschen aber nicht.

Identifikation mit dem Aggressor?

Die Identifikation der guten Deutschen mit der spezifischen holländischen Deutschfeindlichkeit geschieht meistens indirekt durch unterwürfige oder vorauseilende Zustimmung, manchmal aber auch so direkt: „Die unglückliche WM-Niederlage war bei den niederländischen Spielern und Fans scheinbar bald abgehakt. Für die niederländischen Spieler von 1974 verkörperten ihre Gegner eher die ‚guten Deutschen', die mit der Vergangenheit nichts zu tun hatten. (...) Es sei daran erinnert, daß jene Jahre noch heute als die besten (und emanzipatorischsten/liberalsten) des deutschen Fußballs firmieren. Die deutsche Mannschaft (speziell die EM-Elf von '72) spielte gewissermaßen 'niederländischer' als in den 80ern".[16]

Die derzeitige Spielweise der deutschen Nationalmannschaft ist in der Tat ein Greuel, und was Franz Beckenbauer nach dem Spiel gegen Jugoslawien bei der WM in Frankreich schrieb, hat sich wenige Tage später erledigt: „Wir Deutschen haben etwas im Blut, um das uns die ganze Welt beneidet: Wir geben nie auf. Unseren sprichwörtlichen Willen muß ein Gegner erst mal brechen.“[17] Die Sprache, die Beckenbauer, also einer dieser „guten Deutschen“ von 1974, heute, 1998, verwendet, hat möglicherweise doch etwas „mit der Vergangenheit“ zu tun. Ich finde sie jedenfalls ziemlich unbehaglich. Aber die Auffassung, am besten wäre der Deutsche (im Fußball), je „niederländischer“ er ist, bietet nur Selbstverachtung als Alternative. Und das ist keine.

Die als beispiellos erlebten Feindseligkeiten beim Länderspiel im April ’96 könnten die sichtbare Zuspitzung jener Entwicklung sein, die Schulze-Marmeling als „Politisierung“ der deutsch-holländischen Fußballkonkurrenz in den Niederlanden bezeichnet hat. Was in den Niederlanden der Grund dafür sein mag, entzieht sich meiner Kenntnis, und daß sich die deutsche Gesellschaft der 80er Jahre massiv in Richtung der deutschfeindlichen Klischees (arrogant, kriegslüstern) entwickelt hätte, wäre mir glatt entgangen, obwohl ich die ganze Zeit im Lande war. Ich weiß nicht, was die Holländer dazu bewegt hat, und jene Deutschen, die dafür um Verständnis werben, wissen es offenbar auch nicht.

Hingegen ist die unter Fußballfans verbreitete Feindseligkeit gegen „die Holländer“ nachvollziehbar als Reaktion auf konkrete Erfahrungen. So stellt das oben angesprochene Europapokalspiel der Bremer in Rotterdam ein wichtiges Kapitel der Vorgeschichte des Länderspiels vom April ’96 dar. Es liegt, anders als der 2. Weltkrieg, im Bereich der eigenen Wahrnehmungen jugendlicher Fans. Die „Heil Hitler“-Rufe der Feyenoord-Fans gegen die Mannschaft von Werder Bremen folgten nicht diesem Länderspiel, bei dem viele Fans im deutschen Mob den Hitlergruß zeigten – sie gingen ihm voraus. Sie waren eine Vorlage für das, was später kommen sollte: Daß die bösen Deutschen ihre Gegner mit einem entsprechenden Auftritt bedienten und die guten Deutschen sich darüber entsetzten.

Die Trennlinie zwischen guten Deutschen und bösen Deutschen ist, in Bezug auf den holländischen Nachbarn, nirgendwo so deutlich wie beim Fußball. Möglicherweise wird die feindselige Haltung gegen Holländer überhaupt durch Erfahrungen und Traditionen in diesem Bereich gelernt. Denn während der „Moffen-Haß" in Holland extrem weit verbreitet ist, ist in Deutschland (zumindest abseits vom Fußball) das Gegenteil der Fall: Außer in den Urlaubsmonaten, wenn sie mit ihren Caravans die deutschen Autobahnen blockieren, „können die Niederländer machen, was sie wollen, die Deutschen nehmen ihnen nichts übel. Nach einschlägigen Umfragen sind den Deutschen unter ihren neun Nachbarvölkern die Niederländer am liebsten". **Quelle??**

Beides vermutlich aus dem gleichen Grund: daß sich Holländer und Deutsche so ähnlich sind. Der *Spiegel*: „Die Niederländer leiden schrecklich daran, im Ausland so oft mit Deutschen verwechselt zu werden, woraus Tiefenpsychologen den Verdacht ableiten, daß der holländische Deutschenhaß auch eine Art Selbsthaß ist."[18] Abgesehen davon, daß dieser „Selbsthaß" eher selbst erklärt werden müßte, als daß er schon eine Erklärung wäre, bliebe die Frage nach dem Selbsthaß der Deutschen.

Obwohl Fremd- und Selbsteinschätzung zu Arroganz oder (In-)Toleranz als Eigenschaften der Deutschen tendenziell deckungsgleich sind, stimmen sie mit der Wirklichkeit, sofern solche Ansichten überhaupt objektivierbar sind, nicht überein. Nur 35% der Deutschen halten Toleranz für eine in Deutschland verbreitete Tugend; das ist sehr deutlich die Minderheit, wenn auch nicht so sehr wie in Holland, wo nur 6% die Deutschen für tolerant halten.[19] Dabei sind mehr Holländer als Deutsche (65%/51%) gewillt, gegebenenfalls (Arbeitsplatzmangel) Ausländer zurückzuweisen – wo doch zumindest in Deutschland die Toleranz gegenüber Ausländern die Gretchenfrage zum Thema Toleranz überhaupt darstellt. Auch der beliebte Rekurs auf den Zweiten Weltkrieg oder Hölzenbeins Schwalbe (er bestreitet es noch heute) beim Endspiel von 1974 scheinen mir keine tragfähigen Argumente für den holländischen Anspruch auf „ewige Wiedergutmachung" (C. Hamans) zu sein.

Daß die Holländer ein Problem mit Deutschland haben und die Deutschen gerne als Trottel und Nazis hinstellen, ist eine Sache. Aber daß wir Deutschen uns den Schuh anziehen, ist wieder unser Problem. Die Ähnlichkeit oder Verwandschaft zwischen beiden (zum Beispiel in der Verachtung des „rückständigen Ostens") macht diese Entsprechung möglich, aber nicht notwendig.

Die deutsche Schuldpflege

Ich gehe davon aus, daß das Streben nach Liebe und Anerkennung die wesentliche Triebkraft für alles menschliche Handeln ist. Das ist schwer für ein Volk, welches sich als beladen ansieht mit der historischen Schuld an zwei Weltkriegen und dem Völkermord an den Juden. Aber dieser gehegte Quell ständiger Schuldgefühle hat auch Vorteile, weil er (was gerade in postmodernen Zeiten nicht leicht ist) eine Identität stiftet. Und da haben die Holländer, die so fein raus zu sein scheinen, ein Problem: „Es gibt noch viele andere Untersuchungen, die sich damit beschäftigt haben, die Niederländer zu fragen: Was ist typisch niederländisch; was ist ein Symbol für einen Holländer; gibt es etwas, worauf man stolz sein kann; wenn man 'die Niederlande' sagt, woran denkst du da? Eigentlich kam da nichts raus."[20]

Eine Identität, die auf untilgbarer Schuld basiert, ist natürlich keine entspannte und bequeme Sache. Wie damit umgehen? Man kann die Schuld abspalten, indem man sich gewissermaßen mit auf den Stuhl des Anklägers setzt und die Schuld, das heißt die Rolle des eigentlichen Deutschen, einer anderen Teilgruppe überläßt. Einer, welche diese Rolle auch annimmt: Ja, wir sind die, die zu sein ihr uns vorwerft, und wir sind stolz darauf! Eine entspanntere dritte Position, die weder pro noch anti ist, ist nicht leicht, aber möglich.

Es gibt viele junge Deutsche, die diese Entwicklung zur „Politisierung" nicht mitmachen: Nur noch eine Minderheit (31%) der Jugendlichen zwischen 14 und 29 Jahren in Deutschland fühlt sich als Deutsche – 16% als „Kölner" etc., 14% als Europäer, 13% als Weltbürger, 10% als „Bayern" etc. [21]

„Vereinfacht ausgedrückt, nehmen nicht wenige Deutsche den Niederländern übel, daß diese von den Deutschen besetzt wurden. Denn der deutsche Besatzungsterror ermöglichte den Niederländern, gegenüber den Deutschen moralische Überlegenheit zu demonstrieren. 'Die Niederländer und die Juden haben es gut. Sie sind verfolgt worden, während wir armen Schweine die Verfolger waren, die nun ständig dafür büßen müssen'. So werden die Niederländer nicht als Opfer, sondern vielmehr als die eigentlichen Täter betrachtet – als höchst arrogante noch dazu", spöttelt Schulze-Marmeling.[22] Was er verpaßt, ist die Trennung zwischen Vergangenheit und Gegenwart: Nicht wenige Deutsche nehmen den Niederländern übel, daß sie heute moralische Überlegenheit für sich reklamieren, weil sie (oder ihre Vorfahren) vor mehr als einem halben Jahrhundert Opfer gewesen waren.

Zugegeben bringen auch diese „nicht wenigen Deutschen" ihr Unbehagen in der gleichen Weise durcheinander, weil sie in der Regel nicht zu den Gebildeten und analytisch Denkenden zählen. Ihr Kritiker hingegen bringt es durcheinander, weil er den Abschied von der historischen Schuld als etwas Vergangenem nicht zulassen kann, sondern immer etwas finden wird, was beweist, daß dieses Vergangene ja noch fortexistiert.

Fußballrandale als Völkerverständigung

Was die oben erwähnten Studien gezeigt haben ist erstens, daß ein profunder Deutschenhaß unter Niederländern existiert, der von wenig Sachkenntnis getrübt ist. Es ist ein nationalisitisches Vorurteil über die Deutschen, das in Holland insbesondere beim Fußball gepflegt wird, und zwar ein Vorurteil, das der Realität nicht entspricht: Die meisten Deutschen wollen weder die Welt erobern noch überhaupt Krieg führen und sind nicht arroganter als es die Holländer selbst sind – zumindest gegenüber den Deutschen, wenn es um Fußball geht.

Wann immer sich große Gruppen zusammenfinden – seien es die Massen beim Fußball oder ganze Nationen – werden sie immer jemanden finden, dem sie die Rolle des Schurken aufdrücken können. Irgendjemand, der Schuld ist, an was auch immer. Klassischerweise gehen auch einem Fußballkrawall erst einmal Schmähungen und verbale Provokationen voraus. Danach fühlen sich beide Seiten gerechtfertigt, weil der andere angefangen hat – entweder mit dem Prügeln oder mit der Provokation. Dieses Element ist dadurch ein wenig verloren gegangen, daß durch die polizeilichen Überwachungs- und Repressionmaßnahmen die Krawalle weitgehend aus dem Stadion verdrängt wurden und nun als eine Art sportliches Box-Ereignis arrangiert werden.

Bei Länderspielen ist natürlich wenig zu arrangieren und viel dem Zufall überlassen. Was für ein Mob kommt wohl zusammen? Wird randalemäßig überhaupt etwas abgehen? Zwischen „traditionellen Feinden“ wie deutschen und holländischen Fans ziemlich sicher. Daß es zwischen Deutschen und Holländern so heftig abgeht, liegt wahrscheinlich daran, daß sich die Menschen aus beiden Ländern so sehr ähnlich sind. Da ist dann das Bedürfnis, deutliche Unterschiede zu behaupten, besonders groß. Man kennt sich und kann sich gut aufeinander einstellen, auch in feindseliger Haltung.

Die Schmähungen der holländischen Fans geschehen gewissermaßen weit im Vorfeld; die Pflege der Vorurteile ist nicht abhängig davon, ob gerade irgendwelche Europapokal- oder Länderspiele anstehen. Die deutschfeindliche Attitüde, die bei jungen Holländern so weit verbreitet ist, provoziert zwei Reaktionsmuster, die sehr gegensätzlich wirken, aber beide zum Konflikt beitragen. Das eine sieht, grob gesagt, so aus, daß es den Anschuldigungen Recht gibt: Ja, wir Deutschen sind arrogant, rassistisch und so weiter; vielleicht nicht einmal „wir“, sondern „die“ Deutschen, nämlich diejenigen, denen es an kritischer Einsicht fehlt. Das andere reagiert beleidigt: Ihr regt euch über uns deutsche „Nazis“ auf? Dann werden wir euch mal Grund geben dafür!

Beide Seiten wissen, womit sie den anderen ärgern können. Dabei wirkt die „politisch korrekte“ Selbstanklage der guten Deutschen zumindest in der nationalistisch geprägten Wahrnehmung, sei es der deutschfeindlichen Holländer oder hollandfeindlichen Deutschen, so würdelos, daß sie wiederum die Verachtung oder den Zorn der gegnerischen Parteien anstacheln. Die Feindseligkeiten und Angriffe der Rotterdamer Hooligans und Polizei, die sich pauschal gegen alle Deutschen im Stadion (oder auf dem Weg dorthin) richteten, sorgten dafür, daß es wirklich „die Deutschen“ waren und nicht nur ein großer Mob im deutschen Fanblock, die sich als typische deutsche Nazis präsentierten – erwartungsgemäß, um nicht zu sagen wunschgemäß.

Das „Freundschaftsspiel", das gemäß Kooperationsvertrag Freundschaft stiften sollte oder zumindest Befriedung der feindlichen Fanlager, lief also gründlich schief. Mußte schieflaufen, weil sich beide Seiten ihre Feindschaft nicht nehmen lassen wollten. Sicher ist Völkerverständigung durch internationale Jugendbegegnungen möglich, auch über das Medium Sport. Aber nicht, indem ein notorischer Anlaß für Krawalle und Haßdemonstrationen auf den Terminplan gesetzt wird, garniert mit guten Wünschen der Veranstalter. Bei der Pflege der Vorurteile erweist sich Fußballrandale als Völkerverständigung der anderen Art, in der sich die Völker nämlich über sich selbst verständigen in der Abgrenzung von Gegnern. Im Ergebnis von Rotterdam konnten sich alle Beteiligten wiederfinden und in ihren Annahmen über sich selbst und über die anderen bestätigt sehen.

Anmerkungen:

1) DFB-Journal 3/95.
2) C. Hamans, De Stem, Breda. Am 21.2.97 im Hessischen Rundfunk (HR 1).
3) FAZ, 26.3.97
4) Im Vorwort seiner Studie „Reagans Amerika". Vlg. Stroemfeld/Roter Stern. Frankfurt/Basel, 1984).
5) Auschwitz als Metapher. taz, 25./26. 1. 1997.
6) Zu diesem Fall schreibt Dietrich Schulze-Marmeling: „Als Völler und Rijkaard, die sich zuvor wiederholt beharkt hatten, gemeinsam vom Platz gestellt wurden, rotzte der Niederländer in des Deutschen Lockenpracht. Nach dem Schlußpfiff kam es entlang der deutsch-niederländischen Grenze zu schweren Auseinandersetzungen. Einige niederländische Spieler behaupten anschließend, Völler habe Rijkaard zuvor mit rassistischen Beschimpfungen bedacht. (...) Was sich in Mailand real zutrug, blieb bis heute ungeklärt. Möglicherweise wollte Rijkaard, der sich mit seinem Kontrahenten längst ausgesöhnt hat, Völler schützen."
Die Behauptung rassistischer Beschimpfungen würde man bei ein paar anderen deutschen Spielern für gut möglich halten, bei Rudi Völler wohl kaum. Daß man als Außenstehender (oder -sitzender) nie genau weiß, „was sich real zutrug", stimmt generell. Solch vorsichtige Zurückhaltung ist im Fußball-Diskurs so selten, daß man sich fragt, warum sie gerade hier bemüht wird; zumal gerade hier relativ offensichtlich war, was passiert ist – wir haben es oft genug in Zeitlupe und als Zeitungsfoto wiederholt bekommen.
Die Formulierung „rotzte in des Deutschen Lockenpracht" ist geeignet, das ganze zu verharmlosen, als komische Angelegenheit zu präsentieren, wobei „der Deutsche" mit seiner „Lockenpracht" auch noch die Rolle des dummen August zugeschoben bekommt: Der Deutsche als solcher ist der Tumbe, der Holländer der Pfiffige.
Es ist kaum zu fassen, daß ein intelligenter und sachkundiger Autor wie Schulze-Marme-

ling so einen verdrehten Mist schreiben kann, daß jemand einen anderen anrotzen könnte, „um ihn zu schützen". Vor wem oder was ist man denn geschützt, wenn man angerotzt wird? Anscheinend muß das Weltbild (Holländer gut, Deutscher bös') um jeden Preis passend gemacht werden, wenn das Offensichtliche mal nicht paßt.
Dietrich Schulze-Marmeling, Die deutsch-niederländische Fußballkonkurrenz. In: „Wij halen onze fietsen terug – wir holen unsere Fahrräder zurück". Vom Prozeß einer nachbarschaftlichen Annäherung. KOS-Schriften 4. Koordinationsstelle Fan-Projekte bei der Deutschen Sportjugend. Frankfurt, 1995. Seite 69f.
7) Ein übliches Ritual nach bedeutenden Spielen ist, daß Spieler der gegnerischen Mannschaften miteinander die Trikots tauschen. In diesem EM-Spiel verlor die deutsche Mannschaft (im eigenen Lande) gegen den späteren Turniersieger Holland und schied aus. Nach dem Spiel tauschten Ronald Koeman und Olaf Thon. Koeman wischte sich demonstrativ mit dem deutschen Nationalmannschafts-Trikot, das er gerade von Thon bekommen hatte, über den Hintern. Auch das ist eine im Bewußtsein vieler deutscher Fans unvergessene Szene.
8) Auch bei dieser „Schlacht von Göteborg" war die „Kriegsschuld" von den Deutschen gepachtet. Bild (19.6.92): „Nach den grausamen Verwüstungen der Engländer drehen jetzt die Deutschen durch." Frankfurter Rundschau (20.6.92): „Eine Bilanz des Schreckens, hervorgerufen durch mehrere hundert deutsche Hooligans."
9) Es gibt bei Schulze-Marmeling einen Hinweis, daß nicht die älteren Generationen, sondern eben Jugendliche den holländischen Deutschenhaß pflegen: „Ende der 80er (hatte) die deutsch-niederländische Fußballkonkurrenz – weithin unbemerkt – eine Politisierung erfahren, wobei diese Politisierung in den Niederlanden ihren Ursprung hatte." Der Autor erklärt sich dieses Ressentiment als – wenn schon nicht direkt von uns Deutschen verursacht – so doch „verstärkt (und reaktiviert) durch die politische Entwicklung im Nachbarland".
Auch hier ist Schulze-Marmeling wieder wenig konkret. Was meint er mit „politisiert"? Andere Fans als Nazis zu beschimpfen? Das war nicht neu – schon Anfang der 80er Jahre wurden die HSV-Spieler und -Fans bei Europapokalspielen in Holland als „Nazi-Schweine" beschimpft. Was meint er mit „reaktiviert"? Und was ist in Deutschland Ende der 80er Jahre passiert, was die „Politisierung" der Deutschfeindlichkeit unter niederländischen Jugendlichen verstärkt oder reaktiviert hätte? Das ist alles wenig überzeugend – es sei denn, der Leser möchte mit Schulze-Marmeling zu dem Schluß kommen, daß immer, wenn Deutsche von Niederländern „politisch" attackiert werden, sie selber schuld sein müssen.
10) DuMont Reiseführer Amsterdam '97. Mit der dort erwähnten Umfrage ist die sogenannte Clingendael-Studie gemeint:
Ltsen B. Jansen, Bekannt und unbeliebt. Das Bild von Deutschland und den Deutschen unter Jugendlichen von fünfzehn bis neunzehn Jahren. Ergebnis einer Umfrage des Niederländischen Instituts für internationale Beziehungen. Clingendael, März 1993. Deutsche Übersetzung bei der Landeszentrale für politische Bildung NRW.
11) Weser-Kurier, 1.11.94. Carell, der bei Bremen wohnt, hatte, als nett und witzig gemeinte Geste gegenüber den Gästen, die holländische Mannschaftsaufstellung vor dem Spiel im Stadion verlesen sollen, „damit die Namen endlich mal richtig ausgesprochen werden". Nach heftigen Attacken in holländischen Zeitungen ("Das hätte auf unsere Fans gewirkt wie ein rotes Tuch auf den Stier") zog Carell seine Zusage wieder zurück.
12) sid-Meldung in der Offenbach-Post, 22.10.94.
13) In: KOS-Hefte 1. Schwierige Nachbarschaft. Zum deutsch-niederländischen Ver-

hältnis im Spiegel des Fußballs und seiner Fans. Koordinationsstelle Fan-Projekte bei der Deutschen Sportjugend. 1995. Seite 22.

14) Dietrich Schulze-Marmeling, a.a.O. S. 71.

15) Bericht vom Hin- und Rückspiel des SV Werder Bremen-Feyenoord Rotterdam. Thomas Hafke und Manfred Rutkowski, Fan-Projekt Bremen. Seite 12. In: KOS-Hefte 1. Schwierige Nachbarschaft. Zum deutsch-niederländischen Verhältnis im Spiegel des Fußballs und seiner Fans. Koordinationsstelle Fan-Projekte bei der Deutschen Sportjugend. 1995.

16) Dietrich Schulze-Marmeling, a.a.O. S. 62.

17) Bild-Zeitung, 23.6.98.

18) Der Spiegel 9/94.

19) Nach einer Umfrage im holländisch-deutschen Grenzgebiet durch die Universtität Münster und die Hogeschool Enschede im Mai 1994.

20) Illya Jongeneel, „..ben ik van Duitsen bloed". Zur Problematik des niederländisch-deutschen Verhältnisses. In: „Wij halen onze fietsen terug – wir holen unsere Fahrräder zurück". Vom Prozeß einer nachbarschaftlichen Annäherung. KOS-Schriften 4. Koordinationsstelle Fan-Projekte bei der Deutschen Sportjugend. Frankfurt, 1995. Seite 49.

21) Emnid-Umfrage von 1994, nach Spiegel 38/94.

22) Schulze-Marmeling a.a.O., S. 68.

Rechte Rabauken in Hindenburg

„Das sind Feinde des Fußballs. Ich bin furchtbar enttäuscht über das, was sich zugetragen hat. Wir möchten uns beim polnischen Volk entschuldigen." Das, was Bundestrainer Berti Vogts so enttäuscht hat, war der Auftritt von rechtsradikalen Hooligans[1] beim Länderspiel Anfang September in Zabrze, Polen. Ganz entsprechend teilte Außenminister Klaus Kinkel seinem polnischen Amtskollegen mit, er fände das absolut empörend: „Ich schäme mich dafür." Eine Gruppe Dortmunder Fans entschuldigte sich (wenige Tage später bei ihrem Heimspiel gegen Lodz) per Transparent am Stadionzaun bei den vermeintlich beleidigten Polen.

Sich über ein Ereignis zu empören oder sich von etwas zu distanzieren: „Damit habe ich nichts zu tun, damit stimme ich nicht überein", das ist eine Sache. Sich zu schämen, das ist jedoch etwas anderes. Wie kann man sich für etwas schämen und sinnvollerweise entschuldigen, was man gar nicht getan hat, was man nicht wenigstens gewollt oder gedacht hat? Ohne Schuld ist Scham sinnlos und Entschuldigung unmöglich.

Die Ereignisse

Was genau ist im September '96 in Zabrze eigentlich geschehen? Die Deutsche Presseagentur (dpa) berichtete so: „Die rund 300 deutschen Randalierer zettelten Schlägereien mit polnischen Hooligans an. Sie begleiteten die deutsche Nationalhymne mit dem 'Hitler-Gruß' und skandierten anti-jüdische Sprechchöre." Diese Sprechchöre, die in den Zeitungsmeldungen nicht wiedergegeben wurden, lauteten „Wir sind in Polen/um Juden zu versohlen." Im Stadion wurde ein Transparent mit dem Spruch „Wir grüßen die Schindler-Juden" beschriftet und hochgehalten. Außerdem kam es zu vereinzelten Schlägereien.

In der Frankfurter Fanzeitung *Fan geht vor* (Nr. 48, Oktober 96) berichtet Andreas „Pferd" Hornung als Augenzeuge von den Ereignissen am Rande des bewußten Länderspieles. Demnach war der Mob von etwa 300 deutschen rechtsradikalen Hooligans zum Länderspiel gegen Polen gekommen. Die großen Auseinandersetzungen mit ihren polnischen Kollegen oder Gegnern blieb aber weitgehend aus: „Die Polen (gemeint sind die polnischen Fußballfans/Hooligans) hatten insgesamt fünf verschiedene Mobs, die sich untereinander nicht grün waren und gegenseitig mit Sprechchören provozierten. Das Ganze gipfelte darin, daß ein Legia Warschau-Fan die Blockfahne der Krakauer klauen wollte, was dazu führte, daß er übelste Schläge direkt vor deren Block einfing. Weite Teile der zweiten Halbzeit waren die deutschen Zuschauer dermaßen mit dem Beobachten der innerpolnischen Schlachtgesänge beschäftigt gewesen, daß man fast vergessen hatte, daß die Partie Polen gegen Deutschland hieß. Zu Spielbeginn war dies noch anders gewesen. Ein Legia-Warschau Hool nutzte die ‚Gunst der Stunde' und entwendete eine Preußen Münster-Fahne direkt von der Bande vor dem deutschen Hool-Mob, was einen Ausfall derer in Richtung Legia Warschau-Hools zur Folge hatte. Nur das massive Einschreiten der polnischen Polizei verhinderte zu diesem Zeitpunkt Schlimmeres." Das Schlimmste, was passierte, waren schließlich ein paar Schlägereien zwischen Rabauken und Polizei sowie die in den Medien erwähnten antisemitischen Parolen in Sprechchören oder als Transparent.

Allerdings kam es nach dem Spiel, wovon Fernsehen und Zeitungen nichts mehr mitbekamen, zu folgendem Vorfall. „Pferd": „Als wir uns eine halbe Stunde nach Spielschluß in Richtung Bahnhof aufmachten, konnte ich mich eines mulmigen Gefühls in der Magengegend nicht erwehren. Schon nach kurzer Zeit, als sich der nunmehr 500 Mann starke Mob in einer dunklen Seitenstraße, in der es rechts und links keine Fluchtmöglichkeiten gab, befand, war passiert, was ich eigentlich vermeiden wollte. Ich befand mich inmitten einer Menge, als die überwiegend ostdeutschen Hools anfingen, im Gleichschritt zu marschieren. Dieses Geräusch sowie die ersten Wörter eines aus dem Dritten Reich bekannten Liedes versetzten die polnischen Ordnungshüter hinter uns derart in Rage, daß sie wild um sich schlagend auf alle eindroschen, die im Wege waren."

Gruppen denken anders

Bemerkenswert für die Bewußtseinslage der jungen Raubauken (oder Neonazis/Rechtsradikalen) scheint mir der Nachspann zu der Geschichte. Auf der Rückreise wurde die ganze deutsche Reisegesellschaft, also sowohl der auffällige Mob als auch unauffällige deutsche Fans, mitten in der Nacht von der Polizei aus dem Zug komplimentiert und sauerte bis zum morgen auf dem Bahnsteig eines kleinen Provinzbahnhofes vor sich hin. „Pferd" verfolgte während dieser unfreiwilligen Wartezeit ein Gespräch, „als so eine Hohlbirne meinte, er könne es gar nicht verstehen, daß die polnischen Polizisten auf unserem Weg zum Bahnhof auf einmal so ausgerastet wären. Unglaublich! Da befinden wir uns in Zabrze, keine 20 Kilometer von Gliwice entfernt, der Stadt, in der am 1. September 1939 der Krieg gegen Polen anfing, und dann solche Sprüche. Einfach unglaublich".

Da sind in der Tat Sprünge im Bewußtsein, aber die sind gar nicht so unglaublich. Das Wissen um historische Fakten mag bei den einzelnen Personen im deutschen Mob, höflich ausgedrückt, lückenhaft sein. Aber wenn sie nicht wenigstens eine Ahnung gehabt hätten, wäre der ganze Auftritt ja nicht möglich gewesen. Ihre Provokationen, und anders kann man das Singen von Nazi-Marschliedern in einer Stadt wie Zabrze wohl kaum bezeichnen, sind genau verstanden und entsprechend beantwortet worden. Es ist schon eine beachtliche Leistung, das binnen weniger Stunden zu verdrängen.

Es ist der Sprung zwischen zwei Ebenen, auf denen der menschliche Verstand funktioniert, wo manchmal die eine die andere nicht versteht, obwohl sie im gleichen Schädel zuhause sind. Das ist zum einen das Gruppenbewußtsein in einer emotional aufgeheizten Situation, und zu anderen das relativ ruhige Gespräch zwischen zwei Einzelpersonen. Die Einschätzung, es sei unverhältnismäßig, so viele Leute wegen einiger Worte und Gesten ein paar Stunden später schmoren (oder genauer: frieren) zu lassen, erscheint in gewisser Weise vernünftig, andererseits auch sehr bequem, wenig intelligent und schon gar nicht verantwortungsbewußt. Wenn diese beiden sachlich und rational denkenden Individuen erneut in eine entsprechende Gruppensituation hineingehen, werden Worte und Gesten nicht mehr Schall und Rauch, sondern wieder Provokationen „bis aufs Blut" sein, und „der Feind" wird niedergeschlagen werden müssen – oder umgekehrt.

Der größte Teil auch der gewaltbereiten deutschen Fußball-Fanszene, hatte sich von diesem Länderspiel bewußt ferngehalten und war zuhause geblieben: Mit dem, was sich lange vorher abzeichnete und dann auch stattfand, wollten die meisten aus der Szene nichts zu tun haben. Sie schämten sich zwar nicht öffentlich und sie entschuldigten sich nicht medienwirksam, aber sie distanzierten sich buchstäblich, indem sie Abstand nahmen. Schade eigentlich, daß das nicht von der Öffentlichkeit wahrgenommen wurde, denn das ist doch sehr erfreulich und läßt den skandalösen Vorfall auf ein bescheideneres Maß schrumpfen. „Man wird wieder von den Deutschen sprechen, auch wenn es nur wenige waren", ahnte der DFB-Präsident Egidius Braun. Und er hätte, wenn es ihn interessieren würde, auch sagen können: „Man wird wieder von den deutschen Hooligans sprechen können, auch wenn es nur wenige waren."

Viel oder wenig ist natürlich relativ, und noch weniger wäre mir persönlich entschieden lieber gewesen. Der Auftritt von (nur oder immerhin) 300 rechten Krakeelern ist vielleicht peinlich, aber eine „Katastrophe", wie DFB-Chef Egidius Braun den Vorfall apostrophierte, war es nicht – es sei denn im Hinblick auf die Bewerbung Deutschlands um die Ausrichtung der Fußball-WM 2006. Es eine Katastrophe zu nennen ist eigentlich eine unverantwortliche Verharmlosung von dem, was zwischen Deutschen, Polen und Juden in diesem Jahrhundert tatsächlich an Katastrophalem geschehen ist. Ebenso erscheint die Formulierung von Berti Vogts „Das Brutalste waren die Gesten gegenüber dem polnischen Volk" unangemessen: Solange nichts Ärgeres passiert ist als Gesten und Schimpfworte, wie böse gemeint und wie geschmacklos auch immer, ist brutal doch noch etwas anderes. Es gibt immer noch einem Unterschied zwischen dem Gesagten und dem Faktischen.

Hindenburg

1994 wurde ein Länderspiel gegen England abgesagt, weil das Datum (einen Tag nach „Führers Geburtstag") die rechte Szene animiert hätte, sich im Stadion laut und sichtbar zu machen. Der DFB, wegen seiner Terminwahl gescholten, antwortete damals sinngemäß, man könne doch nicht bei jedem Länderspiel den Kalender mit den möglichen Feiertagen der Neonazis abfragen.

Beim Länderspiel gegen Polen 1996 kam es noch dicker. Der Termin des Spiels, drei Tage nach dem Jahrestag des Überfalls der deutschen Wehrmacht auf Polen 1939, ist sicher ebenso „unglücklich" wie die Wahl des Spielortes: Zabrze, während des Dritten Reiches auch Hindenburg genannt, liegt gerade mal 20 Kilometer von Gleiwitz und 30 Kilometer von Auschwitz entfernt.[2] Daß das Stadion von Gornik Zabrze früher Adolf-Hitler-Kampfbahn hieß, gibt der unglücklichen Fügung nur noch den letzten Schliff.

Natürlich kann das alles Zufall sein. Bei der Festlegung des Termins und vor allem des Spielortes dürfte der Einfluß des gastgebenden polnischen Fußballverbandes auf alle Fälle maßgeblicher gewesen sein als der des deutschen. Wenn wir mal ganz hypothetisch annehmen, es wäre kein Zufall gewesen, sondern eine (bewußte oder unbewußte) Absicht – was könnte diese Absicht gewesen sein? Wäre es die Absicht gewesen, die Fratze des bösen Deutschen hervorzulocken, dann wäre die Rechnung jedenfalls aufgegangen.

Zu dem Wirbel, den der Auftritt der deutschen Hooligans in Zabrze mit sich brachte, gehörte auch die Kritik der Fanprojekte, die Nationalmannschaft hätte schon vor dem Spiel mit einem Besuch im nahegelegenen Auschwitz ein Zeichen setzen sollen. Die prompte Replik (aus dem Munde von Berti Vogts) lautete: „Wir fliegen am Dienstag hin, spielen am Mittwoch und fliegen am Donnerstag zurück. Da bleibt einfach keine Zeit, ein Zeichen zu setzen, wie wir es im vergangenen Jahr in Südafrika ja getan haben."

Deutsche, Polen, Juden

Die interessantere Antwort auf die Forderung, die deutsche Nationalmannschaft hätte vor dem Spiel in Zabre die Gedenkstätte in Auschwitz besuchen sollen, war nicht die zitierte prompte, sondern eine, die erst später (und nicht in den Medien) kam: Es hieß, der DFB hätte um einen Besuch der Gedenkstätte Auschwitz im Rahmen des Delegationsprogrammes ersucht, doch die polnischen Veranstalter hätten es den Gästen abgeschlagen.

Das wäre nachprüfbar, und ich glaube deshalb nicht, daß der DFB so etwas behaupten würde, wenn es nicht zuträfe. Tatsächlich halte ich es für vorstellbar, daß „die Polen"[3] nicht daran interessiert waren oder sind, ihre Sportereignisse mit dem Zweiten Weltkrieg oder der Judenvernichtung zu verknüpfen, und zwar aus zwei verschiedenen Gründen.

Erstens: Sie wollten ihre Veranstaltung einfach grundsätzlich nicht mit politisch-historischen Themen befrachten. Der Drang, die Vergangenheit nicht dem Vergessen zu überlassen und sich selbst wieder und wieder zu ermahnen, Lehren daraus zu ziehen etc., mag in Deutschland eine besondere Berechtigung haben. Aber man muß anderen Völkern zugestehen, daß sie diese Attitüde nicht teilen, und zwar mit gleichem Recht. Zweitens: Die Veranstalter wollten speziell das Ländertreffen zwischen Polen und Deutschen nicht mit einer Sache verbinden, die ihres Erachtens die Deutschen mit den Juden auszumachen hätten.

Die polnische Polizei in Zabrze unterließ, was in jedem deutschen Stadion sofort geschehen wäre, nämlich das Transparent mit den „Schindler-Juden" zu kassieren. Nicht, daß sie es nicht verstanden hätten! Sie fanden nur nichts besonders Schlimmes und schon gar nichts Strafwürdiges dabei.[4] Da mag auch der polnisch-katholische Antisemitismus eine Rolle spielen, der in den Jahren nach dem Zweiten Weltkrieg offen auftrat, heute eher verdeckt.[5]

Zumindest in dem Fall, der hier diskutiert wird, war die Empfindlichkeit gegenüber antisemitischen Äußerungen bei den bei den deutschen Gästen weit größer als bei den polnischen Gastgebern. Und auch was Randale im Stadion betrifft, scheinen die Polen weniger pingelig zu sein: „Nach den Warnungen der deutschen Polizei haben wir Schlimmeres erwartet", wird der beim Spiel in Zabrze zuständige Polizeibeamte Ryszard Wloka zitiert. Allerdings, wie die heftige Reaktion der polnischen Polizisten auf den „Marsch auf den Bahnhof" zeigt, ist ihnen keineswegs alles wurscht.

Entschuldigung

Die rassistische Unterdrückung und Ausbeutung, die Kriegsverbrechen an den Polen und anderen slawischen Völkern im Zweiten Weltkrieg wird in Deutschland, anderswo aber nicht unbedingt, mit dem Völkermord an den Juden in einem Atemzug genannt[6]. Noch mal der deutsche Bundestrainer: „Das Brutalste waren die Gesten gegenüber dem polnischen Volk. Dafür müssen wir uns bei ihm entschuldigen." Solch eine Gleichsetzung von Slawen und Juden mag im populären Rassismus des Dritten Reichs existiert haben. Die Organisatoren der Versklavung und Vernichtung haben sie jedenfalls nicht geteilt, noch teilten oder teilen sie ihre Opfer.

Der deutsche Bundestrainer, der Außenminister oder wer auch immer sich dazu berufen fühlt, entschuldigt sich also beim polnischen Volk. Das ist eine relativ einfache Übung, und nicht nur weil die Adresse an ein Kollektiv immer etwas unwirkliches, etwas theatralisch-fiktives hat.

Geradezu unaussprechlich scheint hingegen die analoge Formel: Wir entschuldigen uns beim jüdischen Volk. Nicht, daß all denen, die sich beim polnischen Volk entschuldigen wollten, die antisemitischen Äußerungen entgangen wären. Im Gegenteil haben sie genau das bemerkt. Es gibt einfach keinen geeigneten Adressaten für eine Entschuldigung. Es gibt keinen jüdischen Außenminister, höchstens einen israelischen. Aber nicht der Staat Israel wurde attackiert oder beleidigt. Sich an die von den Neonazis formal direkt angesprochenen „Schindler-Juden" zu wenden, wäre eine törichte Verkürzung. Der Film „Schindlers Liste" gab zwar das Stichwort, weil er gerade überall in Deutschland für so viel Gesprächsstoff gesorgt hatte. Sie standen nun sprichwörtlich für die Juden, die den Naziterror überlebt hatten und die man immer noch bedrohen könnte.

Tatsache ist jedenfalls, daß für antisemitische Ausfälle deutscher Fußballzuschauer Entschuldigungen an die polnische Adresse gingen, wo sie nicht hingehören. Zu einer Entschuldigung gehört immer die Begegnung von zweien, nämlich einem, der sie erbittet, und einem, der sie entweder gewährt oder auch versagt. Das ist hier schlechterdings nicht möglich. Die von den Neonazis vordergründig angesprochenen Juden, zumal „Schindler-Juden", waren ja gar nicht im Stadion; die eigentlichen Adressaten waren die Fernsehzuschauer daheim in Deutschland. Im Grunde ist der Auftritt des rechten Mobs im Stadion von Zabrze ein Beispiel für Antisemitismus ohne Juden.

Anmerkungen:

1) Mit Etikettierungen wie „rechtsradikal" oder „Neonazi" werde ich nicht recht froh. Sie suggerieren eine Sicherheit, über bestimmte Menschen etwas Definitives aussagen zu können, eine Sicherheit, die ich nicht verspüre. Allerdings, wenn man einen Kanon von bestimmten Ansichten (vor allem Freund- und Feindbilder), Kulturformen (Lieder, Kleidung, Symboliken etc.) mit der Bereitschaft zu Gewalttätigkeit kombiniert, ergibt sich ein typisches Bild, in diesem Fall das Bild vom „Neonazi". Ich verwende es hier unter Vorbehalt, nur der Einfachheit halber, nicht aus Überzeugung.
2) Der fingierte Überfall auf den Sender Gleiwitz war der casus belli, auf den hin der Überfall der deutschen Armee auf Polen und damit der Zweite Weltkrieg begann; Auschwitz ist als Ort des Vernichtungslagers die Metapher schlechthin für den Völkermord an den Juden und für deutsche Schuld.
3) Konkret wären das zunächst mal die entscheidenden Männer im polnischen Fußballverband. Im tiefenpsychologischen Verständnis der Psychohistorie sind sie aber die stellvertretenden Agenten des größeren Kollektivs, der Nation – ebenso wie die rechten Rabauken von Zabrze „die Deutschen" darstellen, indem sie zumindest die eine Seele, welche, ach, in unserer Brust wohnt, auslebt.
4) Rechtlich hätte gegen die Urheber des Transparents höchstens etwas unternommen werden können, wenn aus dem Vorfall (dank der bewußt genutzten Fernsehübertragung) ein Straftatbestand in Deutschland konstruiert werden kann; nach polnischem Recht ist keiner gegeben.
5) Als verdeckt antisemitisch lese ich etwa die Äußerung des polnischen Senators Zbigniew Religa, der nach dem Brandanschlag auf die Warschauer Nozyk-Synagoge im Februar 97 argwöhnte, „die im Westen einflußreichen Juden" könnten mit Hinweis auf den Anschlag die Aufnahme Polens in NATO und EU hintertreiben. Auch die Abneigung gegen den bis vor wenigen Jahren staatlich verordneten Antifaschismus mag eine „Laß mich damit in Ruhe"-Haltung hervorgebracht haben. Die Gedenkstätten der Shoah werden in Polen jedenfalls nicht gerade mit viel Interesse und Pflege bedacht.
So konnte man wenig später, anläßlich des deutschen Länderspiels in Israel, eine kleine Notiz über den früheren israelischen Fußballnationaltrainer Edi Schaffer lesen: „Heute verbringt er einen Großteil seiner Freizeit damit, die Restauration einer Gedenkstätte im polnischen Stanislawuv zu unterstützen, wo seine Eltern umgebracht wurden (*FR* 26.2.97)". Aus der persönlichen Mitteilung eines Freundes weiß ich, daß an der Landstraße, die durch Treblinka führt, nicht das geringste Zeichen auf die historische Besonderheit des Ortes hinweist. Man erinnert sich auch an die Pläne, einen Supermarkt vor der Gedenkstätte in Auschwitz zu bauen, die vor wenigen Jahren für Wirbel sorgten.
6) Die Grenze zwischen Eroberungskrieg und Völkermord wurde im Zweiten Weltkrieg auch praktisch immer unschärfer, je weiter die Kriegsschauplätze im Osten lagen, weshalb die (verkürzt so genannte) Wehrmachtsausstellung auch korrekt das Wort „Vernichtungskrieg" in ihrem offiziellen Titel führt.

Überall, wo wir aufgetreten sind, ob in Israel oder Südafrika, haben wir eine gute Visitenkarte für unser neues Deutschland abgegeben.
Berti Vogts, als die Bild-Zeitung bei der WM '98 nach den Ereignissen von Lens („Die Hooligan-Schande") Gerüchte über einen möglichen Rückzug der deutschen Mannschaft vom Turnier hochkochte.

Israel, Februar 97

Nach dem Länderspiel in Zabrze kritisierte die Koordiantionsstelle Fanprojekte, die Nationalmannschaft hätte vor dem Spiel, angesichts der zu erwartenden rechtsradikalen Krawallanten, ein Zeichen setzen sollen und beispielsweise das nahegelegene Auschwitz besuchen. Diese unbotmäßige Einmischung von außen hatte beim DFB zunächst für heftige Mißstimmung gesorgt. Immerhin erklärte sich der Bundestrainer dazu: „Es sei", meinte Berti Vogts, „einfach keine Zeit gewesen, ein Zeichen zu setzen."

Wenige Monate nach Zabrze, beim Länderspiel gegen Israel am 26. Februar 97, hatte man dann doch die Zeit. Angeblich „auf ausdrücklichen Wunsch der Mannschaft" *(DFB-Journal)* besuchten die Spieler zusammen mit dem DFB-Präsidenten und dem deutschen Botschafter die Shoah-Gedenkstätte Yad Vashem in Jerusalem, mit Kranzniederlegung und allem drum und dran.

Mario Basler, so überlieferte es die *FR*, soll sich angesichts der Ausstellung in Yad Vashem mit den Worten an Berti Vogts gewandt haben: „Das kann doch nicht wahr sein. Hat es so etwas wirklich gegeben, Trainer?", worauf der Trainer erwiderte: „Doch, so war es." Und der erschütterte Basler nochmals: „Das kann doch nicht wahr sein." Ein dummes Lachen hinter euren Bärten, wollte man sich über (den auch sonst als dumm und ungehobelt geltenden) Basler lustig machen. Er teilt seine Ahnungslosigkeit mit einem großen Teil seiner Generation, und er teilt seinen Unglauben mit vielen anderen Menschen (in Deutschland wie im Ausland), die es schon damals vorzogen, nicht zu glauben, was sie wissen konnten.

Das vierteljährliche *DFB-Journal* ist eine Publikumszeitschrift, in welcher der Verband sich selbst beweihräuchert und wo Selbstkritik praktisch nicht vorkommt. Ganz anders in der Ausgabe 1/97, in dem von der Reise nach Israel berichtet wird. Mit ganz ungewöhnlicher Schärfe wird da über das Spiel der eigenen Nationalmannschaft hergezogen: „Weil Andreas Möller bis zur Pause keine Bindung zum Spiel fand und Mario Basler mit aufreizender Passivität und Lässigkeit agierte, Fredi Bobic und zunächst auch Jürgen Klinsmann sich in der Spitze nicht behaupten konnten, erwies sich die erhoffte Übermacht als ein Muster ohne Wert" oder als „eine Frechheit", wie der Bundestrainer zitiert wird. Und ähnliches mehr. Gelobt wird einzig der Torschütze Dariusz Wosz, bei dem nicht vergessen wird, darauf hinzuweisen, daß er „im polnischen Kattowitz geboren" wurde; wonach wir auch wieder mit Polen im Reinen wären.

Vielleicht erscheint das etwas abgedreht, sich wegen Wosz's polnischer Abstammung solche Gedanken zu machen. Aber es gibt in der Tat Leute, die sich da einen Kopf drum machen. So beschwor ein Karl Heinzen vor der WM '98 in der rechten Wochenzeitung *Junge Freiheit* (5.6.98) den „Geist von Rom – der Bundestrainer vermittelt ihn (bei der Nominierung zum WM-Kader) nicht nur durch personelle Kontinuität, sondern auch durch eine nationale Präferenz, die auf Abstammung und nicht auf Staatsbürgerschaft oder kulturelle Lippenbekenntnisse vertraut. Vereinstrikots wechselt man wie das Hemd, nicht aber das der Nationalmannschaft. Bei einer WM ist weniger Professionalität als vielmehr das Herz gefragt. Für wen schlägt aber dasjenige von Fredi Bobic, Mehmet Scholl oder Darius Wosz?"

Doch zurück zum Länderspiel in Tel Aviv. Das Spiel als solches war wohl tatsächlich öde, wurde aber immerhin 1:0 gewonnen. Nach dem Spiel in Zabrze ließ man im *DFB-Journal* noch gelten: „Professionell und routiniert spulte die deutsche Nationalmannschaft ihr Programm ab. Spielerischer Glanz ging von ihr nur sporadisch aus. 'Wir haben den angestrebten Sieg eingefahren. Das ist das Wesentliche', erklärte Kapitän Jürgen Klinsmann." (3/96)

Die gepfefferte Kritik nach dem glanzlosen Sieg in Israel erklärt sich meines Erachtens daraus, daß der Artikel zweigeteilt ist: „Der Israel-Trip war rein sportlich keine Ruhmestat. Mehr Anerkennung erntete die DFB-Equipe für ihr besonnenes Auftreten beim Besuch der Holocaust-Gedenkstätte Yad Vashem, das ein weltweit positives Echo auslöste." Oder andersherum: „So ernst und konzentriert die Spieler den ersten Teil ihrer Israel-Mission absolviert hatten, so leichtfertig und teilweise sogar pomadig gingen sie ihren sportlichen Auftrag an."

Mißraten und/oder wohlgeraten

Ich glaube nicht, daß das so stimmt, sondern daß vielmehr beide Teile der „Mission", sowohl der gelobte wie der angeblich mißratene Teil, ein rundes Ganzes bilden. Daß nirgends näher erläutert wird, worin genau die „Mission" bestand (wer hat was zu welchen Ziel aufgetragen?), könnte bedeuten, daß das sowieso jedem klar ist; es könnte auch bedeuten, daß wir uns gar nicht so genau darüber klar sein möchten.

Meines Erachtens haben „unsere Jungs" ihre Mission in beiden Teilen erfüllt: Erstens sind sie, wie wir gelesen haben, in der Gedenkstätte besonnen aufgetreten und haben damit für weltweites positives Echo und Anerkennung gesorgt. (Wieso, frage ich mich übrigens, ist „besonnenes Auftreten" eigentlich so eine tolle Sache? Hat denn jemand erwartet, daß unsere Nationalspieler in der Gedenkstätte randalieren und Schandmannslieder singen?) Wie wäre es denn aber um das schöne Echo bestellt gewesen, wenn unsere Kicker tags darauf das israelische Team mit 5:0 niedergekantert hätten, gewissermaßen: vernichtend geschlagen? Wären nicht die Vokabeln „Arroganz", „Großmannssucht" und ähnlich Peinliches gefallen?

Also degradieren die deutschen Spieler ihre „erhoffte Übermacht" zu einem „Muster ohne Wert" und lassen sich ausschimpfen. Nur nicht übermütig werden! Bußfertig, mit gesenktem Haupt brauchen wir uns nicht vor Bestrafung zu fürchten, auch wenn wir mal wieder gewonnen haben. „Nachdem der Rausch verflog", zitiert das Journal die Tel Aviver Zeitung *Maariv*, „stellte sich heraus, daß die Deutschen ein Tor mehr geschossen haben. Die Deutschen schießen nämlich immer ein Tor mehr." Ich will keinesfalls behaupten, daß die Erfüllung des (in der offiziellen Lesart) mißratenen Teils eine bewußte Leistung unserer Jungs ist. Der Prozeß der Delegation, in dem Missionen auferlegt und erfüllt werden, ist seinem Wesen nach unbewußt.

Von Auschwitz bis St. Pauli

Zum Länderspiel in Israel gibt es noch eine anekdotische Anmerkung. Öffentliche Ausschreitungen oder Pöbeleien im Stadion kamen nicht vor. Für ihre rechtsextreme Gesinnung bekannte Größen aus der deutschen Fanszene waren in den Tagen davor mit ihren Kumpels zum Badeurlaub ans Rote Meer gereist, fuhren dann aber nicht mit ihnen zum Spiel nach Israel, sondern blieben in Ägypten. Die weniger Bekannten hielten es für angezeigt, in Israel den Mund zu halten. Nach dem eher langweiligen Spiel (1:0 für Deutschland) zog eine große Schar der deutschen Fans ins Rotlichtviertel von Tel Aviv. In *Fan geht vor* (Nr. 52, März 97) steht darüber: „In einer dubiosen Kneipe, die von fast (!) allen Einheimischen gemieden wurde, hatten sich ca. 50 Leute versammelt, um den großen Sieg zu feiern. Leider stimmten nach diversen Bieren einige Hohlköpfe rechtsradikale Lieder gegen St. Pauli an. Da wir auf so'n Scheiß keinen Bock hatten und es auch schon spät war, machten wir uns auf den Weg zu unseren Hotels." Das Lied heißt „Wir bauen eine U-Bahn von Auschwitz bis St. Pauli"; die St. Pauli-Fans gelten den Rechten unter den deutschen Fans als „linke Zecken". Der Umstand, daß dieses Auschwitz-Lied mitten in Israel gesungen wurde, erscheint völlig zufällig und muß den „zwei, drei besoffenen Glatzen" in dem Moment nicht einmal als beziehungsreich bewußt gewesen sein.

Eine der Parolen, die vom rechten Mob in Zabrze skandiert worden waren, hieß: „Wir sind in Polen, um Juden zu versohlen". Natürlich ist das wenig geschmackvoll. Es ist auch ausgesprochen unrecht (jawohl: angesichts der Geschichte, die Juden und – nichtjüdische – Deutsche verbindet), wenn Juden von Deutschen bedroht werden. Angesichts des nazi-mäßigen Auftritts ist auch die „witzige" Form dieser Parole makaber. Witzige Form? Nun, ich mußte schon darüber grübeln, wieso ich die Parole damals zwar makaber, aber spontan irgendwie auch drollig fand. Gemessen an dem, was für Beschimpfungen und Drohungen sich ganz normale Fußballfans an jedem Spieltag an den Kopf werfen, klingt das „versohlen" dieser Fans, die im „Feindesland" den Nazi machten, eher harmlos. Schockierender fand ich ein anderes Erlebnis in jenen Tagen: Beim Zweitliga-Liga Spiel vom FC Carl Zeiss Jena bei Eintracht Frankfurt lief nach dem Jenenser Führungstor eine Schar von etwa 50 Frankfurter Hooligans in den Block, der den Gästefans am nächsten lag, drohte und provozierte und verbrannte eine Fahne der Carl Zeiss-Fans. Diese Aktion wurde insbesondere aus dem Block der normalen/farbentragenden Eintrachtfans, aber auch aus anderen Stadionbereichen mit Anfeuerungsrufen „Hooligans! Hooligans!" unterstützt, mit „Jetzt geht's los! Jetzt geht's los!", aber auch „Schlagt die Ossis tot".

Auch wenn ich Gesänge wie „Schlagt die Bayern tot", die Pfälzer oder wen auch immer, schon früher mal gehört hatte, empfand ich dies als ungewöhnlich scharf.

Der Begriff „Versohlen" von Zabrze wirkt vergleichsweise altertümelnd. So schreiben Fußballfans oft, besonders wenn sie gleichzeitig ernst und feierlich wirken wollen, gleichzeitig aber auch ironisch-augenzwinkernd. Das Wort „versohlen" hört sich nicht so wüst an wie „verprügeln" oder „zusammenschlagen", aber: versohlen tut der Vater das Kind. Das Wort leitet sich von der Sohle von Vaters Pantoffel ab, der dazu mißbraucht wird, bzw. wurde. Es klingt also nach der „guten, alten Zeit" und paßt also in ein Weltbild, das sich positiv an der (Vor-)

Nazizeit und den damals vorherrschenden autoritären Erziehungsstilen orientiert.

Es gibt einige Anzeichen dafür, daß die anti-semitische Haltung der Nazis wenigstens zu Teilen in ihrer Struktur eine unbewußt inszenierte Vater-Kind-Beziehung ist, geladen mit Gewalt, die zum Ausbruch bereit ist: In den anti-semitischen Parolen hatte das „ihnen (den Juden) etwas beibringen“ (Arbeit, Ordnung et cetera) einen hervorragenden Platz; zu den Beschimpfungen gehörten solche (Judenlümmel, Judenbengel), die den Gegenüber als ungezogenen Halbwüchsigen ansprachen. Anscheinend gab es im Dritten Reich eine antisemitische Denkfigur „Der Jude als unartiges Kind“. Auf die wirklichen Juden wurden demzufolge Fantasien projiziert und eigene Kindheitserfahrungen haßvoll übersteigert weitergegeben, so wie kleine Kinder im Spiel ihre Puppen „erziehen“, wie sie es gerade von ihren Eltern erlebt haben. Solch eine Betrachtungsweise ist zwar schon früh auf den Erfolg des Naziregimes im allgemeinen angewandt worden[1], aber selten speziell auf die Judenverfolgung.[2]

Die Familie als Modell für größere Kollektive

Die Gesellschaft (Politik, Arbeit, Verein oder was auch immer) funktioniert nicht unbedingt wirklich wie eine Familie, aber zumindest unbewußt nehmen wir ihre Strukturen und Prozesse nach dem gleichen Muster wahr, daß die einen die Eltern-, die anderen die Kinder- oder Geschwisterrolle übernehmen – wie freiwillig oder unfreiwillig, wie bewußt oder unbewußt auch immer. Die Psychohistorie geht davon aus, daß nicht nur die eigene Gruppe, etwa die Nation, als eine Art Familie wahrgenommen wird, sondern daß auch Nationen untereinander sich nach diesem Muster zueinander verhalten. Dan Dervin faßt das kurz so zusammen: „Familientherapeuten fanden heraus, daß Inzest und andere Formen von Kindesmißbrauch oftmals als eine Art, die emotionalen Probleme der Familie zu lösen, die Familie zusammenhalten. Psychohistoriker sehen, in einer modellhaften Übertragung dieser Erkenntnisse, daß Praktiken von Kindesmißhandlung ganzer Nationen sie zusammenhalten und die emotionalen Probleme lösen, die sie miteinander teilen.“[3]

Diesen Absatz muß man sicher zweimal lesen, um ihn zu verstehen, wenn man mit der psychohistorischen Theorie nicht vertraut ist. Dervin stapelt gewissermaßen gleich drei Ebenen übereinander, auf denen seiner Darstellung zufolge das kollektive Unbewußte strukturell in gleicher Weise funktioniert: a) die Familie, b) die Nation, c) die „Familie der Nationen". Und für alle drei gilt dieses gleiche, fatale Muster: „Kinder als Sündenböcke zu mißbrauchen, um innere persönliche Konflikte zu erleichtern, hat sich als ein äußerst effektives Mittel erwiesen, auch unser kollektives psychisches Gleichgewicht aufrecht zu erhalten. Dies bildet die mächtigste und erfolgreichste Gruppenfantasie der Menschheit" (Dervin).

Für die „familiäre" Konstellation mehrerer Nationen untereinander erwähnt Dervin insbesondere David Beisels These, das „zivilisierte Europa", also insbesondere die Westmächte, habe Hitler-Deutschland ermutigt, auf dem Pfad der Gewalt und des Krieges fortzuschreiten, um es später entsprechend abstrafen zu können. Der Grundgedanke dahinter ist von deMause an anderer Stelle, anläßlich des Falkland-Krieges zwischen England und Argentinien, wie folgt ausgeführt worden: „Die meisten modernen Nationen versammeln einige impulsive ‚Kinder' um sich, um sie zu benutzen, wenn sie ein Blutopfer brauchen. England hatte seinen Disput mit Argentinien über die Falkland-Inseln aus eben diesem Grund über Jahrzehnte aufrecht erhalten. (...) Durch eine Reihe versteckter Botschaften, die andeuteten, daß man die Inseln emotional aufgab – die Aktionen reichten von der Verweigerung der britischen Staatsangehörigkeit für die Bewohner der Falkland-Inseln wurde Argentinien unbewußt dazu aufgefordert, die winzigen Inseln zu besetzen" (S.133 ff). Die Aufforderungen des amerikanischen Kolumnisten (und '96er Präsidentschafts-Kandidaten) Pat Buchanan, England müsse gleich den Kampf aufnehmen, kommentiert deMause: „Die Engländer schienen es besser zu wissen, wie man diese Dinge anpackt: du stiftest dein Kind an, dich zu demütigen, dann ‚haust du's zusammen'. Es funktioniert in der Familie und es funktioniert im Krieg".[4]

Das Prinzip der Delegation verborgener elterlicher Wünsche, die von ihren Kindern ausgelebt werden, ist in der pädagogischen Psychologie auch in Deutschland seit etwa 20 Jahren bekannt. Auch die Anwendung des Delegations-Modells auf die Analyse der Beziehungen ganzer Nationen ist zumindest den Theoretikern des Delegationsmodells selbst geläufig.[5] Diese Erkenntnis findet allerdings kaum einen Widerhall, wenn akute Konflikte in der öffentlichen Debatte problematisiert werden. Wahrscheinlich deshalb, weil wir alle als Teil dieser Kollektive reagieren und dazu neigen, diese oder jene Position zu beziehen und eine entschiedene Meinung zu vertreten. So haben jetzt, im Sommer 1998, sicher die meisten Bundesbürger eine entschiedene Meinung zum Kosovo-Konflikt. Aber wer denkt darüber nach, was Serben und Albaner dort, auch ohne daß ihre Absicht ist, für das emotionale Gleichgewicht von uns Deutschen hier leisten?

Impulsive Jungmänner als Delegierte der Nation

Zum Start der WM '98 brachte der Hessische Rundfunk eine Sendung mit der Absicht, „allerlei nationale Modelle einer Haßmaschine namens Fußball" zu untersuchen. Moderator Ulrich Manz ließ sich vom Kollegen Jürgen Krönig in London berichten, welche Karikaturen vom bösen Deutschen (deutschen Fußballer) diesmal wieder ausgebreitet werden. Zwar hatten sich die Boulevard-Zeitungen vom Presserat Zurückhaltung auferlegen lassen, dafür posierten in der Fernsehsendung Planet Football die Moderatoren mit Stahlhelmen hinter Stacheldraht, als sie über die deutsche Mannschaft sprachen. Dazu erläuterte Jürgen Krönig seinen Eindruck aus den zahllosen Sonderbeilagen und Magazine der Zeitungen: „Der Fußball bietet die Möglichkeit, der Abneigung gegen beispielsweise die Deutschen freien Lauf zu lassen, dabei bis an den Rand des Rassismus zu gehen, ohne daß man dafür mit Empörung und Schelte rechnen muß, weil man es ja ironisch-augenzwinkern tut. Das ist eines der Geheimnisse in Großbritannien, daß man Dinge halb scherzhaft sagt, eigentlich so meint, aber dann wieder zurücknehmen kann, weil man sagt: ‚Wir haben nur gescherzt'."

Ja, das ist das Geheimnis der Ironie, daß man offen etwas sagen kann, was man eigentlich gar nicht meinen darf. Dieses „Geheimnis" ist nicht nur in Großbritannien bekannt. Es funktioniert bei uns genauso. Nur, daß wir Deutschen nach dem Ende des Dritten Reiches gelernt haben, auf Anzeichen von Rassismus sehr genau zu achten und uns dabei von Ironie nicht blenden zu lassen. Das wäre sehr gut, wenn nicht oft das Kind mit dem Bade ausgeschüttet würde, will sagen: Vor lauter politischer Korrektheit aller Humor flöten geht. Aber das ist ein anderes Thema.

Es gibt noch ein zweites Geheimnis, wie man etwas ausdrücken, ja ausagieren kann, was man eigentlich gar nie hätte gedacht haben dürfen: Man delegiert es. Man läßt es jemand anders tun, der auf seinen guten Ruf als anständiger Bürger nicht so bedacht ist oder es nicht auf die Reihe kriegt. Man muß einen „Delegierten“ dazu bringen, Schandtaten auszuführen, die man selbst niemals wollen würde – weshalb man diese Delegierten hinterher auch noch abstrafen kann, was abermalige Befriedigung bringt. DeMause sprach bildhaft von „impulsiven Kindern“, was insofern richtig ist, als die Richtung dieser Delegation tatsächlich in aller Regel von der älteren Generation zur jüngeren geht, nicht umgekehrt. Aber es sind eher die Jugendlichen, und wenn es bei dem bewußten (genauer: unbewußten) Auftrag um körperliche Gewalt geht, dann sind es junge Männer.

Das ist zu allgemein? Gut, ein Beispiel. Nach dem Fall der innerdeutschen Grenze und dem Zusammenbruch des Sowjetimperiums kam es in Deutschland, nach anfänglicher Begeisterung, zu einer Welle der Ausländerfeindlichkeit; offenbar waren mehr Grenzen gefallen, als nationale Kollektive ohne weiteres verkraften können.[6] Über Wochen und Monate beschwor damals die *Bild-Zeitung* die Gefahr einer Flut von (betrügerischen Schein-) Asylanten. Die *Bild-Zeitung* ist auch immer etwas „impulsiver“ und sagt mehr (häßliches), als andere sich trauen. Aber, wie die Werbung schon sagt, Bild beschäftigt sich damit, Meinung zu bilden, nicht zu handeln. Das taten andere. Nach dem bekannten Brandanschlag von Solingen, der zum Inbegriff der neuen deutschen Fremdenfeindlichkeit wurde, war das allgemeine Entsetzen groß. Das hatte natürlich niemand gewollt! Und auch die *Bild-Zeitung* tauschte ihr zentrales Feindbild von einem Tag auf den anderen aus: Jetzt waren es nicht mehr die Asylanten, sondern die Skinheads.

Ich habe das Modell der Delegation in der Gesellschaft gerade an diesem Beispiel dargestellt, weil ich vermute, daß der Rückgang der Fußball-Randalen Anfang der 90er Jahre nicht nur ein Erfolg der Fanprojekte oder polizeilicher Maßnahmen ist, sondern daß sich damals die Gewaltbereitschaft von Jungmänner-Gruppen, die immer höher ist als in der Restgesellschaft, aufgrund der damaligen kollektiven Befindlichkeit vom Fußball weg in den Bereich einer „politischen" Ausländerfeindlichkeit verlegt hat.

Lens – wie es kam, wie es kommen mußte

Um es gleich vorweg zu sagen: Welche Gründe auch immer dafür ursächlich sind, daß es in Lens zu den Krawallen und vor allem zu der Bluttat an einem Polizisten gekommen ist, fast kommen mußte, nichts entläßt die Täter aus ihrer eigenen Verantwortung. Aber es lohnt sich, erstens nach Anhaltspunkten auszuschauen, ob wir, die wir (als Einzelpersonen) danach entsetzt und empört waren, nicht vorher (als Gruppe, als deutsche Nation) in einer Stimmung waren, die zielstrebig genau da hin trieb. Zweitens gab es gewissermaßen „kulturelle Mißverständnisse", die zum unglücklichen Verlauf beitrugen.

Dieser zweite Aspekt ist der einfachere, sodaß ich zunächst darauf eingehe. An manchen Orten, besonders in Berlin, gibt es im Amateur-Fußball das Problem, daß oft Spieler ausländischer Herkunft gegen Schiedsrichter oder Gegenspieler „ausrasten" – ein Wort, das sich einstellt, wo die Begriffe fehlen. Der Sportsoziologe Thomas Alkemeyer sieht darin auch die Folge von kulturelle Mißverständnissen: „Die Teams aus unterschiedlichen Kulturen glauben, das gleiche Spiel zu spielen. Aber tatsächlich spielt es jeder anders. Während deutsche Kicker bei harten Attacken ausrasten, sind für Türken beleidigende Sprüche das Schlimmste."[7]

In Lens, wie überall bei der WM, waren zwei Gruppen von Polizisten eingesetzt: CRS und Gendarmerie.[8] Wie im Lens-Bericht von Thomas Schneider anschaulich zu lesen ist, traten die CRS-Polizisten in einer Weise auf, wie sie deutsche Hooligans auch von Sondereinheiten der deutschen Polizei kennen und die sie in gewisser Weise respektieren: Das sind Gegner, die was drauf haben. Auf der anderen Seite schüren sie den hilflosen Zorn der Hools, wenn sie sich ungerecht behandelt fühlen. Dieser Zorn wird dann als „Haß auf die Bullen gepflegt", aber er richtet sich keineswegs unterschiedslos gegen jeden Polizisten.

Der Polizist Daniel Nivel, der in Lens bestialisch halbtot geschlagen wurde, wurde in den Nachrichten stets als zur Gendarmerie gehörig bezeichnet. Kein CRS-Mann also. Auf den Fotos ist aber zu sehen, daß diese Gendarmen in militärisch wirkenden Uniformen stecken, ausgerüstet mit Gewehren. Das ist nicht gerade ein Signal, das zu Zurückhaltung ermahnt. Dabei hat dieser Polizist als Person nicht dem Bild entsprochen, das seine äußere Erscheinung auf die deutschen Hooligans machte – machen mußte, weil sich das System der französischen Polizei nicht mit ihren gewohnten Wahrnehmungs-Mustern deckte. Er war nicht der harte Kämpfertyp, für den er wohl im ersten Moment gehalten wurde. „Wäre er weggelaufen wie seine Kollegen, wäre ihm nichts passiert", mutmaßten deutsche Hooligans, die in Lens (wenn auch nicht bei dieser Aktion) dabeigewesen waren. Er blieb aber stehen und lud sein Gewehr mit einer Gasgranate. Vermutlich eine Panikreaktion, kein Superheldentum, aber mit Sicherheit das falsche Signal für die Typen, die dann über ihn kamen. Böse Absicht und „kulturelle Mißverständnisse" kamen zusammen und führten zu dem fatalen Ergebnis.

Die schwierigere Frage ist, was alles dazu beigetragen hat, daß es gerade in Lens überhaupt zu Krawallen kam. Erstens ist Lens schon vor der WM immer als das Schalke Frankreichs vorgestellt worden, und Schalke ist nicht nur UEFA-Pokalsieger der Vorsaison, Schalke gilt in der deutschen Fanszene auch als Synonym für eine besonders große Hooligan-Szene und auch für „klassische Hauer" unter den Kuttenfans. Wer als Auswärtsfan nach Schalke fährt, sollte sich entweder recht unauffällig benehmen oder „warm anziehen". Das muß für Lens überhaupt nicht zutreffen, aber das Stichwort „Schalke Frankreichs" war geeignet, in dieser Weise (miß-) verstanden zu werden.

Zweitens: Lens ist verkehrstechnisch gut zu erreichen für den Fußball-Mob aus dem Norden und Nordosten. Wobei, wie sich später zeigte, der sagenumwobene Ost-Mob nicht kam. Drittens: In Lens hatten deutsche Hooligans auch schon bei der Euro '84 rumgepöbelt, es gab also eine gewisse Tradition. „Einmal Randale, immer Randale", das ist keine analytische Logik. Eher ein Kurzschluß zwischen verschiedenen Schaltkreisen im Gehirn. Aber genau das ist nun mal die Denkweise, die auf den Lauf der Welt den größeren Einfluß hat. Es ist, viertens, eine ebenso bizarre Logik, eine Verpflichtung zum Krawall aus

Milosevic schickt „seine Jungs" zur Fußball-WM – für die einen Anlaß zur symbolischen Kritik, für die anderen ein guter Grund zum Losschlagen.
(Zeichnung: Berndt A. Skott, Quelle: Die Welt vom 6.6.98)

der anderen Tradition abzuleiten, daß es ja auch bei der WM in Italien 1990 beim Spiel Deutschland gegen Jugoslawien geknallt hatte – ein Ereignis, das schon an sich hinreichend bizarr gewesen war. Diesmal war es aber nicht das Jugoslawien von vor acht Jahren. Womit ich nicht die Fußballmannschaft meine, sondern die Nation, die von ihr bei der WM repräsentiert wird. Und da kommt die Sache ins Spiel, weswegen ich meine, daß „wir" diesen Krawall wollten.

Fünftens: Nein, natürlich wollten wir guten Bürger nicht Randale im Städtchen Lens. Aber die Jugoslawen sollten eine Abfuhr erhalten. Belege gefällig? „Die Gesellschaft für bedrohte Völker International hat an den Fußball-Weltverband FIFA appelliert, Jugoslawien von der WM auszuschließen. Damit solle ein ‚deutliches Zeichen gegen die Kriegstreiberei in Jugoslawien' gesetzt werden."[9] Ein anderes Beispiel, diesmal nicht aus Deutschland, sondern von den guten Menschen aus Holland: „Die niederländischen Fußball-Fans sollen der jugoslawischen Mannschaft den Rücken kehren, wenn am Montag im Stadion deren Nationalhymne gespielt wird. Das fordern die niederländischen Sozialdemokraten. Die Zeitung ‚De Telegraaf' berichtete am Samstag, die Partei halte einen solchen symbolischen Protest gegen das Vorgehen der serbischen Truppen im Kosovo für dringend geboten".[10]

Wer im behaglichen Bewußtsein seiner moralischen Überlegenheit solche Tiraden losläßt, sollte sich besser seiner Verantwortung bewußt werden, was er damit in den Köpfen schlichterer Gemüter auslöst, oder anders gesagt: daß er damit die Gewaltausübung delegiert, an die er selber nie denken würde. „Die Serben" sind die Bösewichter und Ausgestoßenen dieser Tage, gegen sie ist Gewalt gerechtfertigt. Natürlich hätten wir das lieber sauber auf der Ebene internationaler Institutionen (UNO, FIFA, etc.) geregelt und von legitimen Kräften wie der Bundeswehr (als Teil internationaler Eingreiftruppen) ausgeführt. „Impulsive Jugendliche" versuchen, das selbst in die Hand zu nehmen.

Das menschliche Gehirn besteht zum einen aus dem entwickelteren Teil, auf den wir als Homo Sapiens so stolz sind, zum anderen aber auch aus primitiveren Teilen aus älteren Stadien der Evolution. Beide funktionieren gleichzeitig, allerdings der eine Teil mehr bewußt und der andere mehr unterbewußt. Und manche Menschen denken mehr dieser, andere mehr auf jener Ebene: Während die einen ein kompliziertes Gedankengebäude über humanitäre Prinzipien, Zivilgesellschaft und die internationale Staatengemeinschaft pflegen und über die Notwendigkeit räsonieren, Jugoslawien aus derselben auszuschließen, denken die anderen etwas einfacher: „Jugoslawien-Spiel? Da knallt's".

Deutsche Härte – nichts gelernt

Für die Annahme, daß die Knallköpfe einen (unbewußt gegebenen) Auftrag der Nation als Delegierte ausgeführt haben, sprechen auch die Reaktionen nach Lens. Sie erlaubten uns, unsere haßvolle Wut nun als moralische Empörung über die Untat auszudrücken, genau wie damals nach Solingen. „Hart durchgreifen" (so Bundesinnenminister Kanther) und draufhauen, das wollen die guten Bürger gegen jene, die es in Lens

Von diesem Foto gibt es eine Version, wo man erkennt, was dieser junge Herr da so wuchtig wirft: Keinen Molotow-Cocktail, keinen Hinkelstein, nein, einen aufgespannten Sonnenschirm! Eine Szene, die nicht so martialisch ist, wie sie auf diesem Ausschnitt wirkt. Durchaus typisch für die gesamte Lens-Berichterstattung.

getan haben. Übertrieben? Hier eine kleine Sammlung von Stimmen aus dem Volk, zitiert aus Leserbriefen in der *Bild-Zeitung* vom 24. bis 26.6.98: „Die ganze Härte des Gesetzes werden diese ‚Totschläger' nur in Frankreich erfahren! Also bitte nicht ausliefern." „Nehmt ihnen den deutschen Paß ab und jagt sie aus Deutschland raus." „Warum werden diese Typen so zart als Hooligans bezeichnet und nicht als das, was sie sind – Kriminelle?" „Hoffentlich führt dieser entsetzliche Vorfall endlich dazu, daß die Politik und Justiz in unserer ‚Weich-Ei--Republik' Straftäter von rechts und links mit aller Konsequenz verfolgen." „Man sollte die Zuchthausstrafe einführen, damit jeder sich überlegt, was er tut." „Wenn Sie, Herr Kinkel, meinen, daß 3 Monate Gefängnis für einen Gewaltverbrecher die ganze Härte des Gesetzes sind, dann sind auch Sie dafür verantwortlich, wenn dies kein Ende nimmt." Dieser Brief bezog sich auf einen „Gastkommentar von Klaus Kinkel in Bild" am Tag zuvor: „Dieses Krebsgeschwür der modernen Fußballwelt muß ausgemerzt werden. Deutsche und französische Polizei und Justiz ziehen an einem Strang. Alle Möchtegern-Hooligans müssen wissen: Jede Tat wird mit der ganzen Härte des Gesetzes verfolgt. Solche Gewaltverbrecher verschwinden für lange Zeit hinter Gittern und das ist gut so!"

Für einen Fall von Delegation oder zumindest dafür, daß der Vorfall von Lens mit unserer kollektiven inneren Verfassung zu tun hatte, könnte auch der Umstand sprechen, daß das Ausmaß der Randale von Lens überschätzt wurde, etwa weil wir erwartungsvoll darauf gestarrt haben. Auch wer Fußball-Krawalle aus eigener Anschauung nicht kennt, kann schon nach den Berichten, die in diesem Buch zu lesen sind, einschätzen, daß in Lens randalemäßig eigentlich nicht viel los war. Jedenfalls nicht, wenn man von diesem einen tragischen Fall des schwer verletzten Polizisten absieht. Und diesen Fall kann man nicht unbedingt als konsequentes Ergebnis der Randale davor erklären, er wirkt eher wie ein Unfall. Wie weit das eine mit dem anderen zusammenhängt oder nicht, das wird man erst sinnvoll diskutieren können, wenn der tatsächliche Verlauf geklärt ist.

Die Randale selbst war jedenfalls vergleichsweise harmlos. Jede durchschnittliche Massenkarambolage auf der Autobahn bedeutet mehr Sach- und Personen-Schaden, ohne daß ein Hahn danach kräht. Auch bei der WM hatte es bereits Vorfälle gegeben, die schwerer waren, die uns aber (mangels deutscher Beteiligung?) kaum interessiert haben.

Austausch des Publikums

Bereits bei der Eröffnungsfeier der WM hatte es in Paris heftige Tumulte gegeben, von denen die Medien allerdings weit weniger berichteten als von den englisch-tunesischen Krawallen in Marseille oder denen des deutschen Mobs in Lens: „Hunderte von Jugendlichen wollten den Sicherheitsbereich stürmen, Flaschen flogen, Panik brach aus. Die Bilanz: über 100 Verletzte, zwei davon schwer, und etwa 50 Festnahmen. Besonders schlimm erwischte es einen Polizisten und zwei schottische Fans. Der Chef der französischen Motorrad-Einheit trug schwere Kopfverletzungen davon, nachdem er von einer Bierflasche getroffen worden war. Kurz nach Mitternacht wurde ein Schotte im Studentenviertel St.-Germain de Pres Opfer einer Messerstecherei.“ (*NZZ*, 11.6.98)

Leider wird in dieser Zeitungsnotiz nicht erläutert, was es mit dem sogenannten Sicherheitsbereich auf sich hatte. Vermutlich war es der Bonzenbereich, wo sich die ganz wichtigen Personen tummelten. Die

Krawalle gingen offenbar von den „ganz unwichtigen Personen" aus. Festgenommen wurden jedenfalls zahlreiche Jugendliche aus St. Denis. Bevor dort das großartige neue Stade de France hingeklotzt wurde, war dieser Vorort von Paris nur für seine elenden Verhältnisse (hohe Arbeitslosigkeit etc.) bekannt. Die Menschen dort leben jetzt neben einem tollen Stadion, ohne etwas davon zu haben. Schon die WM war, vor allem wegen der Eintrittspreise, eine Veranstaltung für andere Leute.

Der Pöbel ist im Stadion nicht mehr erwünscht, und die Stehplätze werden abgeschafft. Das war übrigens ein Grund, warum die WM--Stadien in Frankreich, nachdem sie „WM-gerecht" ausgebaut worden waren, etwa 20 Prozent weniger Plätze boten! In der Zukunft dominieren Sitzschalen und teurere Preise. Eine Entwicklung, die auch in der Fußball-Bundesliga in Deutschland begonnen hat. In Dortmund und Bochum werden zunächst die Auswärtsfans zum Sitzen gezwungen, bevor dann auch die Heimfans drankommen.

Und die Preise steigen. Die von der FIFA angezettelten Verkaufspraktiken führten folgerichtig zu den Betrügereien und Schwarzmarktpreisen, die als „Kartenskandal" zu einem festen Begriff wurden. Außerdem hatte das französische Organisationskomitee kaum Karten in die Teilnehmer-Länder abgegeben und eine tendenziell rein französische Angelegenheit daraus gemacht. Möglicherweise ist das mit ein Grund dafür, daß sich der unpolitische Teil des deutschen Mobs auch in Lens so wenig von der aggessiv-nationalistischen Stimmungsmache der Rechten abgesetzt hat, die sich unter den gegebenen Umständen als Volkstribunen präsentieren konnten, als Stimme der benachteiligten Ausländer und der „Armen", die keine 800 Mark für ein Fußballfest haben.

Die Entwicklung der Verhältnisse stimmt keineswegs zuversichtlich. Die bisher „normalen Fans" werden immer mehr zur Randgruppe gemacht, die in gewissem Maße geduldet werden, weil sie ja die Stimmung machen. Aber auch das ist nicht garantiert: Zum Einweihungsspiel des Stade de France, einem Länderspiel zwischen Frankreich und Spanien, hatte es ausschließlich geladene Gäste gegeben. Nicht eine Karte war auf dem freien Markt verkauft worden. Wen wundert es da, wenn die Jugendlichen aus St. Denis zur Eröffnungsfeier kommen und randalieren.

Anmerkungen:

1) Institut für Sozialforschung (Erich Fromm, Herbert Marcuse und andere), Autorität und Familie, 1936.
2) In seinem Essay „Provokation“ (Ffm, 1981), in dem Stanislaw Lem dem „tieferen Sinn des Völkermordes“ an den Juden nachspürt, beschreibt er die Henker der Nazis unter anderem so: „Er sollte ihnen (den Juden) den verdienten Tod geben, so wie der Vater verdiente Züchtigung zumißt“. Dieser Aspekt ist nicht unbedingt der entscheidende für den „tieferen Sinns des Völkermordes“, aber er hätte doch verdient untersucht zu werden. Bei Tom Segev, Die Soldaten des Bösen. Zur Geschichte der KZ-Kommandanten (Reinbek, 1992) beginnen die Biografien der KZ-Kommandeure leider meistens erst mit deren Eintritt ins Militär. Was davor liegt, wird nur gestreift. Fast schon ausführlich sind Anmerkungen wie die zu Theodor Eicke: „Seine Verwandten hatten seinen Vater als pingeligen und humorlosen Hünen in Erinnerung. Sie sagten, seine Kinder hätten eine sehr strenge Erziehung bei ihm genossen“ – ein Genuß, dessen konkrete Details der Fantasie des Lesers überlassen bleiben, wenn es ihn interessiert. Das ist leider ein sehr dürftiges Material, das für wissenschaftliche Rückschlüsse zu wenig hergibt. Es sind immer nur Hinweise, die allerdings auch beim „Führer“ selbst nicht fehlen: „Es war mein Bruder Adolf“, wird Hitlers Schwester Paula zitiert, „der meinen Vater zu extremer Härte provozierte und jeden Tag sein gehöriges Maß an Prügel bekam“. (Helm Stierlin, Adolf Hitler. Familienperspektiven. Ffm, 1995)
3) Dan Dervin, Critical Reflections on Key Aspects of Lloyd deMause's Seminal Psychohistory. The Journal of Psychohistory 24/2. 1996. S.181.
4) Lloyd deMause. Reagans Amerika. Ffm, 1984
5) Siehe zum Beispiel Helm Stierlin, Delegation und Familie. Beiträge zum Heidelberger familiendynamischen Konzept. Frankfurt, 1982. S.186 ff.
6) Dieser Stimmungswandel in Deutschland wird sehr schön von Gottfried Korff in dem Aufsatz „Spione, Hütchenspiele und Bananen. Alltags-Symbole und -Metaphern im Prozeß der kulturellen Integration“ beschrieben. In: Zeitschrift für Volkskunde, 91. Jg., 1995 Bd. II
7) Stern 51/97, Prügeln bis zum Abpfiff.
8) Im „WM-Fanzine“, das im Mai '98 von der KOS Fanprojekte und der Bundeszentrale für politische Bildung herausgegeben und das auch in Frankreich verteilt worden war, hatte ich bereits zum Thema „französische Polizei“ geschrieben: Polizei und Polizei ist nicht dasselbe. Damit der Ordnungsdienst der Veranstalter keine polizeilichen Aufgaben übernimmt, wird schon die Eingangskontrolle mit Abtasten an den Stadion-Eingängen von Polizisten übernommen, und zwar, je nach Spielort unterschiedlich, entweder von der Gendarmerie oder der CRS. Der Einsatz dieser Einheiten bei großen Fußballspielen ist in Frankreich nicht ungewöhnlich.
Die Gendarmerie ist Teil des Militärs, untersteht dem Verteidigungsministerium, steht jedoch in Friedenszeiten dem Innenministerium zur Verfügung. Über die CRS heißt es im „kleinen Frankreich-Lexikon“ von Haensch und Fischer: „Keine Polizei-Einheit in Frankreich ist so umstritten“. Was das wohl heißen mag? Das häßlich Wort von den „Bürgerkriegstruppen“ ist sicher überzogen, aber es handelt sich schon um die Truppe, die etwa bei Arbeitskämpfen und militanten Protestaktionen von Bauern oder Fernfahrern anrücken, wenn es besonders hart wird. Oder umgekehrt.
9) Frankfurter Rundschau, 5.6.1998
10) Frankfurter Allgemeine Sonntagszeitung, 28.6.98

Thomas Schneider

Die Ereignisse in Lens

Fanprojekte bei der WM '98 in Frankreich

Lange Zeit hatte die deutsche Hooliganszene nicht mehr auf sich aufmerksam gemacht. Jedenfalls sind seit April (Rotterdam) bzw. September 1996 (Zabrze) nicht viele Möglichkeiten zum vielbeachteten Auflaufen eines großen Mobs vorhanden gewesen. Die Alltagsprügeleien ersetzen einem großen Teil der Szene eben nicht den besonderen Kick eines großen internationalen Geschehens – egal ob Europacup oder Nationalelf. Folglich war es nicht erstaunlich, daß die szenetypische Gerüchteküche (Hooligans, Fans und Ultras) der Weltmeisterschaft im Nachbarland Frankreich erwartungsfroh brodelte.

Den deutschen Sicherheitskräften und Verantwortlichen erging es nicht viel anders. Alle übten sich im Kaffeesatzlesen. Planspiele wurden diskutiert: Werden die deutschen Hooligans gegen die USA zuschlagen, weil das Spiel in Paris stattfindet, also auf „gewohntem Terrain" für einen Teil der süddeutschen Hools, die mit dem FCB gegen Paris St. Germain (PSG) gereist waren und mit potentiellen französischen Gegnern (PSG-Hools)?

Oder aber doch gegen die Jugoslawen, die womöglich mit bürgerkriegsgestählten Hools auftauchen würden, zahlenmäßig ergänzt durch Gasthooligans aus Resteuropa? Nicht wenige erinnerten an die erste Randale während der WM 1990 in Italien, wo am 10. Juni eine der größten Hooliganschlachten auf der Mailänder Domplatte getobt hatte. Auch damals hatte die Partie Deutschland gegen Jugoslawien auf dem Spielplan gestanden.

Oder würde das Spiel gegen die Iraner das befürchtete Zeichen einer in den letzten Jahren eher ruhiger gewordenen Szene bilden? Lange Zeit waren die politischen Beziehungen zwischen den beiden Staaten mehr als gespannt, so daß ein Auftreten der Hooligans bei dieser Partie für weitreichende öffentliche Resonanz sorgen dürfte.

Komisch, aber: alle Welt ging davon aus, das etwas passiert, lediglich die Frage nach dem wann und wo wurde spekulativ in den Raum gestellt. Es gab kaum Überlegungen, wie es zu verhindern wäre, sondern nur wie man denn in Erfahrung bringen könnte, wo es nun geschehe.

Bereits beim ersten deutschen WM-Spiel in Paris herrschte eine giftige Atmosphäre. Der Schwarzmarkt verhielt sich wie bei früheren Endspielen mit deutscher Beteiligung. Schier unglaubliche Preise (über 1.000 DM) für ein sportlich minder reizvolles Spiel gegen eine drittklassige Mannschaft zu verlangen, hielt Fan am frühen Morgen noch für einen nicht so gelungenen Witz. Am Nachmittag schlug die Erheiterung in Frustration und Wut um. Es gab nur wenige Chancen auf Tickets, die strikte Organisation des Schwarzmarktes beendete die Hoffnung auf Preisstürze. Hinzu kamen die Bilder von hübschen, schilderbewehrten Hostessen, die offenkundig fußballunkundige Menschen in langen Reihen hinter sich sammelten und ihnen den Weg ins Prinzenpark-Stadion voranschritten. Was wie eine seltsame Prozession anmutete, gehörte nicht zum Rahmenprogramm; schier endlose Menschenketten waren auf Sponsorenticket gekommen und gehörten zu den großen Ärgernissen dieser WM. Die französischen Nationalspieler beschwerten sich nach dem Endspiel ausdrücklich über die sog. „Krawattenträger", die sich als Stimmungstöter einen schlechten Ruf erworben und den „gemeinen Fan" aus dem Stadion vertrieben hatten.

So kam es kurz vor dem Anpfiff des Spiels doch noch zu einem ersten Auftreten deutscher Hooligans, als einige Hundert von ihnen an einer nicht-öffentlichen Stelle der weiträumigen Absperrungen eine Attacke stürmten, so daß die französischen Sicherheitskräfte alle Hände voll zu tun hatten, Schlimmeres zu verhindern. Der Stadionsturm gelang letztlich nicht, erste Festnahmen wurden verzeichnet. Die Schnellgerichte demonstrierten erstmals, wie unnachgiebig die Fußball-Gewalttäter in Frankreich bestraft werden. Die Verhängung von dreimonatigen Haftstrafen – ohne Bewährung – war eine deutliche Warnung für diejenigen, die davongekommen waren oder noch erscheinen wollten.

Die Gerüchteküche zu Lens war jedoch schon in Paris unüberhörbar geworden. War es in Paris noch ein „Westmob", so wurde für Lens erstmals das Erscheinen des Ostens für wahrscheinlich gehalten. Und was dann geschehe, dafür könne sich keiner verantwortlich fühlen ...

Die Spekulationen rissen in der sechstägigen, spielfreien Zeit nicht ab. Lens stellte sich als ungemein gastfreundliches, fußballverrücktes Städtchen heraus, in dem man sich offenkundig auf die Gäste aus aller Welt freute. Wir, ein Team von etwa 20 Sozialarbeitern, Pädagogen, Fanzine-Machern und Studenten, bereiteten die Fanbetreuungsmaßnahmen vor, machten uns mit der Stadt und den Menschen vertraut und erhielten zu unserer großen Freude einen optimalen Standplatz für unseren roten Oldtimer-Doppeldeckerbus, die Mobile Fan-Botschaft.

Bereits am Samstagmorgen parkten wir den Bus vor dem Bahnhof, bauten unsere Anlagen (Entertainment, Information, Service) auf, wurden von Bevölkerung, Polizei und Fans bestaunt und umlagert. Entweder waren wir in Streetwork-Tandems (d.h. als Sozialarbeiter-Duo) unterwegs im öffentlichen Raum oder versorgten die Fans mit Tips, T-Shirts, guter Laune (Musik) oder den wichtigsten Infos über den Schwarzmarkt: Wie unterscheide ich echte von gefälschten Tickets? Wie hoch ist der augenblickliche Preis? etc. Daneben halfen wir zahlreichen Journalisten bei ihren Recherchen. Die überwiegende Mehrzahl erhoffte sich durch uns Kontakte zu geprellten (Schwarzmarkt-) Fans, um über den „Austausch des Publikums“ (die Verdrängung traditioneller Fußballfans aus den Stadien zugunsten von „Event-Visitors“ wie Sponsorengästen, Yuppies) zu schreiben.

Verstreut über den gesamten Tag trudelten Hooligans aus (West-) Deutschland ein, welche mit unverhohlener Vorfreude registrierten, daß die allgemeine Debatte sich einzig und allein um den folgenden Tag drehte. „Wie viele 's wohl sein werden? Kommt der Osten und übernimmt er die Führung? Gibt es angesichts der großglasigen Auslagen Plünderungen ...“

Armes Städtchen – so der allgemeine Tenor, dem wir immer wieder beimischten: die Menschen hier sind so voller Vorfreude, gehen dermaßen freundlich und respektvoll mit den deutschen Fans um, die haben's nicht verdient, daß ihnen Schaden zugefügt wird. Wir wiesen auf die Unterschiede zwischen der Aufnahme und Atmosphäre in Paris und Lens hin, in der klammen Hoffnung, daß sich die Stimmung etwas freundlicher entwickeln möge. Dabei konnte sich jedoch keiner von der angespannten Atmosphäre freimachen. Es lag etwas in der Luft, zu sehr drehten sich alle Gespräche um die erwartete Randale.

Neben der allgemeinen Haltung der zahlreichen Hooligans hatte auch die Polizei ihren Anteil an dieser frostig-nervösen Atmosphäre. Sie zeigte – „natürlich“ nach den Vorkommnissen von Marseille – durch massive Präsenz, daß nicht schon wieder etwas anbrennen darf, was den internationalen Ruf Frankreichs beschädigen könnte. Dabei offenbarte sie einige Defizite im Hinblick auf Verhältnismäßigkeit. So riegelte sie im Laufe des Nachmittags unsere Mobile Fan-Botschaft durch Polizeifahrzeuge völlig ein, weshalb sich ein großer Teil deutscher Schlachtenbummler angezogen fühlte (da muß was passiert sein oder demnächst passieren) und aus der Distanz neugierig zu uns hinüber spähte. Alle Hooligans hingegen verzogen sich und blieben auf der dem Bahnhof gegenüber liegenden Seite mit den Straßencafés und Bars, lässig abschätzend, was da wohl im Busch sei. Durch diese Polizeiaktion blieben unsere Fan- und Szenekontakte unvermittelt aus, so daß wir uns darum bemühten, daß unser Bus wieder zugängig wurde. Der diensthabende Einsatzleiter beschied uns, daß man in nächster Zeit einen Zug mit deutschen Fans/Randalierern erwarte, weshalb der Bahnhofsvorplatz vorübergehend abgeriegelt werden müsse. Danach werde man sich wieder zurückziehen.

Nach etwa 25-30 Minuten zog die Polizei tatsächlich ab, ohne das wir indes von einem Zug mit deutschen Fanmassen etwas registriert hätten. Die Sonderzüge aus dem Ruhrgebiet waren bereits unter der Woche als unrentabel deklariert worden, weshalb uns einzelne Fans hilfesuchend angerufen hatten, da sie nicht wußten, wie sie nun zu bezahlbaren Preisen nach Lens kommen sollten.

Vereinzelt konnten wir Aktivitäten der französischen Sicherheitskräfte im unmittelbaren Umfeld des Doppeldeckers beobachten. Dabei hatten wir durchaus gemischte Gefühle: Manches gefiel uns, anderes wiederum weniger. In Ordnung war das konsequente Vorgehen gegen einzelne mit neofaschistischen Symbolen herumspazierende deutsche „Fans“. Als einmal solche „Fans“ in Reichskriegsflaggen gehüllt an unserer Mobilen Fan-Botschaft standen, sprach sie ein Hamburger Kollege auf die unverhohlene Botschaft der Flagge an und machte klar, daß wir sie so nicht an unserem Bus willkommen heißen. Die Jungteutonen schmunzelten verächtlich, trollten sich jedoch ein paar Schritte seitwärts und wurden kurz darauf von der französischen Polizei in den Polizeiwagen und auf's Revier eingeladen. Recht so!

Ein andermal begrüßten sich einige stark angetrunkene Fans durchaus szenetypisch, d.h. laut krakeelend und pogo-mäßig. Dadurch entstand eine gewisse Unruhe im Umfeld, woraufhin urplötzlich zwei Wannen vorfuhren und das Quartett recht rüde einpackte. Wegen der im Umfeld entstehenden Unruhe marschierte besagter Hamburger Kollege zum Einsatzort, um sich zu erkundigen. Noch ehe er seriös kommunizieren konnte, wurde er von der Polizei in die Wanne bugsiert. Er sollte gleichfalls einfahren, seine vorgezeigten Ausweise (ein französischsprachiger Fanbetreuerausweis, der vom DFB gestempelt und unterzeichnet ist, sowie die offizielle WM-Akkreditierung nebst Lichtbild) interessierten niemanden. Nur aufgrund der Intervention seiner Hamburger Kollegin, einer Bretonin, ließ man ihn laufen. Dieser Umgang uns gegenüber verunsicherte das Team sehr, so daß wir im Laufe des Tages gegenüber der Polizei eher defensiv eingestellt blieben.

Am Vorabend des Spiels

So verging der Tag ganz im Zeichen einer nervösen Erwartungshaltung und einer gespannten Beobachtung beider Seiten. Es erstaunte uns einigermaßen, wie viele Hools tatsächlich schon in Lens waren. Was sollte wohl der nächste Tag noch bringen?

Zahlreiche Kollegen trafen noch im Laufe des späten Nachmittags an unserer Mobilen Fan-Botschaft ein. Wir hatten sie informiert, daß die ARD eine Liveschaltung nach der Tagesschau an unserem Bus machen würde, so daß vielleicht eine willkommene Gelegenheit für ihre Fangruppen bestünde, die Daheimgebliebenen winkend zu grüßen. Direkt nach der Liveschaltung verabschiedeten sich die mit Fans angereisten Kollegen aus Wolfsburg, Hamburg, Düsseldorf, München usw. und zogen sich auf ihre Campingplätze im Umland von Lens zurück, wo sich bereits seit Freitagabend „härtestes Kaliber“ schwerstalkoholvernichtend auf den Sonntag vorbereitete.

Unsere Crew verteilte sich noch einmal in der Stadt, um letzte Stimmungsbilder einzusammeln. Die neu hinzugestossenen Kollegen aus

Düsseldorf, Ludwigshafen und Bochum wurden durch uns über den bisherigen WM-Verlauf und die besondere Atmosphäre eingewiesen, während uns diese über die Stimmung in Deutschland in Kenntnis setzten. Was wir zusammentrugen, ließ nichts Gutes ahnen. Dieses Bild verdichtete sich noch im Laufe des Abends. Der Alkohol floß überreichlich, die Bahnhofsstraße wurde stetig lebendiger. Lautes Grölen und deftige Männerchöre erzeugten eine kitzlige Atmosphäre, so als wenn jeden Moment eine Hooligan-Schlägerei inszeniert würde.

Für uns völlig unverständlich blieb dabei die Polizeitaktik. Wo war sie nur? Hielt sie sich geschickt im Hintergrund, um nicht unnötig provozierend im öffentlichen Raum präsent zu sein? Der Durchgangsverkehr stockte wegen der lärmenden Trunkenbolde, die mit blankem Oberkörper ausgelassen und wild zwischen den Autos herum turnten, dabei z.T. mit schwarz-rot-goldenen Fahnen herumfuhrwerkten und mit ihren Händen und Fäusten gegen Autoblech trommelten. Die Stimmung war kurz vor einem Umkippen ins Gewalttätige.

Es war einzig der Besonnenheit der betroffenen FahrzeugführerInnen zu verdanken, daß es zu keinen massiven Zwischenfällen kam. Es dürfte bereits ausgereicht haben, wenn bspw. der Busfahrer, an dessen Frontscheibe ein massiger Glatzkopf mit flachen Händen einen wilden Rhythmus klatschte, sein Fahrzeug verlassen oder den Trunkenbold lautstark ermahnt hotte, daß der Funke, der den trockenen, gewaltbereiten Zunder entfacht hätte, in die johlende Menge schwitzender Männerleiber geflogen wäre. Hätte, wäre, wenn. Diese Szenen spielten sich etwa zwischen 22 Uhr und Mitternacht in ständig wechselnder Besetzung ab. Wir Fanbetreuer wunderten uns – ebenso wie die Hools, die zwischen Provokation und alkoholgeschwängerter Selbstinszenierung pendelten – über die völlige Abwesenheit der Sicherheitskräfte.

Gegen Mitternacht versuchten wir, geschlaucht vom vergangenen und in nervöser Erwartung des folgenden Tages, einen ruhigen Ort für einen Mitternachtsimbiß in unmittelbarer Bahnhofsnähe aufzuspüren. Wir fanden auch noch einen kleinen Imbiß in einem kurz vor Schließung stehenden Lokal um die Ecke. Gerade hatten wir unsere Bestellung aufgegeben, als zwei farbige Jugendliche um die Straßenecke hetzten. Sie flüchteten vor einer undefinierbar großen Gruppe deutscher Fans, die ihnen offenkundig nachsetzten. Dem Geschrei nach versuchte sich ein Mob zu bilden, der es den Farbigen zeigen wollte.

Wir stoppten den Zug, denn wir vermuteten einen rassistisch-motivierten Angriff gegen die französischen Jugendlichen. Wie sich herausstellte, ging es den verhinderten Krawallanten um unverschämten Wucher beim Poker um Tickets. Weshalb sie deshalb gewalttätig werden wollten, wußten sie auch vor sich selbst nicht überzeugend zu erklären und trollten sich verschämt von dannen.

Unsere Befürchtungen schienen sich zu bewahrheiten: Es waren bereits an die 250 Hooligans in Lens, wobei schwerpunktmäßig westdeutsche Altrecken vertreten waren. Dazu kam ein erheblicher Teil rechtsgesinnter Glatzköppe. Die Beschreibung der Szene am Bahnhof, als ein PKW mit französischen Glatzköpfen auf deutsche Geistesbrüder stieß, man sich mit deutschen Gruß bekannt machte, beschäftigte uns dabei besonders. Es stand für uns außer Frage, daß die Demonstrationen deutsch-nationaler Gesinnung als Provokation den Charakter des nächsten Tages bestimmen dürfte.

Über den ganzen Tag hinweg waren Kollegen auf Situationen gestoßen, in denen kleine Gruppen in Kneipen wie auf öffentlichen Plätzen mit Sprüchen oder Sprechchören wie „Wir sind deutsch, wir sind deutsch ...“, „Wir sind wieder einmarschiert“ oder andere, mehr oder minder versteckte nationalistische Parolen und Brüllgesänge auf sich aufmerksam machten. Das Tragen eindeutig faschistischer oder nationalistisch provokativer T-Shirts und Accessoires wurde dagegen durch die Sicherheitskräfte argwöhnisch beäugt und sanktioniert. Zumindest waren die Träger offenkundig aus dem Straßenbild entfernt und erkennungsdienstlich behandelt worden.

Wir hofften, daß die Nacht trotz der überall herumliegenden Flaschen und der allgegenwärtigen Besoffenheit der deutschen Männer ruhig bleiben würde.

Der Spieltag

Als wir am Sonntagmorgen in Lens eintrafen, überraschte uns das Straßenbild schon nicht mehr, es betrübte uns jedoch nachhaltig. Die Straßencafés und Kneipen vor dem Bahnhof waren bereits gut gefüllt.

Schwarz-Rot-Gold dominierte die Szenerie, hier und da ertönten typische Fan-Gesänge. Um den Bus herum standen bereits größere Gruppen Ratsuchender: Wo ist denn hier der Schwarzmarkt? Wie unterscheide ich echte von gefälschten Tickets? Wie hoch sind die Angebote? Wo steht die Videoleinwand? Wo kann ich Franc kriegen?

Die Atmosphäre war nicht gut. Direkt neben unserer Mobilen Fan-Botschaft waren zwei Übertragungsfahrzeuge des französischen Fernsehens aufgebaut, die Kameras waren postiert. Auf was die wohl warteten? In der angrenzenden Durchfahrt zu einem Bahnbetriebshof befanden sich zahlreiche Polizeifahrzeuge mit Einsatzkräften in Bereitschaft. Schon gegen 10 Uhr waren unzählige Hooligans im Straßenbild auszumachen, vermischt mit ebenso vielen bunt bemalten Nationaltrikotträgern. Alle waren heftigst am Trinken, nicht wenige konnten bereits als voll alkoholisiert bezeichnet werden. Je besoffener, desto unangenehmer war die Stimmung, die sie verbreiteten.

Ein brisantes Gemisch aus Patriotismus, Dumpf-Nationalismus, Bierseligkeit braute sich zusammen. Dazu die Gerüchteküche: Es gibt keine Großleinwand! Wann kommen die ostdeutschen Verrückten? Aber es traf kein Sonderzug ein, der Hunderte von total verrückten Gewalttätern mit einem Mal ausspuckt. Das Gebräu mischte sich peu á peu. Langsam, aber merklich kippte die Stimmung, die gewaltbereite Haltung wurde zusehends deutlicher.

Zunächst wurde das Verhalten einiger Deutscher in den Straßencafés immer unverschämter, rüpelhafter, krakeelender, und plötzlich machte sich die allgemeine Spannung mit einigen wenigen herumfliegenden Plastikstühlen Luft. Irgend ein Provokateur hatte gleichzeitig einen Nebeltopf gezündet. Sofort bildete sich eine größere, actionbereite Gruppe deutscher Fans, erste Sprechchöre, zaghaft noch, verlangten nach deutscher Identität. Die CRS (französische Spezialeinheit der Polizei) erschien umgehend auf der Straßenkreuzung. Flaschen und Bierdosen wurden aus der Peripherie der Fanansammlung in die Mitte (in Richtung CRS) geworfen.

Die Entschlossenheit der CRS verunsicherte jedoch die Krawallanten. Keiner traute sich, sie direkt anzugreifen, keine Rufe „auf die Bullen" machten die Runde. Das lag auch an der martialischen Ausrüstung des CRS-Kommandos. Jemand meinte, da bräuchte man ja einen Büchsenöffner, um die zu knacken. (Andererseits legen Hooligans auch Wert auf das Aufzeigen von klaren, abgesteckten Grenzen, so betonen sie es in zahlreichen Gesprächen mit Fanprojekt-Mitarbeitern.) Vereinzelt wurden nun Mitglieder der Gruppe deutscher Fans in Gewahrsam genommen und abgeführt. Zu Protesten kam es trotz einiger provokanter Rufe nach kameradschaftlicher, deutscher Geschlossenheit nicht.

An der Mobilen Fan-Botschaft war jede Menge Publikumsverkehr, die überwiegende Mehrheit machte sich Sorge wegen der Videoleinwände. Die Gerüchte über Auf- oder Abbau jagten sich beinahe im Minutentakt, die Erregung wuchs. Es mochten so um die 5.000 Ticket-suchender deutscher Fans in Lens sein, eine Zahl, die das Preisniveau des Schwarzmarktes kontinuierlich hoch trieb. Meine Versuche, telefonisch mit dem DFB abzuklären, ob es bei den angekündigten Videoleinwänden in den Turnhallen bliebe, blieben fruchtlos. Die Mobiltelefone funktionierten nur selten. Zu viel Funkverkehr, nicht Störsender, hatten uns die ARD-Techniker am Vortag schon erklärt. Bürgermeisteramt und Tourismusbüro wiederholten mehrfach, daß die Leinwände in Betrieb wären, die Polizei widersprach (angeblich). Die gewaltpräventive Bedeutung von Videoleinwänden war mir noch nie einsichtiger gewesen.

Es war noch nicht Mittag, als ich mich mit zwei Kollegen auf die Straße machte, um die Atmosphäre in der Stadt zu besichtigen. Kaum hatten wir das unmittelbare Bahnhofsvorgelände in Richtung Innenstadt verlassen, trafen wir auf erste Hooligangruppen, die aus allen Teilen der Bundesrepublik in Gruppen von etwa 20-40 Leuten vertreten waren. In Gesprächen mit ihnen zeichnete sich uns ein Bild großer Vorerwartungen. Die Gerüchteküche kochte bereits auf hohem Niveau. Alle gingen von großen Straßenschlachten aus. Auf unsere Hinweise (liebenswerte, fußballverrückte Stadt, freundliche BürgerInnen, faire Preise, hohe Gastfreundlichkeit gegenüber Deutschen, entschiedenes Vorgehen der Polizei und Schnellrichter – „Ihr wißt doch, was mit dem Hamburger in Paris geschehen ist“ -) reagierten sie mit der bekannt ausweichenden „Ich weiß ja Bescheid, aber was ist mit den anderen“-Haltung.

Die Kneipen und Cafés waren voll mit deutschen und auch jugoslawischen Fans, überall spazierten junge Fans mit Pappschildern „Cherchez Billets" herum, an jeder Ecke bildeten sich Trauben feilschender Fans um Kartendealer; die Atmosphäre wirkte jedoch nur auf den ersten Blick gewöhnlich und entspannt.

Vor zahlreichen Kneipeneingängen lungerten mißmutig-dreinblickende Gewaltsucher und -spanner herum, denen man die Anspannung anmerkte, ja nix zu verpassen, wenn's denn – endlich – losgehen würde. Aus einigen Kneipen, die von größeren lokalen oder regionalen Hooligangruppen (nicht nur aus Bundesligastandorten) besetzt waren, erschollen „deutsche Gesänge". Zweifelsohne mußten sich einige noch Mut machen, was immer noch am besten mit Bier, Gesang und demonstrativ-derber Männlichkeit, der deutschen Fan-Dreifaltigkeit, funktioniert. Die Enthemmung schritt voran, vereinzelt war der deutsche Gruß im Straßenbild sichtbar, „Wir sind wieder einmarschiert"-Sprechchöre waren laut vernehmbar. Viele standen cool und mit verschränkten Armen herum, registrierten alles aufmerksam und kommentierten uns diese Szenen eher lakonisch und unbeteiligt („Diese Idioten peilen's halt nicht"). Zu viel Unerfreuliches wurde einfach achselzuckend hingenommen: die mit Naziaccessoires herumstolzierenden Glatzköpfe ebenso wie Trunkenbolde, die ihre Einzigartigkeit als Deutsche herausgrölten.

Es gab nicht *den* Hooligantreffpunkt. Die einzelnen lokalen Gruppen hatten jeweils ihre Kneipe, ihr Straßencafé besetzt. Man beobachtete sich gegenseitig, scheinbar cool, aber offenkundig doch sehr konzentriert: wer würde den Anfang machen?

Mitten zwischen flanierenden Fußballfans aus Deutschland oder Jugoslawien und der Bevölkerung kamen wir so an der ersten Polizeiabsperrung in Höhe der Kreuzung am gardin publique. Es war heiß. Direkt an der ersten Polizeikette spürte man die aufgeladene Atmosphäre beinahe körperlich. Hinter der Kette vermuteten viele Hooligans einen lukrativeren, billigeren Schwarzmarkt, weshalb sie sich irgendwie da durch bewegen wollten. Da im Rücken der Polizei auch stockender Straßenverkehr und hunderte Passanten in Bewegung waren, war es nicht besonders schwierig, hinter die Absperrung in die Grünanlage zu kommen. Wir schauten uns in der von Fans bevölkerten Gartenanlage um. Etwa zwei Stunden vor dem Anpfiff kam es an der Polizeikette vereinzelt zu kleineren Ansammlungen von Hools, die es wohl auf

Durchbruchversuche anlegten. Diese Gruppen konzentrierten recht schnell so viel polizeiliche Aufmerksamkeit auf sich, daß an anderen, weniger beachteten Stellen einzelne Hools und Fans durchsickerten.

Dies blieb den Beamten nicht verborgen, so daß die CRS-Trupps eingesetzt wurden. Etwa ein Dutzend CRS-Spezialisten, beeindruckend ausgerüstet mit schwerer Körperpanzerung, ebensolchen Waffen, Helmen und mit 1-2 maulkorbtragenden Hunden, begann ausgesuchte Turnschuhträger zu verfolgen, zu isolieren und aufzugreifen. Das ging recht schnell und rüde und für die unmittelbare Umgebung überraschend vor sich. Während sich maximal zwei CRS-ler auf den Gejagten stürzten, sicherten die anderen Beamten die Umgebung. Dadurch entflammte keine Solidarität der Umherstehenden mit einem vermeintlichen Opfer, denn die mit dem Rücken zur Festnahme agierenden Beamten sorgten durch entsprechende Drohgebärden und aggressives Verhalten für Abschreckung. Diejenigen Hooligans, die bei der Festnahme eines Kollegen lautstark protestierten, waren als nächste an der Reihe.

Die Lage spitzte sich zu. Zwei oder drei Greiftrupps waren auf Höhe des Brunnens im gardin publique, um eine Gruppe kartenloser Fans/Hooligans abzugreifen. Dabei entstand eine unruhige Situation, in deren Verlauf viele Menschen aufgeregt davon liefen. Entsprechend hektisch wurde das Verhalten der Polizei, die in Flüchtenden zunächst potentielle Unruhestifter vermutet. Vereinzelt gingen junge Kraftpakete mit hochgereckten Armen ihre Unschuld beteuernd durch den Park, wurden alsbald polizeilich umzingelt, von Hunden angesprungen, protestierten kleinlaut, aber lautstark und lagen alsbald gefesselt am Boden. Es schien sich wie ein Lauffeuer auszubreiten, daß da etwas Schlimmes geschehe, jedenfalls geriet die gesamte Population des Areals innerhalb der Absperrung bis zum gardin publique in hektische Bewegung. Eine größere Gruppe Hooligans versuchte auf der anderen Seite der Absperrung den Durchbruch.

Geschrei und Sirenen sorgten für ein übles Gefühl in der Magengegend. An einigen Stellen gab es hektische Betriebsamkeit, hin und wieder ertönten laute Knälle, aber insgesamt beruhigte sich die Situation rasch wieder, so daß wir die Polizeikette wieder durchschritten.

Unterwegs führten wir wieder gnadenlos viele Gespräche, vornehmlich mit Fan-Gruppen aus Westdeutschland; allgemeiner Tenor: die spinnen. Wer jetzt insgesamt unter „die“ subsumiert wurde, war nicht näher herauszubekommen. Die Nazis, die Ossis, die ... Fast jeder wußte etwas über einen oder einige Festnahmen bzw. (grundlos) Festgenommenen. Auf genauere Nachfragen gab es allerdings keine genauen Antworten.

Zurück am Doppeldecker gaben wir den wartenden Kollegen einen Eindruck von den Straßenszenen. Während unserer Abwesenheit hatten sich zahlreiche Fangruppen zu den Leinwänden aufgemacht, die jetzt z.T. verärgert zurückkehrten und sich beschwerten. Die Turnhallen waren wohl nur schwer zu finden gewesen und z.T. nur lieblos hergerichtet worden. Eine Gruppe von 30 Rowdys aus dem Berliner Raum beschwerte sich lauthals bei mir über einen Hinterhalt französischer Jugendlicher, die sie zum Empfang mit Steinen beworfen habe: „Wo haste uns denn da hingeschickt, Schneider?“

Der Zeitpunkt des Spiels rückte immer näher und für eine kurze Weile waren alle Fanbetreuer am Bus zusammen, um sich ihre jeweiligen Eindrücke und Einschätzungen zu vermitteln. Insgesamt stellten wir fest, daß eine sehr brisante Mischung von alten und älteren Hooligans, nicht wenigen Altglatzen, aber viel zu vielen Fascho-Glatzen, insgesamt etwa 600-700, zusammen gekommen war. Die Befürchtungen vor dem Spiel hatten noch ein weitaus höheres Gesamtaufkommen für möglich gehalten. Auch die Hooligans selbst waren wohl etwas enttäuscht über das Ausbleiben eines Mega-Mobs. Von permanenten nationalistischen und rassistischen Aufwiegeleien und Stänkereien wußten mehrere Kollegen zu berichten. Die Polizei hatte jedoch sehr eindeutig darauf reagiert und die Betreffenden umstandslos in Gewahrsam genommen. Alle Streetworker waren stark verunsichert, was ihre Möglichkeiten zur Konfliktschlichtung und Krisenintervention anging. Wegen mangelnder Sprachkenntnisse und des entschiedenen polizeilichen Vorgehens schien eine aktive Ausübung der Vermittlerrolle kaum ausführbar. Alle hatten die Befürchtung, daß sie ggf. festgenommen würden, wenn sie sich schlichtend einschalten wollten. Das konnte auch nicht wegdiskutiert werden.

Um in Erfahrung zu bringen, was mit den Ingewahrsamgenommenen passiert, machten Geneviève, meine französische Kollegin des Hamburger Fanprojekts, und ich uns auf den Weg zur Polizeipräfektur in Lens. Kurz bevor wir dort eintrafen, begegneten wir dem Chef de Mission der deutschen Polizisten, der uns kurz ins Bild setzte. Auch ihm war eine große Nervosität nicht abzusprechen. Angesprochen auf das resolute Vorgehen der französischen Polizeikräfte und die konsequente Verfolgung neofaschistischer Symbolträger schmunzelte er. Am Ende unserer kurzen Straßenbegegnung gab er uns noch einen guten Rat mit auf den Weg: „Herr Schneider, wenn ich sie anfunke und sage, gehen sie in Deckung, dann fragen sie nicht nach, sondern gehen sie einfach sofort in Deckung."

Dann brauste er mit seiner französischen Kollegin davon. Geneviève und ich gingen relativ verblüfft und ratlos zurück zum Bus. Den dort auf ihre einsitzenden Mitfahrer wartenden Fangruppen teilten wir das Procedere mit: „Wenn eure Kollegen nüchtern sind, werden sie laufen gelassen, also in etwa 1-2 Stunden." Sie wußten nun Bescheid, wodurch sich die Atmosphäre um den Bus herum vorübergehend etwas entspannte.

Während des gesamten Spiels nervten einige völlig betrunkene, sehr aggressive Deutschland-Fans herum, wobei sie etwas von „Scheiß-Kicker-Leute" schimpften – der Doppeldecker unserer Mobilen Fan-Botschaft trug die Aufschriften und Logos einiger Sponsoren, wobei das Sportmagazin „Kicker" als Hauptsponsor per großem Schriftzug weithin sichtbar war. Der Auftritt von Kicker-Chefredakteur R. Holzschuh im Laufe des Nachmittags hatte einigen Ärger verursacht, wie mir die Kollegen dann schilderten. Während wir im Park die Festnahmen gesehen hatten, war der Chefredakteur zu einem improvisierten Kurzauftritt auf dem Oberdeck des Busses erschienen und hatte über Mikrofonanlage zu den Fans gesprochen. Dabei hatte er die Mannschaftsaufstellung (Matthäus spielt...) verlesen und zuguterletzt seinen Wunsch für ein gutes Spiel geäußert. Dann hatte er sich mit den Worten „Wir sehen uns dann gleich im Stadion" verabschiedet, was die Fanseele zum Kochen brachte. Holzschuh trug seine offizielle Akkreditierung wie einen Orden über der Krawatte, während der überwiegende Teil seiner Zuhörerschaft aus erfolglosen und frustrierten Ticketsuchern bestand.

Im Verlauf des Spiels stauten sich immer mehr Ärger und Frust im Umfeld des Busses, was durch den sportlichen Verlauf (Jugoslawien traf zweimal ins deutsche Tor) gesteigert wurde. Meine schlimmsten Befürchtungen teilte ich den Kollegen mit: „Deutsche können nicht anständig verlieren, wenn die nicht noch den Ausgleich schaffen, braucht's keinen Funken mehr zum Entzünden."

Als kurz vor Spielende die deutsche Mannschaft den Anschlußtreffer erzielte, kam wieder Hoffnung auf. Rings um den Bahnhof herum hörte man Anfeuerung aus den Kneipen, wo deutsche Fans vor den Fernsehern hockten. Mit dem Ausgleich strömten zahlreiche Fans aus den Kneipen heraus auf die Straßen, obwohl noch einige Minuten zu spielen waren. Diese formten sich zu kleinen, lokal zusammengesetzten Gruppen, welche weg vom Bahnhof in Richtung Innenstadt bzw. Stadion zogen. Laute Deutschland-Gesänge waren zu vernehmen.

Bereits in der Schlußviertelstunde des Spiels hatten die Kamerateams am Bahnhof ihre Positionen bezogen. Ein japanisches Drehteam hatte sich sogar auf einem Hausdach gesichert in Stellung gebracht.

Als wir in die Hauptstraße, welche geradewegs zum Park führt, einbogen, hatten wir bereits eine Kneipe passiert, in der einiges zerstört worden war. Wie uns Augenzeugen berichteten, war mit dem Ausgleich eine Kanonade von Flaschen, Gläsern und Barhockern gegen die Fensterfassade oder die Wände geschleudert worden, weshalb es dort wie auf einem Schlachtfeld aussähe. Die Täter hätten sofort die Kneipe verlassen, um in Richtung Stadion zu ziehen. „Asoziale Idioten", schäumten die der traditionellen, farbentragenden Fanszene zugehörigen Schwaben.

Das Menschengedränge auf der Hauptstraße ließ darauf schließen, daß das Stadion relativ zügig verlassen worden war. Eine zerstörte Telefonzelle und eine demolierte Blumenschale verunreinigten die Straße, auf der neben einer hohen Anzahl offenkundig gewaltbereiter deutscher Männer viele – nach wie vor unaufgeregte – Bewohner aus Lens unterwegs waren; junge Familien, Jugendliche ebenso wie bemalte Fußballfans aller Generationen.

Nervöse, aggressive, aber abwartende Stimmung prägte die Situation, es hatte aber bereits einen Zwischenfall gegeben. Unmittelbar nach Spielende waren bei der Absperrung am Park abströmende und aus der Stadt hinzukommende Fans zusammen gekommen. In dieser Situation hatte sich – erstmals an diesem Tag – tatsächlich ein Hooligan-Mob gebildet, der die kurzzeitige Unübersichtlichkeit der Situation zu einem überraschenden Angriff gegen die Polizeikräfte genutzt hatte. Die etwa 250-300 Angreifer hatten die Polizei wohl überrascht, die in der allgemeinen Turbulenz die Lage falsch eingeschätzt hatte, zunächst nur noch reagierte und die verschiedenen Gruppen nicht mehr differenzieren konnte. In dieser Unübersichtlichkeit konnten sich die Hooligans des Schutzes der Menschenmenge sicher sein und ggf. in die Menge eintauchen. Als die Polizei einen Ausbruch machte, um den öffentlichen Raum wieder unter Kontrolle zu bekommen, spritzte die Menge auseinander und rannte orientierungslos in die nächstbeste Straße. Unmittelbar in diesem Zusammenhang geschah in einer Seitenstraße der verhängnisvolle Angriff auf den Gendarmen Daniel Nivel, der von mehreren Hooligans zunächst zu Boden gestreckt und dann chancen- und wehrlos brutal weiter getreten und geschlagen wurde.

Die entsprechenden, grauenhaften Bilder dürften noch lebhaft und für lange Zeit unvergeßlich in Erinnerung sein und bleiben. An den anderen Orten in der Stadt wußte zunächst niemand, was in diesen Nebenstraßen passiert war.

Von Zeit zu Zeit erklangen Polizeisirenen, und Zivilfahrzeuge rasten durch die sich panisch zur Seite stoßende Menge die Hauptstraße rauf und runter. Vor unseren Augen hielt einmal ein Wagen mit kreischenden Bremsen, zivile Beamte sprangen heraus und suchten mit den Augen die umherstehende Menge ab. Nach einem Rundumblick sprangen sie wieder in den Wagen und brausten davon. Das Polizeisirenengeheul machte die Menge einerseits neugierig, viele Gaffer blieben stehen, sahen sich um, diskutierten aufgeregt über vermutliche Gründe für den Lärm.

Eine über die Hauptstraße gezogene Kette von Polizeikräften erschien am oberen Ende der Straße in geschlossener Formation (Doppelreihe). Als sie auf unserer Höhe angelangt waren, begannen sie damit, rhythmisch mit den Knüppeln gegen ihre Schilde zu klopfen. Durch diese furchteinflössende Geste räumte sich die Straße vor ihnen respektvoll, während aus den Seitenstraßen zahlreiche Neugierige angelockt wurden, die für eine drangvolle Enge auf den Bürgersteigen sorgten. Die Polizeikette zog die Straße hinunter bis zur Höhe der bereits beschriebenen Absperrungen, machte kehrt und kam zurück.

Als der bedrohliche Spuk vorübergezogen war, erschienen einige zivile Polizeifahrzeuge, offenkundig als Begleitung für eine Kapelle.

Diese Kapelle, die aus Transvestiten zusammengesetzt war, begann mit einem Platzkonzert und marschierte dann gemächlich und unter Begleitung von Polizeikräften die Hauptstraße entlang. Für einen kurzen Moment war unklar, wie sich die wenigen aggressiven Schreihälse auf der Straße verhalten würden, die mehrfach versucht hatten die Umgebung aufzuwiegeln. Bei diesen Schreihälsen handelte es sich um stark angetrunkene Trikotträger, die recht aggressiv herum torkelten und dabei versuchten, Leute anzumachen.

Mehrere Hooligans standen betont abwartend und cool dabei, beobachteten die Situation und warteten offenkundig auf eine günstige Gelegenheit. Als die Schreihälse der Kapelle angesichtig wurden, stand die Lage u.E. nach einen kurzen Moment auf der Kippe. Als die schmissige Musik dann einsetzte, entschieden sie sich jedoch für Stimmung und ausgelassene Selbstinszenierung, so daß sich die Situation schlagartig entspannte und in ein spontanes, fröhliches Happening umschlug.

Erleichtert machten wir uns zurück auf den Weg zum Bahnhof. Unterwegs trafen wir wieder auf viele bekannte Gesichter aus der deutschen Hooliganszene, die sich über den Pöbel beschwerten, der den Weg nach Lens gefunden hatte. „Das wird immer schlimmer, nur noch die größten Hirnis, asoziales Nazi-Gesocks, man muß sich schämen, kloppen sich untereinander usw. usf." Offenkundig hatten unsere Gesprächspartner keinen Überblick über die Gesamtgeschehnisse, waren klammheimlich stolz auf die öffentliche Resonanz ihres Aufenthalts in Lens („Haste gesehen, was die aufgefahren ham?") und bereiteten sich auf die Abreise vor: „Hier läuft heute eh nix mehr."

Am Bahnhof angekommen berichteten wir uns im Kreise der Fanbetreuer rasch gegenseitig unsere Beobachtungen und Erlebnisse. Irgendwie waren wir sehr erleichtert, weil sich trotz aller düsterer Vorahnungen und der extremen inneren Anspannung nicht viel Barbarisches ereignet hatte. Daß sich bei einer so hohen Anzahl deutscher Hooligans keine Straßenschlachten zugetragen hatten, die Geschäfte nicht entglast wurden und auch keine großartigen Ingewahrsamnahmen abgespielt hatten, hätten wir so nicht unbedingt für möglich gehalten.

In unserem Zwischenresümee erklärten wir uns die Sache mit dem doch sehr entschiedenen, Grenzen aufzeigenden Verhalten der französischen Sicherheitskräfte und mit der mangelnden Einmütigkeit der deutschen Hooligans, sich zu einem Zusammenschluß zu verständigen. Die Rivalitäten der lokalen Gruppen hatten – in Ermangelung eines wirklichen Gegners – die Bildung eines geschlossenen Mobs, wie man ihn von Rotterdam, Brüssel usw. in schlechter Erinnerung hatte, blockiert.

Alles schien beruhigt und gelassen, die Gesamtatmosphäre hatte sich merklich entspannt, zahlreiche Gruppen verließen die Stadt bereits wieder, um nach Hause oder auf die umliegenden Campingplätze zu fahren. Dann erschien der ARD-Ü-Wagen vom Vortag wieder auf dem Bahnhofsplatz. Etwa zur gleichen Zeit kam ein ziemlich erschrockener Duisburger Kollege am Bahnhof an, der meinte, daß etwas passiert sein müsse, da unablässig Polizei- und Krankenwagen mit Sirenengeheul die zum Stadion führende Straße entlang brausten. Polizei riegele alles ab, nur mit Müh und Not und Mithilfe seiner Akkreditierung habe er eine eilends aufgebaute Sperre passieren können.

Die ARD-Reporter kamen aufgeregt zu mir und fragten, wo denn die Randale stattfinde. Die Tagesschau habe sie angefunkt und sofort in Marsch gesetzt, damit sie noch rasch Livebilder einfangen könnten. Ich erklärte ihnen, daß alles in Butter sei und auch nicht mit Randale zu rechnen wäre, da die meisten Fans bereits im Begriff wären, die Stadt zu verlassen und das angesichts des vorhandenen Potentials eigentlich nicht viel passiert wäre. Sie glaubten mir offenkundig nicht und schauten sich selbst einige Zeit um. Nach etwa einer halben bis dreiviertel Stunde, von der sie einen großen Teil damit verbracht hatten, mich dabei zu beäugen, wie ich mit ein paar tätowierten Glatzköpfen diskutierte, sprachen sie mich wieder an: „Naja, es scheint ja tatsächlich ruhig zu bleiben, dann haben die sich wohl geirrt."

Der Ü-Wagen verließ den nunmehr völlig entspannten Ort, der sich zusehends mit in Bereitschaft stehenden Polizeikräften füllte. Die Straßencafés und Kneipen belebten sich und alles schien normal zu verlaufen.

Nach einiger Zeit bewegten sich die Polizeikräfte zu einem der Cafés. In ihrem Sog befanden sich die Kamerateams. Die Polizei riegelte das Café ab und stellte die zumeist kahlköpfigen deutschen Fans an die Wand. Sie durchsuchte die jungen Männer, legte sie in (Plastik-) Handschellen und führte sie an den Kameras vorbei zu den bereitstehenden Fahrzeugen. Zum Teil mußten sie sich auf die Straße legen, wo ihnen dann Handschellen angelegt wurden.

In Windeseile kam es zu einem Menschenauflauf; jede/r wollte sehen, was da vor sich gehe. Wegen der sofort entstandenen Unruhe hielt ich es für geboten, mit dem Einsatzleiter zu sprechen. Ich drängelte mich in die Menge und fragte höflich (unter Zuhilfenahme meiner Akkreditierung und Restfranzösisch) nach dem Anlaß der Polizeimaßnahme. Nicht mürrisch, sondern hilfsbereit stand alsbald ein junger Polizist an meiner Flanke und sprach mich auf deutsch an, da er meine offenkundig mangelnden Sprachkenntnisse erkannt hatte. Er gab mir bereitwillig Auskunft, daß die betreffenden Fans im Verdacht stünden, an einer Straftat beteiligt gewesen zu sein, weshalb man sie nicht abziehen lassen möchte. Sie würden zur Wache gebracht, erkennungsdienstlich behandelt und – sofern sich der Verdacht nicht bestätige – anschließend wieder auf freien Fuß gesetzt.

Vor den Augen der laufenden Kameras wurde nunmehr die gesamte Gruppe nach und nach in die Fahrzeuge gebracht, die sich dann in Richtung Präfektur in Bewegung setzten. Neben mir hatten sich auch andere Kollegen an die Polizei gewandt, so daß wir jetzt auch in Erfahrung brachten, daß ein französischer Gendarm durch deutsche Hooligans schwerstens verletzt worden war. Diese Nachricht gab dem Tag natürlich eine völlig neue Bedeutung.

Indem wir diesen Tatbestand an die z.T. ob der Festnahmen noch sehr aufgebrachte deutsche Fanszene übermittelten, dabei um Verständnis für die französischen Sicherheitskräfte baten, deren Kollege wohl zwischen Leben und Tod schwebte, schlug die knisternde Stimmung in eine tiefe Betroffenheit um. Sofort setzte eine Diskussion über mutmaßliche Situationen ein, bei denen das Unfaßbare geschehen sein könnte. Ebenso wurde über die möglichen Täter spekuliert („Das waren bestimmt die Nazis ..."), der subjektive Entlastungsmechanismus setzte ein. Kurz darauf erreichte mich ein Anruf des ARD-Teams, die ebenfalls just von dem Totschlagsversuch erfahren hatten. Der soll wohl schon tot sein ...

Der Schock kam unvermittelt und saß tief. Ohnmächtig standen wir noch eine ganze Zeit auf dem Bahnhofsplatz herum, mischten uns unter einige Fangruppen, führten Gespräche, halfen Angehörigen- und Ratsuchenden. Ein „Tandem", bestehend aus unserer französischen Kollegin und einem süddeutschen Fanbetreuer, machte sich sofort auf den Weg in die Polizeipräfektur, ausgestattet mit Mobiltelefon, während der Rest – selbst geschockt und um Fassung ringend – sich mit der Fanszene auseinandersetzte, sofern man sich dazu in der Lage sah.

Wie ein Lauffeuer verbreitete sich die Nachricht über den brutalen Akt, und wer nicht auf jemanden wartete oder einen vermißte, verließ die Stadt. Die Dunkelheit kam über Lens wie ein Trauerschleier.

Wer an diesem Tag in Lens war, kann das medienbestimmte Bild nicht nachvollziehen. Es gab keine Straßenschlachten. Zu keiner Zeit kam es zur Bildung einer geschlossenen Hooligan-Gruppe der angereisten 600-700, an jenem Tag sicherlich gespannt Gewaltbereiten. Die permanente Bedrohung, die sich auch aus diesem Bericht herauslesen läßt, fand vorrangig im Inneren, im Bauch oder im Kopf statt. Wer gewisse Szenekenntnisse hat, der sah, was an diesem Tag an Gewalteruption möglich gewesen war. Daß es nicht so stattfand, darüber nachzudenken erscheint dringend angeraten. Die miese, aggressive Stimmung lag zu einem bedeutenden Teil an einigen Gruppen, die es für besonders angesagt halten, mit rassistischen und faschistischen Gebärden und Aktionen eine wie auch immer abgeleitete Überlegenheit zu demonstrieren. Auf ihre Herkunft oder die Geschichte des Landes der Dichter und Denker dürfen diese Banausen sich wahrlich nicht berufen. Wenn „Deutschsein" barbarisches, vorzivilisatorisches Verhalten (blindlings in anonyme Menschenmengen geworfenen Bierflaschen, haßerfüllte Mienen und permanente Kampfbereitschaft gegen Fremde/Einheimische usw.) bedeutet, kann ich verstehen, warum die Welt nicht scharf darauf ist, an diesem Wesen zu genesen.

Die Gewalt, die alle, die gewaltbereit nach Lens gekommen sind, gesät haben, werden sie nunmehr ernten und zu spüren bekommen. Ich hätte mir gewünscht, daß die Fans und Hools, die damit nichts zu tun haben wollten, sich nicht nur vor den Fanbetreuern und Pädagogen wortreich von den blindwütigen Akteuren distanziert hätten, sondern auch dieser Fraktion selbst gegenüber.

Thomas Schneider

Der Ost-Hooligan – das unbekannte Wesen?

„Die Ossis, die sind wie die Engländer. Für die geht's bei der Randale um mehr als bloß Spaß ..." „Die Ossis sind völlig durchgeknallte. Die hörn nicht auf, wenn man am Boden liegt. Die filmen sogar, wie sie dir die Fresse eintreten." „Die ham vor nix Angst, die rennen auch voll in die Bullen rein." So oder ähnlich klingen (1998) viele Erzählungen und Einschätzungen westdeutscher Hooligans, wenn sie ihre Abscheu oder ihren Respekt vor „denen von drüben" zum Ausdruck bringen wollen.

Unmittelbar nach der Wende klang das noch ganz anders: „Wie die hier aussehen: fettige lange Haare, wie Hippies mit Aldi-Jeans." „Schneider, das haste noch nicht gesehen, die werfen sich vor dir innen Dreck, wenn du mit Leuchtspur oder Vogelschreck 'n bißchen Spaß machst. Die kennen das nicht, das ist lustig. Und dabei war ich ganz alleine ..." „Aber wenn du siehst, was die für'n Haß auf die Bullen ham, die gehen schnurstracks drauf los. Das müßten wir uns auch mal trauen."

In nicht einmal einer Dekade hat sich das Bild, das sich der westdeutsche vom ostdeutschen Hooligan macht, dramatisch verändert: Aus dem milde belächelten Außenseiter ist der dämonisierte Schlagetot geworden. Dabei schwingt nicht nur Achtung, sondern auch Angst mit. Was ist denn eigentlich passiert, wie ist diese Entwicklung zu verstehen?

In der ehemaligen DDR gab es nur eine offizielle Jugendorganisation, die „Freie Deutsche Jugend" (FDJ) in ihren berühmten blauen Hemden. Sie war für die gesamte ostdeutsche Jugend verantwortlich und „sollte durch umfangreiche Freizeitangebote zur Erziehung Jugendlicher im Sinne des sozialistischen Staatssystems beitragen. Ziel der Arbeit mit der in den sechziger und besonders den siebziger Jahren entstehenden Fußballfanszene war die Einbindung in die bestehenden gesellschaftlichen Strukturen. Die Fanklubs der DDR-Fußballvereine mußten sich offiziell bei der FDJ bzw. dem Verein anmelden, so daß eine Kontrolle über Entwicklungstendenzen in den Fangruppierungen von Anfang an möglich war."[1]

Wie immer in Überwachungssystemen, bildete sich hier auch in der DDR eine Gegenkultur. Etwa Mitte der siebziger Jahre entstanden erste Fanklubs in der DDR, die sich dem staatlichen Zugriff entzogen und gewalttätig auftraten. Schon in den achtziger Jahren gab es bei nahezu allen Oberligavereinen z.T. mehrere gewalttätige Gruppen, deren bekannteste aus Berlin (mit den Klubs Dynamo und Union), Leipzig (Lokomotive und Chemie), Rostock, Magdeburg und Erfurt kamen und sich innerhalb ihrer Vereine teilweise noch in mehrere Gruppen aufsplitteten.[2]

Wie auch in Westdeutschland herrschte im Straßenbild der DDR-Städte eine Art Ausnahmezustand, wenn besondere Spiele, gerade mit Beteiligung des DDR-weit verhaßten BFC Dynamo – dem Stasiklub – anstanden. Davon bekam der Westen allerdings kaum etwas mit, da die ostdeutschen Medien sich hierüber ausschwiegen.

Fußballgewalt hatte jedoch in der DDR eine weitaus schärfere Dimension als in der Bundesrepublik: „Gewalttätige Fußballfans mußten systembedingt mit harter und umfassender Repression rechnen, denn (hier) drohten nicht nur drakonische Strafmaßnahmen der Gerichte, sondern auch gesellschaftliche Bloßstellung durch die automatische Information der Betriebsstelle/Schule und deren Weitergabe an die Belegschaft/Schülerschaft. Denn diese Institutionen spielten in der DDR eine wichtige Rolle bei der Kriminalitätsbekämpfung."[3]

Als zweiter Repressionsapparat neben der Volkspolizei wurde auch die Staatssicherheit eingeschaltet. „Personen, die sich bei Auseinandersetzungen besonders hervortaten und deshalb als Rädelsführer galten, wurden von der Staatssicherheit systematisch überwacht."[4]

Die sich zunächst im Umfeld des BFC Dynamo – nach westlichem Vorbild – etablierende Hooligansubkultur befand sich im Visier eines größeren Stabs der Staatssicherheit[5] und wurde recht bald den systemüblichen Behandlungen unterzogen: Observation, Drangsalieren, Denunziation, Ausweisung. Ein Teil der Führungspersönlichkeiten der DDR-Szene machte somit hinreichende Erfahrungen mit Gefängnissen, Stasi-Operationen und Verhören. Der Ausstieg in den Westen war für einige die logische Folge. Nach der Wende, machten sich viele wieder auf gen Osten, sozusagen back to the roots, um Know-how-Transfer zu leisten.

Der spezifische Zusammenhalt der ostdeutschen Szenen ist jedoch nicht bloß ein Mythos der westdeutschen Szene. Aufgrund der permanenten Angst vor Bespitzelung und Infiltration durch die Stasi achteten die ostdeutschen Gruppen besonders auf die Zuverlässigkeit ihrer Mitglieder. Sie waren geschlossener, weniger informell strukturiert, schließlich mußte man sich auf den anderen verlassen können.

Im Zuge des bald nach der Wende einsetzenden Gewalttourismus zwischen Ost und West machten beide Szenen erste Erfahrungen miteinander. Dabei verliefen nicht alle Begegnungen so wie die eingangs wiedergegebenen Erfahrungen von Hamburger Hooligans in Schwerin und Rostock. Während sich zum Beispiel Bochumer und Ostberliner Hooligans anfreundeten und sich gegenseitig unterstützen, herrschte zwischen West- und Ostberliner Hooligans eine ganze Weile tiefe Verachtung. Das war die Blütezeit der gegenseitigen Stigmatisierung, die in der Regel mangelnde Kenntnisse voneinander offenbarte.

Viele dieser zumeist abschätzigen Vorurteile drehen sich im Kern um ein Mißverständnis der westlichen Schläger. Die im Westen schon stark ritualisierten Kämpfe rivalisierender Hooligangruppen liefen nach Regeln ab, die die Beteiligten – inklusive der Sicherheitskräfte – gut kannten, und denen sie sich unterzuordnen hatten. Die Regeln der Osthools waren andere und das „blickten" die Wessis nicht. Außerdem kannten sich die Westhools untereinander bereits von zahlreichen Länderspielen, Turnieren und aus dem Bundesligaalltag, weshalb die gemeinsame Gerüchteküche (via „Fan-Treff") zu den geselligen Höhepunkten einer Hooligankommunikation zählte. In diese Gemeinsamkeiten mochte man die Osthools, nicht widerstandslos aufnehmen. Diese stilisierten ihre eigenen Wurzeln: Wenn ihr uns nicht wollt, dann machen wir eben unser eigenes Ding.

Anders waren ostdeutsche Hooligans tatsächlich in vielerlei Hinsicht. Daß sie in einem anderen System aufgewachsen waren, bedeutete nämlich nicht nur eingeschränkten Konsum etc. Die Erziehungs- und Ausbildungssysteme der beiden deutschen Staaten unterschieden sich elementar: Im Westen predigte man Individualismus und Leistungsbereitschaft, wobei die Ellbogenmentalität herauskam. Im Osten stand das Kollektiv im Vordergrund von Gesellschaft und Erziehung sowie der Schutz eines Systems vor äußeren wie inneren Feinden, weshalb Selbstverteidigung legitim war und geschult werden mußte. Zwar wurde die Ausübung von Kampfsportarten gesellschaftlich geächtet, jedoch gehörte der wehrkundliche Unterricht zum Pflichtfächerkanon. Ebenso wurden Betriebskampfgruppen zur permanenten Steigerung der Wehrfähigkeit trainiert.

Das dabei zwangsläufig angeeignete strategische Wissen und Geschick ließ sich trefflich anwenden – bei der Fußballrandale. Das Auftreten ostdeutscher Hooligans hatte folglich etwas von „paramilitärischer Intelligenz", die Jungs hatten gut aufgepaßt. So beobachtete ich während der letzten Oberliga-Saison 1990/91 bei dem berüchtigten Spiel des BFC Dynamo in Rostock, wie die Berliner, nachdem sie die Sitzbänke zu Kleinholz verarbeitet hatten, aus dem Polizeikessel um den gesamten Block mit ca. 50 Leuten wundersamerweise unbemerkt herauskamen. Der anschließende Angriff auf die Polizei geschah für diese dann völlig überraschend. Ein langanhaltendes Chaos war die Folge, in dessen Verlauf die sichtlich geschockte Polizei einen Zug herbeimanövrierte und um Abzug bat, mit der Zusicherung, daß den Berlinern nichts mehr geschehe seitens der Polizei.

Auffällig war für mich, an westdeutsche Hooliganrituale gewöhnt, der hohe Grad an Disziplin in der Gruppe gewesen. Ältere Rostocker Bürger, die die Szene mit mir beobachtet hatten, meinten nur: „Ja so sind die Berliner seit eh und je" und erzählten mir von früheren Schlägerspielen zu seligen DDR-Zeiten, wo die Polizeiaufgebote teilweise noch weitaus größer gewesen wären. Man muß hinzufügen, daß in jener Zeit das höchste Lebensgefühl eines westdeutschen Hooligans noch darin lag, möglichst Teil eines großen Mobs zu sein – je mehr, desto besser, desto schlagkräftiger.

Vielleicht war die Überbetonung der Ehrenkodexe[6] als Unterscheidungsmerkmal zu den „enthemmten", „unsozialen" Osthooligans ein unsicherer Abgrenzungsversuch gegen drohende Machtübernahme im Deutschlandmob oder in der eigenen Schlägerrangliste. „Die sind doch alle arbeitslos," – eine hilflose Formel zur Rettung des eigenen subkulturellen Verständnisses, „deswegen sind die so furchterregend (gut)". In der öffentlichen Bedrohung hatten die ostdeutschen ihren westdeutschen Kollegen schon in den frühen 90er Jahren den Rang abgelaufen, das schaffte Neid. Die „Bifis“ (die Hooligans des BFC Dynamo) waren die weit und breit gefürchtetsten Schläger, nur vergleichbar mit den Engländern. Und diese Feiglinge stellten sich nicht, wenn die westdeutsche Szene es wollte, so das allgemeine Hooliganempfinden.

Dabei wurde immer wieder von der Ost-West-Abrechnung schwadroniert, da sollte es sich zeigen, wer die Besten sind! Mal war das (schließlich aus Sicherheitsgründen abgesagte) „Wiedervereinigungs-Länderspiel“ zwischen DDR und Bundesrepublik in Leipzig die vorgesehene Schaubühne, dann wieder andere Liga- oder Länderspiele, aber immer kam etwas dazwischen. Daß es letzten Endes bis zum heutigen Tag noch nicht zur Generalabrechnung kam, hat sicherlich unterschiedliche Gründe. Einer mag sein, daß man sich doch nicht so leicht erkennen oder unterscheiden kann. Die DDR-Jeans war nämlich schon sehr schnell tot. Das Outfit der Hooligangruppen hatte sich als erstes und am augenfälligsten angeglichen.

Anders verhielt es sich dabei mit der politischen Orientierung der Hooligansubkultur. In den frühen 90er Jahren bildete sich eine breite gewaltbereite Jugendszene in den neuen Bundesländern, die durch hohe Ausländerfeindlichkeit und rassistisch motivierte Gewaltaktionen auffiel. Rasch entwickelte sich das Klischee vom besonders rassistischen und rechtsextremistischen Hooligan ostdeutscher Prägung in den westdeutschen Köpfen. Daß solche Übergriffe und Angriffe auch im Westen stattfanden, wurde weitgehend ausgeblendet. Tatsache ist jedoch, daß die Politisierung der Hooliganbewegung, die im Westen noch heute geleugnet wird, in der Nach-Wendezeit eingesetzt hat, wenn auch langsam und unterschwellig. Die Versuche, sich davon abzugrenzen, bestimmen zwar immer wieder die Diskussion, jedoch ist eine gehörige Portion Skeptis angebracht, ob die unpolitische Haltung ein Wesensmerkmal der Hooligansubkultur ist. Schließlich werden die Abstände zwischen Exzessen, die nicht den Ehrenkodexen der Hooligansubkultur entsprechen, stetig kürzer.

Schneller, als der westdeutschen Szene womöglich bewußt ist, hat sich die strukturelle Angleichung der Szenen vollzogen. Erst Mitte der 90er Jahre verabschiedeten sich einige Meinungsführer von den Träumen, daß nur der größte Mob der gefürchtetste und respektierteste ist.

Seither hat sich die westdeutsche Hooliganszene gewandelt. Die Gruppen sind kleiner geworden, die Verbindlichkeit untereinander ist höher, man kennt sich besser und unternimmt auch unter der Woche viel zusammen. Zum Teil sind Quartiers- oder Stadtteilcliquen meinungsführend. Regelrechte Mobs, als Ansammlung „unheimlich vieler", gibt es nur noch selten und dann eher zu Länder- oder Europacupspielen.

Schließlich hat der Einsatz sogenannter szenekundiger Polizeibeamter aus der Perspektive vieler Hooligans eine pikante Nähe zum Stasi-Spitzel. Während das Polizeikonzept davon ausgeht, daß der Einsatz der Beamten auch an fremden Spielorten den angereisten Hooligan verunsichert und aus der gewaltförderlichen Anonymität herausreißt, fühlt sich der Hooligan ausspioniert, sieht sich verfolgt und traut „seinen Kollegen" nicht mehr: „Irgendjemand muß doch den Treffpunkt verraten haben, wie können die Bullen sonst schon da sein ..."

Die ost- und westdeutschen Hooliganszenen haben sich rasant angenähert und sind heute, zu Ausgang der neunziger Jahre, längst identisch. Die innerhalb der Szene gegenseitig unterstellten Differenzen dienen m.E. der Selbststilisierung und spiegeln nur die allgemeine Tendenz zur Negativprojektion auf andere, vermeintlich ausgemachte Gruppen wider. Es ist das beliebte, deshalb aber nicht richtige Sündenbock-Prinzip, welches hier sichtbar wird. Die arbeitslosen, unsozialen, niederen Instinkten folgenden, rechtsradikalen Hooligans gibt es nicht nur im Osten. Oder wurden etwa nur Ossis in Lens verhaftet?

Anmerkungen:

1) Ralf Ek: Hooligans. Fakten – Hintergründe – Analysen, Freibrug i.Br. 1996, S. 103.
2) Vgl. Ralf Ek, a.a.O., S. 103; Ek zählt hier bspw. „Die Ratten" und „Die Analen" des BFC Dynamo wie auch „Teutonia", „Die Raben" und die „Black Angels" von Lok Leipzig auf.
3) Ralf Ek, a.a.O., Seite 104-105
4) Ralf Ek, a.a.O., Seite 105; in einer Fußnote fügt er hinzu: „Die nach dem Zusammenbruch der DDR vernichtete Hooligankartei der Staatssicherheit soll 700 Personen umfaßt haben, vgl. Burkhard Schröder: Rechte Kerle. Skinheads, Faschos, Hooligans, Reinbek 1992, S. 244."
5) Vgl. Farin/Hauswald, a.a.O. Seite 62
6) Nur gegen Gleichgesinnte boxen, keine Unbeteiligten hineinziehen, nicht gegen Unterlegene, am Boden Liegende, Verteidigungsunfähige weiterkämpfen sowie nicht mit erdrückender Übermacht gegen wenige kämpfen, kein Einsatz von Waffen usw.